中公文庫

雪あかり日記／せせらぎ日記

谷口吉郎

中央公論新社

本文カット　著者

雪あかり日記／せせらぎ日記

目次

せせらぎ日記　269

雪あかり日記

うすら寒い日

ホーエンツオレルン広場
フリッツ・ヘーゲル設計

ベルリンの歩道

ドイツ人のH氏を訪ねたあと、そのアパートを出た私は歩道に立ちながら、「さて、これからどうしようか」と、日本語でつぶやいた。もどかしい異国語の会話から解放されて、やれやれと思ったのだろう。こんな母国語が私の口からとびだした。しかし、そのあとで、これがドイツ語だったら、どう言うのだろうと、そんなことを中学生のように自分にたずねながら、空を見あげた。

冬の空は鉛色によどみ、風も寒い。街路樹は枯木のように葉がすっかり落ちている。街の両側に並んだ石造や煉瓦造の建物も黒々と、ものさびしい。

ベルリンに到着して間もないせいか、私の気持は落ちつかなかった。

午後には、日本大使館に行くことになっていた。それはこんどティーヤガルテン街にたつ新しい大使館の設計図をしらべるためだった。しかし、「おひる」までには、だいぶ時間があったので、少し街を歩いてみようかと、私は思った。

こちらの中食時間はたっぷりしていて、宿に帰ることもできる。友人と会って食事をしたり、街をぶらぶら歩きながら、買物をする時間も十分にある。ドイツ人のように家に帰って昼寝をしてくる、そんな余裕もあった。

しかし、午後も三時頃になると、もう、あたりは薄暗く、夕方のようになる。そんな時に、のこのこ昼寝から目をさまし、役所に出かけて、仕事にとりかかるのは、まだドイツの冬に馴れない私には、全く妙なものだった。電燈があかあかとついた事務室に入っていっても、退庁時刻のような気がして、変だった。

それでも、どんよりとした外気に、頭をおさえつけられていた重い気分は、スタンドの灯がついた机に向うと、明るい気持になる。白く照された製図紙を見ると、さわやかな気分が湧いてきて、思いのほか仕事の能率もあがる。六時を過ぎると、「ひけ時」となるが、日はとっぷりと暮れて、街の店も表戸をおろしている所が多い。

それでも、タウエンチーンあたりの商店街では、ショーウィンドウの美しい照明がかがやき、街は賑やかだった。そんな陳列窓をのぞきながら、商品や飾り方に気をとめながら、街をぶらついて行くことは、外国雑誌をめくりながら、色刷りの美しい広告欄を見ている時のように、なんとなく楽しかった。

先日の晩、クーワフュルステンダムの大通りを歩いていると、小さい本屋があって、陳列窓に、ギリシャの彫刻や建築に関する美しい書籍が並んでいた。しかし、もう扉が閉まっていて、店内に入ることはできなかった。

それを思いだしたので、私は歩道に立ったまま、「さて、これからどうしようか」と日本語でつぶやいたあと、こんどは自己流のドイツ語で「先日の本屋に行ってみよう」と自問自答し、これが独言の独訳かと苦笑しながら、ファザーネン街を、やって来た時とは反対の方向へ、とぼとぼと歩きだした。

＊

ホーエンツォルレン広場に出ると、教会の高い塔が聳えている。そのモダーンな塔を見ると、すぐそれが建築家フリッツ・ヘーゲル（Fritz Höger）の設計した教会であることがわかった。四角い簡単な形をした塔の上には、角ばった十字架が金色に輝いている。

三年ほど前に、この教会が建った時、ドイツの建築雑誌にこのモダーンな教会が紹介され、その雑誌を私は日本で見ていた。それで今、私の目の前に、その高い塔が現れると、すぐ、それがあの教会だとわかった。この建築家の名前は有名だった。欧州大戦の直後、ドイツに「表現主義」が流行した頃、ハンブルクにヒーレ・ハウスという大きなビルディングを設計して、その特殊な作風が世界に評判となった。

その建築家の近作がこんな所にあることを予期していなかった。それが、ひょっこり、私の目の前に現われた。


日本でドイツの雑誌を見ていた時には、新しいモダーンな建築が、ベルリンに行けば街のどこにも多く建っているように思っていたが、こちらにやってくると、そんな新しいスタイルの建築は少ない、むしろ、古くさい歴史的な様式の建築が、街の両側にぎっしりと並んでいる。僅かに一階の部分だけを、新しいスタイルに改造した商店などが、ところどころにある程度で、他は古い建築ばかりである。その点で、この新しい教会は私の目をひいた。

前の大戦後、ドイツに表現主義がおこった時、それは怒濤のような勢をもって、建築のみならず、絵画、彫刻、文芸、音楽、それに舞踊や映画を狂乱状態に押しこみ、今までの様式を叩きつぶしてしまった。それは生活苦に悩むドイツの芸術界に生じた美の乱舞であった。

しかし、その表現派も今では古いものになっている。特に、ナチスのドイツになってから、一層、過去のものになってしまった。今のドイツでは、表現派はもとより、いろいろな新興芸術の運動は、どれも非ナチス的なものとして排撃されている。それを根こそぎに絶たんとする弾圧政策さえ実施されている。

ナチス・ドイツでは、建築のスタイルは「第三帝国の建築様式」という国粋主義の建築様式に統一され、そのため、今まで新しい建築思想として、ドイツの建築運動を世界的に有名にしていた「表現主義」はもとより、「構造主義」も「合理主義」も「国際主義」も、いずれもユダヤ的なものとされ、国禁となっている。今日のドイツ建築界では、作風においても人種においてもユダヤ的なものは、全く許されない。

しかし、フリッツ・ヘーゲル氏の作風はモダーンであったが、ナチスの建築の代表的建築として、公認されている。これは彼の作風の根底をなしているものが郷土主義的な意匠であったためであろう。ハンブルク生れの彼は、よく煉瓦を使いこなした。煉瓦建築はハンブルクの郷土建築である。特に彼自身は煉瓦の職工から身を起したため、煉瓦の使い方は独特である。それがドイツ的な表現を加えて、一種の熱意に満ちた新鮮さを発揮している。そんな彼の作風に私の心は惹かれた。

折から、礼拝が始まるのだろう。高い塔の上で鐘が鳴りだした。

＊

次の街角にやってくると、歩道のわきに、円筒形の広告柱がたっている。丸い壁面に、今週の映画や芝居のポスターが張りつけてある。

シュターツ・オーパーやドイッチェス・オペルンハウスなどのオペラの広告。フィールハーモニーやベートーベン・ザールなどで開かれる演奏会のポスターなど、そんなものが張りつけてある。

だが、もう今週の切符はどこも売切れだろう。これからはもっと前から用意して、オペラや音楽を聞くことにしようと、そんなことを考えながら、私は広告柱の周りをぐるりと廻ってみると、黄ろいポスターが目に入った。

それに「タカラヅカ」という文字が印刷してある。はるばる日本からやってきた「宝塚少女歌劇団」のポスターである。劇場はテアター・デス・フォルケス。だし物は「三番叟」「島の娘」「かっぽれ」。それに「大漁ぶし」や「棒しばり」。

私はそのポスターを眺めながら、次第に、私の心が遠く故国にとんでいくのを感じた。

この少女団と、私は船が一緒だった。連中はナポリ上陸だったが、私はマルセイユで上陸し、このベルリンにやってきた。

　航海中は、インド洋でも地中海でも、この少女たちは毎朝元気よくラジオ体操をしていた。船尾に近いデッキに整列して、まぶしい太陽の光を全身に浴びながら、手足を一斉に動かしている光景は、健康で美しかった。それを、私は中央のデッキから見おろしていた。船が次第に日本から遠ざかるに従って、そのラジオ体操のリズムも、次第に少女らしく郷愁めいていくのを私は感じた。

　船がアデンの港を出た頃、日本軍が広東に近いバイヤス湾に上陸したという報に接すると、船客は全員が甲板に整列して、宮城を遙拝し、声をそろえて「君が代」を歌った。広い南海の水平線を見つめていた人々は、思い思いに遠い故国を思い浮べながら、祖国の方向に向い、声をはりあげて「万歳」をさけんだ。少女たちの美しい声も、澄みきった大海の空気を震わしていた。

　スエズを過ぎ船がナポリにつくと、少女たちは「螢の光」を歌って、上陸していったが、私はマルセイユまで船に乗り、そこからパリを経て、今、このベルリンに来ているのだった。

＊

そう、シンガポールに寄港した時のことだった。その晩、土地のヴィクトリヤ劇場という一流の小屋で、在留邦人のためにこの少女団の公演会が催された。ひどく蒸し暑い晩だったが、劇場は大入りだった。

私の隣席には、もう七十歳にも近いと思われる老人夫婦が腰かけていた。聞くと、遠いマライのゴム園から、わざわざ、この公演を見るためにシンガポールまで出かけて来たのだという。こんな故国のなつかしい舞台に接するのは四十年ぶりだと語る二人は、舞台を熱心に見いっていた。

きっとこの白髪の老人は、少女たちの歌う新しい「愛国行進曲」を聞きながら、自分の胸に、「臥薪嘗胆」時代の古い祖国を思い起していることだろう。日露戦争の頃の日本は若かった。この老人の髪がまだ黒かったように、祖国も若々しい青年期だった。当時の青年たちは冒険小説に熱中した。その冒険心によって、彼もマライにやって来たのだろう。その頃の奥地は、どこも深いジャングルで蔽われた未開地だった。営々と働き、山野を一心に切り開いた。ゴムの苗木を苦心して植えつけた。しかし、それも昔のことになった。

『あの苗があんなに大きな林となったのだから、自分が年老いたのも無理はない。それにしても今の祖国はえらく発展したものだ』と、老夫婦は舞台を見ながら、そんな回想にふけっていることだろうと、私は思った。

年老いた夫人も、少女たちの舞う「道成寺」や「桜音頭」の舞台を眺めながら、自分の幼い頃を思い浮かべていることだろう。大切にしていた晴着や、雛祭の人形などを思いだして、そんな記憶が舞台の少女たちの姿に、映画の二重写しのように見えることだろうと私は思った。

「時」の流れは日清・日露と進み、「青島《チンタオ》陥落」から「満州事変」となった。さらに「日華事変」と拡大し、戦火は南方にまで及んできた。その祖国の発展にそって、この二人が植えた小さいゴムの苗木も、今では成長して見事なゴム園となっている。時の流れに従って、二人の黒髪も今では、白髪となってしまった。そんなことを私は想像し、この老夫婦の姿を眺めながら、その横顔に「彫刻的なもの」を感じた。

＊

そのほか、こんなこともあった。靖国丸が神戸を出帆する日、この歌劇団の一行を見送るために、桟橋はごったがえすようなにぎわいだった。埠頭は、たくさんの人出で埋められ、旗と、かん高い声が渦まいていた。

そんな有様で、私を見送るために郷里から出てきた父母たちは、私の姿を見失うのを不安がっていた。いよいよ船が動きだす時、少女団の合唱や、見送りの盛んな万歳万歳の声で、たいへんな大騒ぎとなった。

どよめく群衆のために、父母は危く押しつぶされそうになり、それを船の上から眺めていた私も気が気でなかった。私と父母たちはお互に姿を見失うまいと、船の上と下から手やハンケチを振りあっていた。しかし、船が桟橋から離れると、群衆は急に走りだしたので、父母たちの姿はその人波にもまれて、遂に見えなくなってしまった。

その時、私は肩にかけていた双眼鏡をとり出して目にあてた。その双眼鏡は私の義弟が餞別として贈ってくれたものだった。しかし、父母の姿は見あたらない。狂気ばしった群衆は桟橋から転げ落ちそうなほど、はげしく動揺している。私も不安になり、双眼鏡で父母の姿を探すが、見つからない。

その時、ふと群衆の中に、一きわ目立って背の高い私の友の姿を見つけた。

その友というのは、中学、高等学校、それから学部は違ったが、大学も同じだった。大学を出てからは、その友は神戸に就職したので、まる十年の間、私は彼と会う機会がなかった。その彼が、私の洋行を聞いて、出帆の当日「いよー」と快活な声をかけながら、見送りのために、ひょっこり姿を現わしたのであった。見ると、彼の頭は「くりくり坊主」である。大学時代には、当時「演劇の実験室」といわれていた築地小劇場の舞台にのせる台本の翻訳なんかに関係していた彼は、頭の髪を芸術家らしくのばし、まだ生きていた芥川龍之介ばりの恰好をして、長身の体をそらしながら、彼は本郷の通りを濶歩していた。その姿を覚えていたので、彼がくりくり坊主で、見送りに来たのに、私は驚いた。「事変」は彼の頭をも丸坊主にしたのであった。

私は友の坊主頭を眺めて、すぐ中学時代に彼の愛称であった「デコチャン」を思いだした。愛するデコチャンはその名の如く、鉢のひらいた頭をもった秀才だった。高等学校時代には弓道部の主将をしていて、試合の時には十本の矢を「皆中」させ、人々を驚かしたこともある。大学時代には英文科に籍をおき、バーナード・ショーの名をよく口にしていた。

そのデコチャンの姿を、私は船の上から双眼鏡の中につかまえたのである。彼のくりくり頭は群衆の列から一だんと潜水艦の潜望鏡のように高く抜きんでている。そして、すぐそのわきに、私は父母の姿を発見することができた。

父は立ったまま、遠ざかって行く船を見つめているが、母はまだ船に向ってハンカチを振っている。きっと向うからはもう私の姿は見えないのだろうが、別れを惜しむ気持か、母はいつまでもハンケチを船に向って振っているのが見えた。私も双眼鏡の中に写っている父母や、見送りの親しい人たちに向って、こちらからも手を振った。しかし、やがて、その姿も双眼鏡の視野から消えていった。

*

その「宝塚少女歌劇団」のポスターが、今、ベルリンの辻に張り出されているのを眺めながら、私の回想はベルリンを離れて、遠く神戸まで帰っていたのである。

だが、私は現実のベルリンに立っていることに気づくと、ポスターを眺めていた広告柱から離れて、また、とぼとぼ歩きだした。

空は今にも降りだしそうになった。私は次の街角で道を右に折れてみた。そしてまた次の角で曲ってみた。こんなに外国の不案内な都市で、ひとり構わずに横丁に入っていくことは、いつホールドアップされるかわからず、不意に酒手をゆすられるかもしれないと、日本を出発する時、経験者から注意を受けていた。しかし、このドイツでは平気だった。横丁をいくつ曲ってみても、道は実に立派で、うさん臭い所なんかない。

だが、どうしたわけか、こんなに整頓した都市計画にもかかわらず、なんだか街の様子に、ものたりないものを私は感じた。街のふんい気に一種の人なつっこい気分が欠けている。従って街の姿が、なんだか、しっくりしない。もちろん、ごみごみした横丁や不潔な露地を、ことさらに好むわけではないが、街を歩きながら、なんとなく、日本の落語に出てくる熊公や八公によって代表されるような「街の人情味」といえるものが、このベルリンの街並に稀薄なのを感じて、それが気になった。

組織化された道路網。広く分布された緑地地帯。整然たる建築の集合形式。企画的な国土計画。さらに完璧といわれる防空施設。どれもベルリン市が世界に誇るものである。それにもかかわらず、街の気配に、一種のものたらなさが感じられるのはどうしたわけだろう。

私は建築の専門的立場から、そんな疑問を抱いた。このようなことは「調査」や「報告」の資料をしらべているだけでは見落されることだし、「統計」の数字にも現われてこないことだった。

だから、都市建設にも作風というものがあるためだろう。作風とは心に響くものである。一軒の家、一脚の椅子、一枚の敷物、それが「作品」である以上、それには必ず「作風」がつきまとう。それを作った者の品格や気風が、きっぱりとそれに現われてくる。作者の体臭さえそれに感じられる。

だから街にも、公園にも、都市計画にも、それが「造形物」である以上、その設計者の作風が明瞭に感じられる。その場合に、作者は「設計者」という個人である場合もあるし、「市民」という集団の場合もある。あるいは「為政者」という官庁の場合もある。さらに「時代」という時の精神が、その作者となっている場合もある。いずれにしても、造形には必ず作者の意匠心が発揮される。

そんなわけで、私は街をぶらぶら散歩する時にも、そこに漂う気配を気にする。その気配から、それを設計した者の作風を問題にした。それ故に、街頭の印象にも、路上の偶感にも、私は私なりに目をくばり、心に嚙みしめようとする。

そのためには、この外国旅行中、私は「旅愁」でもいいから感受性と探求心を豊かにしたいと心がけた。身も心も清浄にし、それによって我が眼を曇らせず、自分の意匠力を磨いていきたいと思った。

＊

そんなことを考え、寒い辻風に吹かれながら、とぼとぼと歩いていくと、小さな骨董屋の店が一軒、私の目にとまった。ショーウィンドウから店の奥を覗くと、古い銀器や、ルイ王朝式の家具などと一緒に、陶器が並び、油絵も二、三枚かかっている。

別に、そんな品を物色したいという気を起したわけではなかったが、こんな店の内部を見ておくのも、何かの役に立つだろうと、私は入口のガラス戸を押してみた。

すると、扉についていた鈴が、ちりんと古風な響をたてた。内部は案外に暗い。そのまま出ようかと思ったが、鈴が鳴った手前、引きかえすわけにもいかず、内部へ足をふみ入れると、暗い奥の帳場には、肥った女が腰かけていて、こちらをじろりと眺めた。

しかし、その女は立ち上がろうともせず、一心になにか帳づけをしている。奥の壁にかかっていた油絵は、ドイツ式の暗い風景画と、静物画だった。そのまま外に出ようかと思ったが、手前のテーブルの上に、錫製の小箱がのっている。注意して見ると、蓋や箱の周りに、ロココ風の衣裳をつけた人物が打ちだしになっているので、珍しく思い、私は、ちょっと、その蓋を取りあげてみた。すると驚いた。突然、その小箱が鳴りだした。底に仕掛けてあったオルゴールの音楽が鳴りだしたのである。

とめる装置もわからなかったので、そのまましばらくオルゴールの響きに耳を傾けていると、なあーんだ、蓋をすればいいんだと気がつき、それをかぶせると、その古風な音楽は、余韻をひいて静かにとまった。

ふりかえると奥から女の鋭い視線が私の方を睨んでいる。急にオルゴールを鳴らした私を今まで見守っていたらしかった。しかし、女は再び視線をもとのテーブルの上に落したが、その表情はひどく暗い。心配事があるのか、なにか、ものにおびえているように見えた。

油絵の前には棚に、九谷の壺が一つ置いてあるので、近づいてみると、横浜や神戸から輸出される、いわゆる「浜もの」で、水金でぴかぴか光った安物だった。しかし、こんな所に日本の品物があったのは嬉しかった。その壺に、花の枝が挿してある。朱色をしたホホズキのようなものが二つ三つぶらさがっているので、手でさわってみると、かさかさ乾燥した音がして、それが造花だとわかった。なんだか葬式の造花が揺れたようで、不吉な感じを受けた。

私は、日本でも街を歩きながら、時々、骨董屋の店を覗くことがあったが、品物を買いたいという気は起らなかった。ここでもオルゴールの小箱に心を惹かれたが、それを買いたいという気が起らず、それに、奥の女の暗い視線が気になったので、私は外に出た。

＊

それから四、五軒向うに行くと、こんどはショーウィンドウのガラスを、めちゃめちゃに割られた店がある。それは「ユダヤ人襲撃」をうけた店だった。ちょうど、私がベルリンに着いた第一夜が、その事件の日だった。方々でユダヤ人の経営している商店が襲撃されたのである。私をツォーの駅に出迎えてくれた人は、その事件を別に珍しくもない事のように話してくれたが、それを聞く私は驚いた。教会も焼かれたということである。

私は、やっと、はるばるたどりついたベルリンの第一夜に、そんな暴動事件が起っているので、よけいに深刻な印象を受けた。

ナチス・ドイツのユダヤ人に対する弾圧政策は強い。

映画館や美術館にも、喫茶店にまで「ユダヤ人入場禁止」の制札が張りだされている。公園のベンチには、特別にユダヤ人用として黄色いペンキが塗ってあり、それにJという頭文字が黒く刻みつけてある。ナチスの祝祭日には、そんな家庭は国旗を掲げることも禁じられていた。

それで思いだしたが、さっき、私が入った骨董屋の店もそうした家族の店かもしれない。主人が急にどこかへ連れてゆかれたのかもしれない。今のドイツには「強制収容所」というものがある。そう思うと、あの女の鋭い視線の様子は、どうも、ただごとではない。

それにしても、あの錫の小箱をあけた時に鳴りだしたオルゴールの響きに、心をひかれた。古くさいものばかり並んだ薄暗い店の中で、あの音は、あどけない童話のように明るかった。

ギリシャの本を求めようと、たずねて行った本屋の店も、表戸を固く閉めている。その鉄扉には、何か投げつけたらしい跡が残っていて、看板のガラスもむざんに割れている。

*

クーワフュルステンダム街に出ると、人通りが多く、賑やかだったので、私の気持も明るくなった。

街は「冬季救済事業」の献金運動で、お祭のように歩行者が多い。鳶色の制服をきたのが「突撃隊」の青年で、真黒の制服で身を固めたのが「親衛隊」の若者たちである。そんな青年たちが、手にした赤い缶《かん》をじゃらじゃら鳴らしながら、道行く人に献金を求めている。

場所によっては、その制服を着た数人の若者が互に腕を組み合わせて、歩道一ぱいに立ちふさがっている所もあった。若い女が、そのバリケードの腕を通り抜けようとして、きゃっきゃっ笑い声をあげながら、さし出された缶に小銭を押しこんでいる光景は、いかにも陽気そうに見える。

立派な勲章を制服の襟と胸につけた人の立っている所もある。いずれ新聞の写真やニュース映画などで有名な人だろう。そんな党の要人らしい人までが、赤い缶をさし出していた。

しばらく行くと、いかにも芸術家らしい様子をした人が立っている。きっと、党の偉い肩書を持った芸術家にちがいない。そこでは人々が押し合うような人気を集めていた。

見あげると、両側の家からは、赤いナチスの旗が、いくつもいくつも高い窓から垂れさがっている。

すると、街の向うから、行進曲が聞えてきた。見ると、ヒトラー少年団の鼓笛隊である。

それが若々しいドイツ自身の進軍のごとくに、こちらに向って進んでくる。私はその少年たちの様子に、目を見はった。古いドイツを打ち破るように足並が勇ましい。

急に、その少年たちが声を揃えて歌いだすと、さすがにドイツの子供らしく、その歌声は私の耳を感心させた。

*

タウエンチーンの街角までやってくると、カイザー・ウィルヘルム記念教会堂の高い塔が、私の目の前に現われた。見上げると、鉛色をした冬空は、いよいよ暗くなって、今にも、雨が降りだしそうになってきた。

この教会堂はカイザーを記念して十九世紀の末に建てられたもので、高い尖塔は帝政時代の威厳を示している。私は交通のはげしい交叉点を横切って、教会の前に立ち、その建築を眺めた。そこは、周囲に並んだ映画館やカッフェーの騒々しい混雑から孤立して、一つの小島のように、静かだった。

その教会堂の脇に、小さい石碑が一つ立っている。のぞきこむと、十字架の形をした石碑には、「一九一四—一九一八」と、世界大戦の年が刻んであるので、戦死者の記念碑で

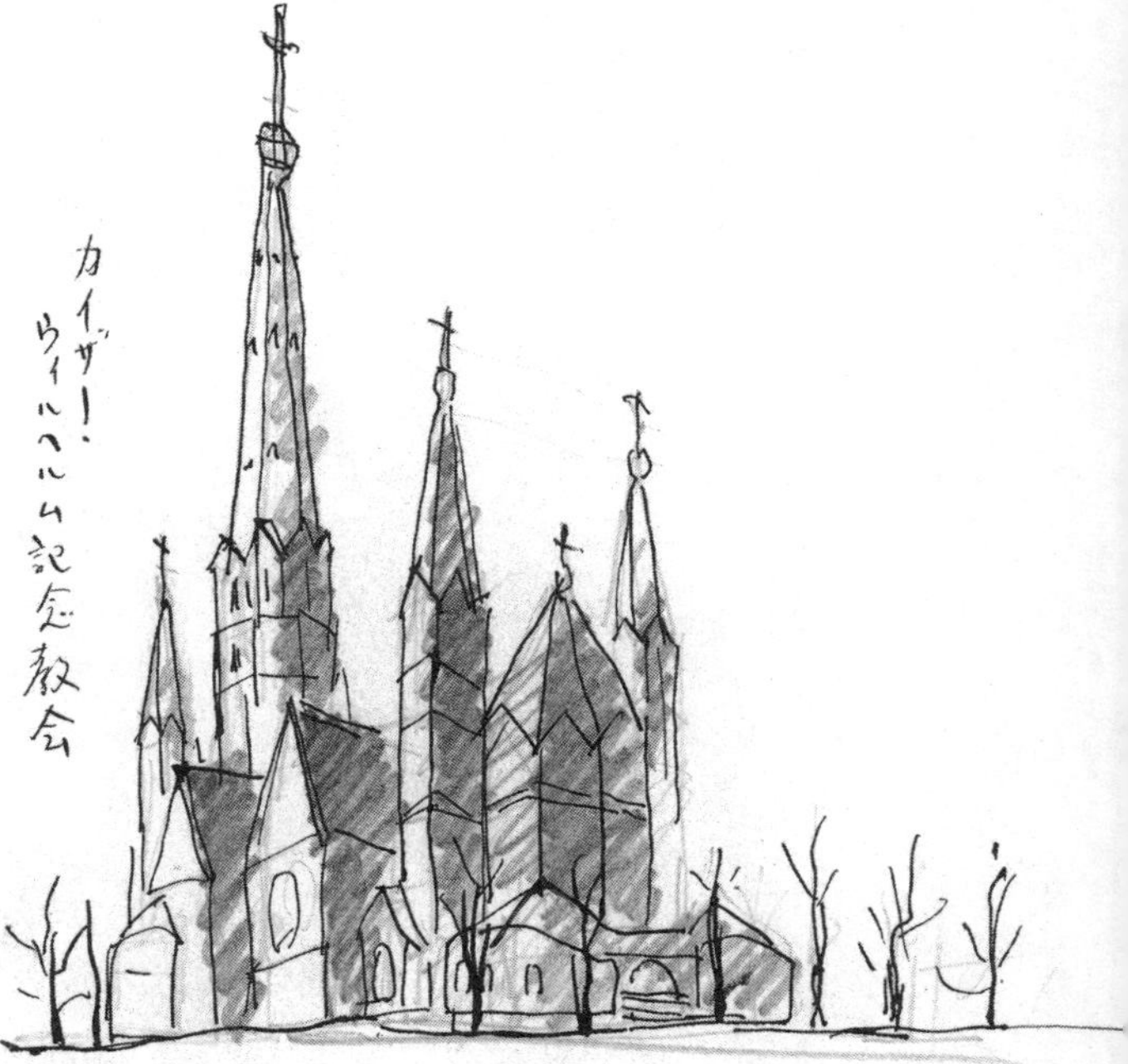
カイザー・ウィルヘルム記念教会

あることがわかった。

ささやかな碑の表面には、浮彫りの像が彫ってあって、一人の若者の胸に、数本の槍が突きつけられている。裸体の若者は、鋭い槍の穂先を、払いのけようともがいている。むろん、若者がドイツであり、数本の槍は連合軍であろう。

その浮彫りをスケッチするために、私はポケットから手帳をとりだした。石の面にはこんな文字が刻んである。

身を敵に
心を神に
主はよみがえり給えり
死は勝利とならん

この時、鉛筆を動かしている私の手帳に、ぱらぱらと、冷たい雨の粒が落ちてきた。

鉛色の日

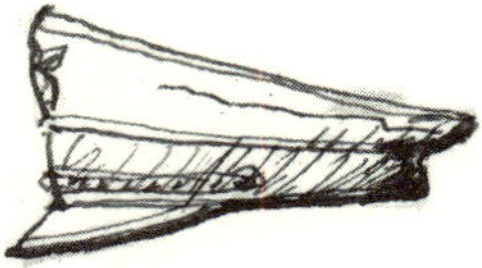

暗い気候

風邪のため、三日前からベッドについていたが、今朝は、ぐあいよく熱もさがった。起きて食堂に出ようかと思っていると、女中のマリーが、朝のパンとコーヒーを、部屋に運んできてくれた。しかし「かこち顔」の表情をして、今朝も卵のないことを詫びて、さがっていった。

家庭用鶏卵の配給が、数日前からとまっているらしい。この間から朝の食卓にでる卵には、デンマークなどという外国のスタンプが、殻に捺してあった。このようにドイツの食糧事情は、卵も外国から輸入せねばならない。そのため、ドイツと近隣国との外交戦が険悪になると、卵一つの出方にも、ベルリンの生活は神経を尖らした。

チェコとの関係も緊迫している。ポーランドとの友交も急変した。なにか、近いうちに突発事件が起るだろうと、そんな噂も高い。

年の暮も押しつまってきて、昼もいよいよ短くなってきた。時刻は、もう朝の八時に近いのに、窓の外は夜明け前のように、まだ暗い。

　枕もとのスタンドに灯をつけて、朝刊を見ていると、シリヤに暴動が起ったと、大きな見出しが出ている。官憲の圧迫に対して、民衆が反抗したというのである。エジプト問題もやかましい。スペインでもさわいでいる。イタリアは大がかりの示威運動を行い、バルカンは相変らず微妙な態勢にいる。

　ヨーロッパの諸国は、刻一刻と歯車を嚙み合せながら、「歴史の車」を押し進めている。その車輪が危険信号を無視して、思わざる方向へ転がりだしたら、人間は、さかまく動乱の渦の中に巻きこまれることになろう。


　朝食後、頭を枕につけたまま、うとうとしていると、ふいに、窓の外から音楽が聞こえてきた。固く閉めきった窓の二重ガラスを通して、オルガンのような音色の音楽が、室内に流れこんでくる。

＊

先日も、ベルリン大学の裏通りを歩いていると、どこからともなく、これと同じ音色の音楽が聞えてきたので、心を惹かれて、その方向へ歩いていくと、街角に、ヘーゲルの胸像が立ち、あたりは、落ちついた屋敷町だった。街路樹のもとに、一人の男が乳母車のような形をした楽器のハンドルを、手でぐるぐる廻し、オルガンに似た一種の哀調を帯びた音楽が、雨でしっとりと濡れた敷石の道をつたって、遠くまで流れている。

私はそれを聞きながら、道を進んでいくと、道の脇に、古本屋の屋台店があったので、覗きこむと、さすがに、ベルリン大学の近辺らしく、厚い革表紙の本が、ぎっしりならんでいる。私はその書籍の背を眺めながら、辻音楽に耳を傾けていた。

今朝の音楽も、その辻音楽だった。ベッドから起きて、スリッパをつっかけたまま、四階の窓から見おろすと、ちょうど窓の真下に、やはり、あの四角い箱のような楽器を鳴らしている男が立っている。

私は財布から小銭をとり出し、机の上にあったレターペーパーを一枚引きちぎって、その「おひねり」を窓から投げてやった。

男はそれを拾うと、上を見あげ、いんぎんに帽子をとった。猫背で、目はぎょろりとしている。眉毛が濃いから、イタリア人らしい。

やがて窓の下から、その男の歌うバリトンの声が室内に聞えてきた。イタリアの歌である。

南国の明るい青空を慕う心が、私の胸に切々と迫ってきた。

＊

今日も、どんより曇っている。こんな陰鬱な日が、毎日続き、しかも日一日とその暗さが深まっていく。私の心も、その天候のように暗い。その暗さの中で、なにもかも黒ずんで見える。これがドイツ特有の冬の天候である。

ベルリンは北緯五十三度にある。北樺太か、シベリヤのバイカル湖あたりに当るだろう。ベルリンはそんな北のはてにある都会である。

しかし日本にいると、仙台か青森あたりの緯度に、ベルリンが存在しているような気がする。しかし、緯度を比較したら、青森とナポリは同緯度である。北緯三十五度の東京や大阪は、地中海よりももっと南で、北アフリカの砂漠あたりに相当している。こう言ってもたいがいの日本人は「うそ」と思うほど、日本人は自分の国とヨーロッパを、緯度のあまり違わない所のように思っている。これに対してドイツ人は、緯度の比較から、日本を南方の国だと思っている。むしろ、熱帯国のごとくに思っている人さえ多い。この間、私に、日本の今頃はどんな時節かとたずねた人があったが、もう雪が降っている頃だと答えると、けげんそうにしていた。日本は気象学上から見て、世界に稀な暑い、同時に寒い土地である。

もっとも、北ヨーロッパは緯度の高いわりに暖い。それはオランダの海岸やデンマークの海岸近くまで、暖流が流れてきているために、ドイツはシベリヤと違って、そう寒気がきびしくない。

しかし、それにしても、風土は東京とベルリンとでは大きな差があるはずである。しかし、日本人はヨーロッパに対して、まるで同じ緯度にある隣国の如く考えるのは、これはどうしたわけだろう。

日本人がこんなにヨーロッパの気候に対して、自国とあまり変らない所のように思いこんでしまった理由には、まず明治維新の急速な「欧化」が挙げられるであろう。日常生活のすみずみまで、全く欧化がしみこんでしまった結果、日本人はヨーロッパと風土の相違を考えてみる暇もなくなったのであろうか。洋服を着、洋食をたべ、洋書を読みあさり、ビールをガブ飲みしていると、緯度の相違なんか無頓着になるのかもしれぬ。

これをすぐ卑近に、動物や植物と比較するのは、適切でないかもしれぬが、動物や植物は「緯度」や「標高」の高低によって、分布状態がはっきりと変り、生態も著しく異なっている。濶葉樹と針葉樹の分布地域は判然と区別され、同じ花でも、場所が変ると色を変えるものさえある。菫の花はいわゆる菫色のものだと思っていたが、それは平野や暖い所だけで、高山や寒地に行くと黄色い花になってしまう。「つりふね草」も、日光の神橋あたりでは紫色の花だが、少し離れて中禅寺湖あたりに行くと、もう黄色い花になると植物の本で読んだことがある。こんなはっきりとした変り方が自然界にあるのに、日本とドイツの間には、人間の生活や、ものの考え方に類似点が多い。最近では、特別に模倣的な様相が日本に著しい。これはどうしたわけだろう。

もちろん人間界と動植物界を同じく一括して考えることはできない。しかし、それが交流というよりは、日本側へのみ滲透してきた一方的な現象のように見えるのは、一層なにかを考えさせる。ドイツの長所ならともかく、短所と思えるものさえ、無批判に直輸入しようとする傾向が強い。

しかしそれだからといって、「風土」という相違点を無視することはできない。美術、ことに建築の美は風土と関係が強い。それ故に、ゴシックの寺院でも、同じヨーロッパでありながらドイツとフランスではその美の特色が非常に違う。

そういう見方によれば、東京とベルリンの気候は決して同じものでない。それを私はベルリンに住んでみて、一層感ずるようになった。

＊

先日、どこの駅だったか、地下鉄に乗ろうとすると、プラットホームに大きな温度計と湿度計が並べて置いてある。人間が感ずる暑さ寒さの感覚は「温度」だけでなく「湿度」をも合せて考える必要があるので、そんな科学的な理由で、地下鉄の駅にまで「温度計」のほかに「湿度計」まで添えて、公衆に示すのは、いかにもドイツらしいやり方だと思った。

その時、その温度計をのぞくと、零下を示していた。しかし、湿度計を見ると九〇％近くをさしている。これは東京と逆である。日本の冬では、温度も湿度も低い。つまり「低温低湿」となる。

しかし、ドイツの冬は「低温高湿」である。ベルリンの街では、冬でもアスファルトの表面が汗ばんでしっとりとぬれているのを見て私は珍しく思った。日本の梅雨時のような現象である。そのため東京のように、底冷えがするような感じがなくて、ベルリンの冬はしっとりとして、気温のわりに冷えこんでこない。

もっとも、ベルリンに北方から寒波が押しよせてくれば、耳もちぎれるように寒くなるが、冬のしっとりとした湿気の感じは、日本では想像できない北ヨーロッパの冬の特色であることを、私はここに来て始めて感じた。


だが、ベルリンの冬は、晴れた日の続く東京の冬と違って、毎日毎日、暗い天気ばかりが続く。全く鉛色の、どんより曇った日ばかりである。朝は八時近くになっても、まだ暗く、午後は三時にもなれば、もうあたりは暗い。この暗い天候によって、あのいかにもドイツらしい文化がうみだされたのであろう。

ことに建築がそうである。どっしりとした立体感。深い陰影。濃厚な色彩。更に「理論」で練り固めたような造形性。その強い意識的な匠気。「これでもか」というような建築思想。そんな特色こそ、この暗い天候から生まれたドイツ的な造形精神だといわねばならぬ。私はこの土地にやってきて、このながい冬の陰気な天候に包まれたドイツの生活を体験してみると、冬の支配力の強さに驚かざるを得ない。おそろしい程、冬の力が一切のものにのしかかっているのを目撃して、目を見はった。

実のところ、私自身も、暗い冬の天候に包まれて、この身も心も、なにか暗い淵の底に沈んでいくような気がしている。ことに、旅に病み、薄暗い部屋の中で終日ねこんでいると、冬の憂鬱さが底しれない不安となり、冬の重圧を強く感ずる。

日本からこちらへ留学に来ている医者に、ホームシックにかかっている人があった。お医者さんでさえ、そんな病気に襲われ、気が変になっている人のあることを考えると、ホームシックもおそろしいものに思われてきた。そんな時に、いつも私の心を振い起してくれるものは「建築」だった。「建築」のことを思うと、なにかしら力強いものが私の心に浮んできて、暗くなろうとする気持を明るく引き立ててくれる。それが私を慰め、私の心を力づける。郷愁のために弱くなろうとする我が身を、それが励ましてくれる。それが建築の愛情というものであろう。

＊

だから、こんな暗い暗い北方の土地に、あのゴシック寺院のような美しい建築が育ったのであろう。暗さの中に、人々は光を欲し、そのためにゴシック建築が北欧に生れたのである。

それこそ光明を求める建築だった。梁間《はりま》いっぱいに開いた窓。柱を支えるための「控え壁」。さらにそれが骸骨のように外部へのびたフライング・バットレス。それは暗い天候に対して、低い太陽に向って、いかに光を室内に導きいれようかと、工夫に工夫を重ね、苦心に苦心を重ねた建築である。

ゴシック寺院の窓にはめられている美しい色ガラスのステンド・ガラスは、暗い天候の中に輝きを求めた色彩美術である。

薄暗い北欧の室内では、南欧のイタリアのように壁画は発達しなかった。それは採光のためにも窓をぎりぎりいっぱいに開孔したために、壁画を描く壁さえも無くなった。そのため窓に色ガラスをちりばめたステンド・ガラスが考案されるに至ったのである。外光を透過して室内に射入する色ガラスの光は、壁画の色彩よりも鮮明なものとなった。パイプ・オルガンの音に耳を傾けながら、ステンド・ガラスの絵模様に目を注いでいると、胸の奥までその美しい色の光が、射しこんでくる。これは暗い気候の北欧だけに感ぜられる感銘である。

ゴシック建築では、屋根の勾配が急である。これも北方の雨によるものである。そうでなかったら、ギリシャのように緩い傾斜の屋根や、エジプトの神殿建築のように平な陸屋《ろく》根でもよいのだが、雨量の多い北欧では、どうしても屋根は強い勾配とならねばならぬ。

それが、ゴシック屋根の美しい特徴となり、さらに、そそり立つ高い屋根がのびて、遂に神の国にまでとどこうとする高い塔となったのである。

そんなことを思うと、私の胸に強い建築力がみなぎってきて、ドイツの暗い天候のために、心のうちに巣喰おうとするホームシックを払いのけてくれる。

＊

今日は新しい大使館の建築模型が出来てくる日だった。それで、その検分のため出かけることにした。まだ風邪の心配があるので、厚着をしようと思い、下着のはいったトランクの蓋をあけると、樟脳の匂いがぷーんとして、鼻の奥に故国の匂いがしみこんできた。

戸外は寒かった。街の家には、窓の外に寒暖計をつるし下げて、それを室内から見られるようにしているところがある。道行く人の中には、外套の襟ボタンに、小さい寒暖計をぶらさげながら歩いている人もいる。そんなことにも、ドイツ人らしい定量性を好む国民性が認められる。寒気が二、三日前から、ひどく加わってきた。いよいよ寒波が押しよせてきたらしい。

アーホルン街の大使館事務所に行った。二階の部屋に入ると、給仕がやってきて、風邪で休んでいる間にたまっていた手紙の束を持ってきた。見ると、その手に「はさみ」を持っている。なんのために、そんなものを持って来たのか聞くと、手紙にはってある切手を切ってくれという。給仕の指さす手紙を見ると、漢口陥落の記念切手がはってあり、特別スタンプも捺してある。その切手を切って渡すと、相手は大きな手で私の手を握った。

その手紙は東京の家から来た手紙であった。中を読むと、家族皆無事とあるので安心した。

学会の雑誌もとどいている。「改造」を送ってくれた友もある。クラス会の寄せ書もある。上海の都市計画や、そこの停車場の設計のために、大陸に進出した友のことも知らせてきた。茶目ぶった寄せ書を読んでいると、なつかしい級友の面々が目に浮んできた。

驚いたのは、古谷さんの戦死の通知で、全く驚く。暗い気持に包まれていると、また給仕がやってきて、「模型」のとどいたことを知らせにきた。

広間に運ばれた新しい大使館の模型を前にして、大島大使とともに、ドイツ側の建築家モスハーマー氏とピーナウ氏の説明を聞いた。

今、ドイツでは、国内の建築はすべて、ナチス党の最高機関である「建設総監」によって統率されていた。従って、ドイツ国内の建築は、総監に所属する建築家によって設計されることになっていた。それ故、外国建築家の直接参加は禁じられていた。日本大使館の

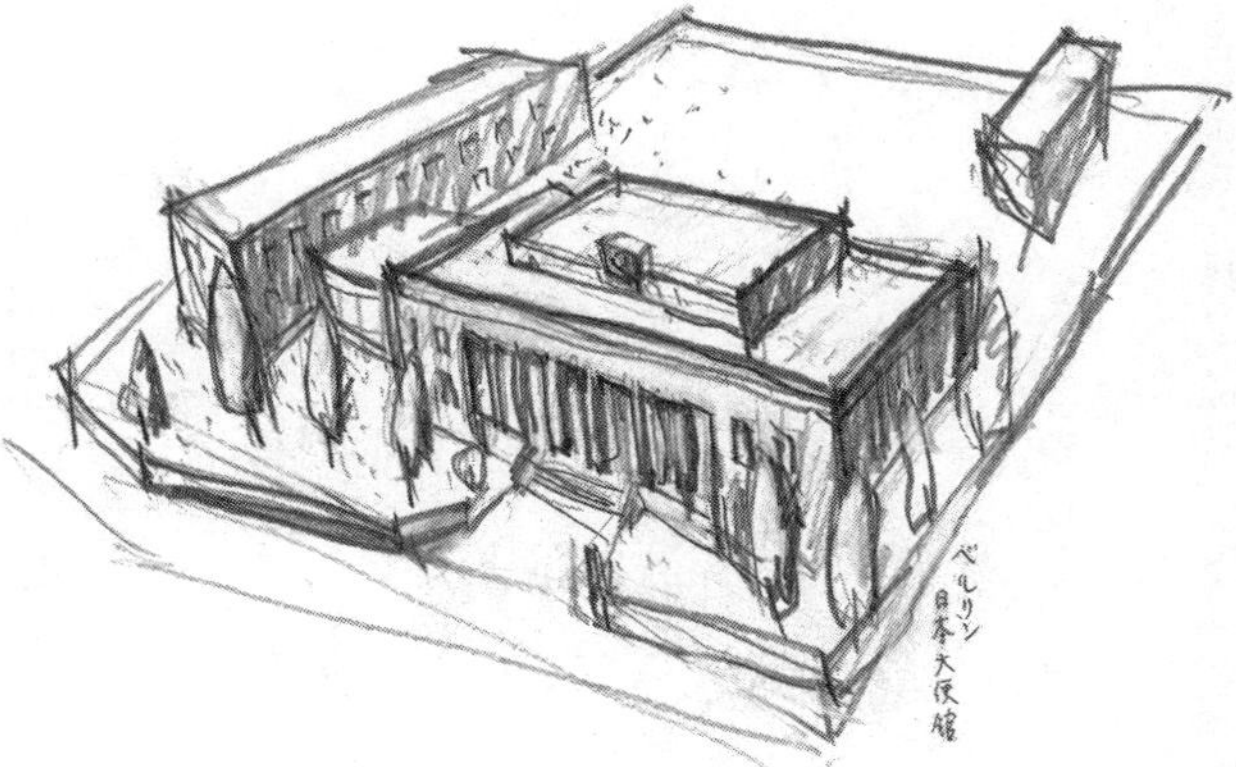
ベルリン
日本大使館

設計もその統制下にあったので、私は日本側の要求を提出するために、注文者側の建築家として相談に関与することになっていた。ナチスの建築は、たとえイギリス、アメリカ、イタリアの大使館でも、皆ナチス・スタイルの建築でなければならなかった。従って、日本の大使館のスタイルも、「第三帝国の様式」を指定されていた。

その日本大使館の模型が出来あがったのである。真白な石膏細工の模型は五十分の一の大きさで、建築の外観は堂々としている。三階建の事務所のほかに、立派な官邸が付属し、庭園も広々としていた。外部はドイツ産の石灰岩で貼られることになり、正面玄関には、三階の軒までとどく高い柱が並んでいる。

日本の外交施設は、パリーでも、どこでも、いかにも貧弱で、造形的に肩身のせまいものが多いのを思えば、この新しい建築は、大島大使も言われるように、各国にある日本の大使館の中で、最も大きな規模のものとなるであろう。私は模型を眺めながら、軒の出の工合、壁画の凹凸、陰影の調子。さらに庭に作る日本庭園の規模。そんなものを専門的な立場から、ドイツの建築家たちと相談した。

その時、小さい模型を上から覗きこんでいると、飛行機から見下しているような気がして、「空襲」のことも気になりだした。しかし、そんなことになったらそれこそ大変だが、不吉な想像に我ながら驚いて、自分の首を振りながら、そんな幻想を頭の中から追いだした。

＊

午後は、下宿に帰り、風邪気味なので、またベッドにもぐりこんでいた。寝ながら、大使館から持ってきた手紙の束を取りだし、一つ一つゆっくり読みかえしてみた。

「十一月三日に古谷さんが戦死されました。詳報にはまだ接しませんので、くわしい御様子は不明です、廬山山系で亡くなられたということです。古谷さんの率いておられた部隊は、今、武昌にいます。この前のおたよりには、敵前架橋をやられたという勇ましい御通知がありましたが、それが最後のおたよりでした。あれほどの人が亡くなられたことはまことに惜しいことです」

全く惜しいことだった。古谷彰英さんは四高の先輩だった。山岳部の御大で、「大気堂」という別名で、みんなの人から親しまれ、本名を知らない者さえ多かった。

その頃、日本のスキーはまだ草分け時代で、私らは一本杖の「単杖」で、ノルエー式のぎいぎいスプリングが鳴る旧式なスキーをかついで、信州の関温泉まで出かけたりして、猛練習をやった。

古谷さんはドイツの書物を調べて、スキーの裏面に溝のあることを知り、それにならって、私らも自分のスキーに溝を彫ってみたりしたこともあった。杖が二本の「複杖」が新式だということを、やっと知った時代だった。そのように日本のスキー術も幼稚な時代だったから、関温泉もまだランプの時代で、スキー客なんか稀だった。

私がスキーを始めた年のことだった。ひとりで山道を苦心しながら滑っていると、見知らぬ二人の学生とすれ違った。まだスキー帽というものもない頃だったので、相手の学帽の白線と徽章によって、すぐ、お互に野球試合などをやっている八高の学生であることがわかり、親しく挨拶を交した。

すると相手の学生は、その頃は乱暴なもので、懐からウイスキーの小瓶を取り出して、私にさし出した。対校意識と、学生らしい儀礼から私はそれを受けたが、アルコールに弱い私は、そのあとすぐ、足も動けないほどになった。夕方が近づき、あたりは次第に暗くなり、雪も深くなってきたので私は行きなやんでいた。すると、折よく、やって来られたのが古谷さんで、私の体を肩にかついて雪道を滑りおりて下さった。

そんな関係で古谷さんと私とは、かくべつ親しかった。大学を卒業した古谷さんは池貝鉄工に勤め、満州事変になると、自動車の製作に関係されることになり、私はその工場建築について相談をうけた。日華事変となると、古谷さんは造船所の計画をたてておられた。

そんなことを思いだすと、戦死が一層惜しまれる。

品川駅を通過される時にも、時刻を電報で知らしてくださったが、残念なことには、私がその電報を手にした時は、もう時刻は、古谷さんの乗っていられる軍用列車が品川駅を通り過ぎたあとだった。

＊

そんなことを考えていると、なんだか急に「死」というもののいたましさが、身にしみてきた。

先日も、交換学生の方が亡くなられた。スイスの療養所で病死されたということだったが、日独文化協会の告別式に行くと、テーブルの上には、白無垢の布で包まれた遺骨の小さい箱が安置されていた。いかにも異郷の告別式らしく、さみしい光景だった。香炉には日本の線香が立てられ、紫色の煙が静かにたちのぼり、その細い線がゆらめいているのを眺めた時、私は、今まで文字ばかりで知っていた「客死」というもののいたましさを、まのあたりに見た。

先日、ウィメルスドルフの火葬場へ建築を見にいった。門を入ると、両脇に石の坐像が首をうなだれ、膝の上に両腕を組み合せている。

森の中の葬儀場には告別式が行われていたので、私はそっと扉を押してみた。内部は薄暗い。喪服をきた人々の列の向うで、牧師が立ち、お祈りの言葉を捧げているところだった。見あげると、天井は大きな丸天井になって、その高い窓から光線がさしこみ、あたりは淵のように陰影が深い。牧師の声は、その天井に反響していた。やがて式が終りに近づく頃、パイプオルガンの音が静かに聞えてきて、それが次第次第に大きくなってきた。讃美歌の声が、高い天井に響きわたると、電灯の照明も次第に明るくなって、まるでオペラの場面を見ているような印象を受けた。

静かな芝生の庭を通りぬけ、納骨堂の方へ廻ってみると、棟の長い建築が並んでいて、内部に入ると、石の壁にあけた無数の穴に、たくさんの骨壺が並んでいる。

私は、祖母の死、わが弟の死を思いだした。その葬いの日、私は雪国特有の大きな仏壇の前に坐って、僧侶が低い沈んだ声で読みあげる「白骨のお文《ふみ》」を、首をうなだれながら聞いていた。そんなことを思いだすと、先日、カイザー・フリードゥリッヒ美術館で特別陳列になっていたベックリンの絵が目に浮んできた。数多くの作品の中に、あの「死の島」の絵があった。それは海に浮んだ「死の孤島」で、岩山には黒い木が茂り、石の門の奥は暗い洞穴になっていた。

　そんな「死」の連想が、風邪気味でベッドに横たわっている私の頭の中を暗くしていた。気がつくと、窓の外には夕闇が迫って、寒気が増してきた。

＊

　ベートーベン・ザールの廊下は人で一ぱいだった。

　シャンデリヤの灯を見ると、私の心も明るくなった。昼間の陰鬱な暗い気持も、賑やかな人混みの中に入ると、陽気めいてきた。まだ風邪の心配はあったが、夜になると、なにか香りの高い作品に触れてみたい気持になって、私は押し切って出かけて来たのだった。こんな気持こそ、冬のシーズンになったベルリンの夜の魅力であろう。観衆の中には、夜会服を着飾った人も多く、クロイツベルクの人気はたいしたものである。

「ハンガリヤ舞踊」「道化師」。それからヘルダーリンの詩を舞踊化したものなどがあって、休憩になった。その次がいよいよ呼びものの「輪廻《りんね》」である。プログラムには「死の伝記」という副題がついている。

　幕があがる。舞台は暗い。黒幕のバック。両袖も黒い幕。

舞台の上手《かみて》から、青白いスポットの照明が舞台の中央に、さっと射す。その光を受けて、骸骨のような坊主頭の男が、黒いマントの装束で、ぬっと登場してきた。それが「死」である。

日本の「謡」のような「朗詠」をやりながら、「仕舞」のように舞う。それが終り、マントを脱ぎ捨てたかと思うと、その男はバックの中に消えてしまう。床の上には、黒いマントだけが残り、それをスポットの光が照らす。

次に「酒徒」が現われる——

マスクをかむり、コップを持ったまま、無智な楽天家のように踊る。遂に酔いつぶれて、舞台に倒れ、その男の息が切れてしまう。舞台が暗くなって、その姿が消える。床には、さっき脱ぎ捨てたマントの上に、コップが一つ転がっているだけである。それをスポットが照らす。

次は「犯罪者」——

両手を荒縄でしばられた男が、それを解こうとしながら踊る。解けない。手がちぎれるほど、もがく。あせる。遂に縄が切れる。両手をあげて狂喜。跳躍。びゅうびゅう音をたてながら、その縄を振り廻し乱舞する。すると、その縄が首に巻きついて悶死してしまう。舞台には荒縄だけが残る。

その次が「王者」――

象徴的な王冠をかむり、王杖をつきながら大きく舞う。そのうちに、頭から王冠が落ちて、これも崩れるごとく死ぬ。王冠と王杖を残して、その姿が幕の裏に消える。

それから「遊女」――

軽妙な仮面の踊り。やはり、これも死のために舞台の奥へ消えていく。

「病者」――

痩せて影のような姿の舞い。やがて、舞台の床に、その姿が長く寝そべり、天に向って救いを求めるように手をさしのべる。ためいきをつきながら、静かに胸の上で合掌しようとするが、その手が組み合わないうちに、ぐったり、その手が下に垂れてしまう。

再び「死」が立ち現われ――

さっき王者が捨てていった王冠をかむり、王杖をついて大きく舞う。しかし、その杖が折れて、「死」自身も倒れてしまう。

以上が「輪廻」の舞台面。

クロイツベルクの踊りはこんな踊りで、黒ずくめの舞台だった。はねて、劇場から外に出ると、暗い夜は痛いほど冷たかった。

凍てつく日

ベルリンの庭石

ここに来て、「石」のために、こんなに苦労するとは思わなかった。

ここには「切り石」はあっても、天然の肌をもった「野石」は、石ころ一つも見あたらない。ドイツでは、家も、橋も、道もすべて石でできているのに、不思議なことには、自然石は野石はおろか、川石も、山石も見あたらない。

というのは、新大使館の庭に「日本庭園」を作ろうという計画が、日本にいる時に立案されていた。そのため、恩師伊東忠太先生のお指図に従って、その設計図を私は出発の間ぎわまで書いていた。遠景には築山が築かれ、植込みの中には十三重の石塔が立つことになっていた。近景には池を掘り、手前の岸には雪見燈籠も据えられる筈だった。飛び石を踏んでいけば、小川の橋を渡り、亭に憩うこともできる。そんな構想が日本側の提案であった。

しかし、図面をひきながら、私は植木や庭石のことを気にした。果して、こんな日本庭園にうつるような木や石が、ドイツにあるだろうかと、それを心配した。もちろん、外国のことだから、日本の庭を、そのまま実現することは無理だろうが、日本庭園の面目のために、できるだけのことはしなければならぬと、石燈籠などは、詳細図までひいて来た。十三重の石塔は、台石に刻む梵字のために、鎌倉期の文字まで、参考のために写したりして来て、用意は手落ちなく整えてきた。

たとえドイツには日本のように器用な石屋はいなくとも、燈籠や石塔のように、石材を加工するものだったら、ドイツの石屋と現場で腰を据え、よく相談したら、なんとかなるだろうと思った。だが、心配になったのは植木と庭石だった。

それで、こちらに到着すると、まだ庭の準備には早かったが、すぐそれが気になり、私は公園の樹木や広場の植込みなどに気をとめた。街を散歩していても、街路樹の種類に注意した。郊外を自動車で走る時にも、野の木の枝ぶりに目をそそいだ。

＊

日本の松の木に似たキーファーという木が、ベルリン郊外のワンゼーに多いと聞き、さっそく出かけてみた。なるほど、日本の赤松に似た針葉樹が繁っていて、その林の中に立つと、久しぶりに故国めいた景色の片鱗に接した感じがした。しかし、どれも直立した幹のものばかりで、見るからに「ことほぎ」を感じるような、いかにも松らしい枝ぶりのものは、一本も見あたらない。

そのため、静かな湖畔の林の中に立っていても、私の気持は落ちつかなかった。気にしていた庭木がいよいよ見つからないとなると、ドイツで日本庭園をつくることは、むずかしくなってきた。日本でさえ一と方ならぬことであるのに、気にいった木が一本もなく、しかも、それを外国でやりとげねばならぬ。これは容易なことではない。

そう考えると、その困難さが一しお身にせまってきて、キーファーの葉ずれの音が松《しょう》籟《らい》のように聞えてきても、私の耳は、それをなつかしい「松風」として受け取ることができず、一層焦慮を感じた。

ベルリンからほど遠くないポッダムに、フリードゥリッヒ大王時代の離宮と庭園があると聞いて、寒い日ではあったが出かけてみた。

そこでも、私の目は日本庭園のために、ころ合いな木を物色しながら、あたりを見廻した。しかし、そんな慾目のためか、所望のものが、ここでも見あたらぬので、この由緒ある庭園の寒々とした冬景色に、廃園のごときわびしさを感じて、そそくさと帰ってきてしまった。

＊

それよりも困ったのは、庭石だった。
もっとも、日本でも気にいった石を見つけだすことは、生やさしいことではない。ことに、京都あたりの古いお寺の庭に、静かにうずくまっている枯淡な石の姿を思うと、東京の植木屋の店先や、庭師の裏庭などに転がっている石なんかは、図体ばかり大きくて、あつかましい姿のものが多い。だから、心のかよう石を求めるには、努力と愛情が必要である。

宋時代の庭園書「林泉高知」に、こんなことが書いてある。

石は天地の骨なり
骨は堅深にして　浅露ならざるを貴ぶ
水は天下の血なり
血は周流して　凝滞せざるを貴ぶ

この言葉のごとく、私もドイツにやって来て、庭を作る以上、この土地の「骨」となるような、がっしりとした肌の石を探しだしたかった。それを土にふかぶかと埋めこんで、「血」がかようように水を流してみたかった。そんな庭を作って、ドイツの哲学心に訴えてみたい気がした。

石をたつるには　やうやうあるべし
大海のやう　大河のやう　山河のやう
沼地のやう　蘆手のやう等あり

これは「作庭記」の中に書かれている言葉である。平安時代に書かれた造園の秘伝書であるが、その作者は、石を立てるには、水の流れる姿を暗示すべきことを教えている。いかにも日本の庭らしい石の組み方である。だから、石庭の設計には、そんな清く澄んだ意匠心が必要だった。従って、たとえ池もなく、小川もない石だけの庭であっても、水の流れるような清澄な雰囲気が、作庭にただようことが大切だと説いている。これこそ日本庭園の秘訣だと言わねばならぬ。

＊

むろん、こんな清らかな石庭を作ることは、なかなかむずかしい。そんな庭を、ことに外国で、思いどおりに作ろうとすることは全く無理に近い。

しかし、日本の庭石のように天然の石だったら、ドイツにもあるだろうから、作庭の根気と、情熱さえあったら、なんとか漕ぎつけることができるだろうと、そんな考えで、私はここへやって来た。

ところが、ここへやって来てみて、それが大きな間違いであることがわかった。

驚いたことには、ベルリンでは庭石はおろか、天然の石は、石ころ一つ転がっていない。ドイツにながらく住んでいる日本人にたずねてみても、その人は私の質問を聞いて、初めて、そんな野石がここに一つもないことに気がついて、今さらの如く不思議がった。建物も、橋も、道も、石で出来ている「石造の都」に住んでいると、かえって、石に対して無関心となるのかもしれない。

ドイツ人に聞いてみると、これとは反対に、私の質問を不思議がり、ここに野石のないことは当り前だと答える。

この北ドイツ一帯の低地は、氷河でできた地帯だった。何十万年か知らないが、地質学的にそんな遠い昔、この地帯は北はスカンジナビヤから流れてくる氷河と、南はアルプスから流れてくる氷河とによって、一面に氷で蔽われていた。従って、その氷河もやはり普通の川のように砂や砂利を上流から運んできて、下流地方にそれを堆積する。その砂地が今のベルリンや北ドイツの土地だという。

そのためであろうか。ベルリンの郊外に出かけて、遙かに地平線を見わたしてみると、なんだか単調な起伏だけで、もの淋しい地形だった。野の末には、松に似たキーファーの木やタンネの林が茂っていても、日本の野山のように樹木の種類や樹相の豊かさが感じられない。ドイツでは、白樺の木などが情緒的な点景を添えていても、いかにも淋しく寂寥をそそる。それは太古以来の砂地らしく、粗大な感じのする景観だった。麦もみのりが少く、ドイツ名物のジャガイモさえ収穫が悪いということだった。

どうりで、大使館の建築工事場で地下室の基礎を掘る時、敷地のどこを掘っても、さらさらとした鋸屑のような色をした砂ばかりで、石ころ一つ出てこないのに、私は驚いた。

そんなわけで、こんな砂ばかりの土地で、庭石になるような肌の美しい天然の石を見つけることは、地質学的には、始めから無理な注文だったのである。それは砂漠の中で庭石を求めるように、無理なことだった。だから、たとえ野石が見つかっても、氷河に運ばれてきた石だから、ごつごつした肌の荒い天然の砕石しかない。それはあの中世の城壁や、古い村の道に敷かれている敷石のように、ごつごつしたもので、そんな石では庭石の味は出てこない。

強いて自然石が欲しければ、ハルツやチロルの奥まで行けば、ふんだんに転がっていると教えてくれる人もあった。ハルツといえば、魔女の住む高山である。あのハイネの紀行で有名な岩山である。チロルといえば、万年の白雪をいただくアルプスに近い渓谷地方である。

そんな所だったら、きっと天然の石も多かろう。ことによったら、思いがけぬ美しい「景色」のこもった庭石を発見することができるかもしれぬ。そう考えたが、しかし、そんな石を遠い山奥から運びだし、それを汽車や自動車で運搬することは、ここではどうだろうか。今までに、ドイツではそんな「ごろた石」を庭のために運んだことはあるまい。ことに国の内外が緊迫した情勢にあって、物資の運搬に人々の神経が尖っている際に、甚だむずかしい問題だと、相談の相手がいうので、私もそれに合槌をうたねばならなかった。

日本大使館に「日本庭園」を作るために必要な庭石の数は、ごく内輪に見積っても、数十個になる。それは決して多い数ではない。さらに、そのためには予備として、それに数倍する石を探しだし、その中から気にいった姿のものを一つ一つ選別して、それを谷や山の奥から駅まで運び出し、汽車か自動車に積みこんで、ここまで運ぶのだと、私の説明を聞くと、大使館の人も首をかしげてしまった。

聞きようによっては、無益なことであろう。ムダの骨頂かもしれない。馬鹿げた石の狂信かもしれない。

しかし、東洋の「庭石」とはそんなものだった。昔から東洋人の抱く「石」に対する愛情は信仰のごとくに、強烈な願望とまでなっていた。

＊

中には、こんな智慧をつけてくれる者もあった。コンクリートで庭石を作ってみてはどうか、ドイツのことだから、わけはなかろう。ミュンヘンの科学博物館では、自然の山がそっくり模型でできている。ハンブルクのハーゲンベック動物園では、ライオンの住む岩山がコンクリートでうまくできていると、そそのかすものもあった。

コンクリートの石だったら、日本でも目黒の大きな料理店の庭に、人造石の庭石が堂々と坐っている。上野公園の不忍池にもそんな石組がある。あの蓮池が、東京市の公園課の設計によって、ボート池に作りかえられる時、水際の石組はセメントで塗り固められた。しかし庭というものはそんなものだろうか。もちろん、日本の庭は、人間が「自然」を模したものであることを特色とするが、そんな自然の剝製であろうか。そんな模型細工のようなものだろうか。庭はそんな死んだ物でない。ただの模造品ではない。生きものである。庭石も呼吸している。だから、四季四季に石は表情を変える。「時」とともに生きぬく生命力を持っている。私には庭石とはそんなものに見える。

このような庭石の不滅性に対して、庭木は時とともにはげしく変化する。年を経るに従って成長し、遂に枯れてしまわねばならぬ。だから、庭木の姿は凋落してしまう。しかし、庭石は形相を崩さず、時とともに生きぬこうとする。星霜に耐える。苔《こけ》のむすまで、千代に八千代に生きようとする。庭木の凋落にもかかわらず、庭石はかえって美を深めようとする。これが庭石の美的生命であろう。

＊

奥州平泉の金色堂は、人も知るごとく清衡《きよひら》の建てたものだが、その近くの毛越寺《もうつうじ》は基衡《もとひら》の建立による。当時の金堂や南大門、鐘楼、経蔵などの建築は室町などの野火で焼かれてしまい、今は草堂を残すのみとなっている。草むらの中にはただ礎石が淋しく残り、昔の大泉池も全く廃園となってしまった。ただ池畔に残る「石組」に、昔の遣水《やりみず》や洲浜《すはま》の跡などがしのばれるにすぎない。

私は初秋のある日ここを訪れた。奥州路にはソバの白い花が咲き、ナナカマドの枝に、赤い実が珠のように美しかった。

私は廃園の中に立って、池を眺めた。池の中には古い石が残っている。大小の石が向きあって立ち、その石の姿は今なお、ひそひそと往時の記憶をささやいているごとくであった。私の凡俗な目にも、その石の構図に、昔の華やかな有様をしのぶことができる。だから、永い年月によって、あたりは全く荒れはてているにもかかわらず、この小さい庭石には、今なお、いきいきと藤原期の魂が残存していて、その姿は優艶な和歌のように、往時の夢をささやいているかのごとく見えた。

そんな毛越寺の印象を、私はベルリンで思いだしながら、庭石をコンクリートで作ろうとする申し入れを、いぶかしく思った。小さい庭石にもこんなに「歴史の声」を発する「いのち」がひそんでいるのに、それをコンクリートで模造することは、庭の剝製を作ることに過ぎない。それは死んだ庭だ。

どんなに精巧にできても、そんな死んだ庭は「時の審判」によって、すぐさまその「まやかしさ」があばかれてしまう。人の目は一時欺瞞し得ても、「時」の目を蔽うことはできない。

ドイツまで来て、そんな恥を白日にさらそうとすることは、私には、おそろしいことに思えた。だから、そんな庭石の偽造のたくらみを聞いた時、日本の庭の純潔のために、わが耳を洗いたいくらいだった。

＊

そうは言っても、野の石が一つさえ手に入らないのでは、どうにもならない。私は途方に暮れた。私の気持は、ドイツの冬のように、一層暗くなるばかりだった。庭のことを考えると、終日、心の重い日が続いた。

ところが、こんな名案が或る日、ふと頭に浮んだ。

今、アメリカのニューヨークとサンフランシスコに開催されている万国博覧会の日本館には、たくさんの庭石が送られている。日本の新聞には、日本の大工や庭師がアメリカに洋行し、日本の庭石も、郵船の船で横浜から積み出されたという記事がのっていた。

その庭石を、その博覧会のすんだあと、ドイツに送ってもらえないだろうか。ついでに庭師も、こちらに廻ってもらえたら、それこそ幸だと思い、これは名案だと、自分ながら喜んだ。ニューヨークとサンフランシスコの両方の分を合せたら、数十個の石になるだろうと想像すると、これはなかなかいいぞと、ひとりほほえんだ。

ともかく、輸送が出来るかどうか当ってみようと、早速ウンター・デン・リンデン街にある郵船の事務所へ相談に行ってみた。正金銀行の出張所と同じビルデングだったので、エレベーターのボーイも、日本人には愛想がよかった。ところが、ローマ字の金文字が光る事務所のガラス扉を押すと、驚いた。中には身動きもできない人混みだった。

これはどうしたわけかと驚いたが、そこに詰めかけている人々の表情でわかった。その人たちの特徴ある顔つき、ことに鋭く尖った鼻の形は、今、ベルリンの旧国会議事堂の建物の中で開かれている展覧会の壁面に掲げられている写真の人相と、そっくりである。その展覧会の名称は「永遠のユダヤ人」と呼ばれ、その催し物はベルリンの呼び物になっていた。

展覧会には、ユダヤ人に関する昔からの古い歴史や、いろいろな事件に関する説明図や、その人種の容貌を示す大きな写真などが、壁一ぱいの大きさに拡大して、壁に張りつけてあった。その民族の血を受けた世界的名士の肖像のかずかず、ロスチャイルド家などの国際的財閥の家系図、その他、ユダヤ的なもののありとあらゆる資料が、議事堂の大きな建物の中に、ぎっしりと詰まっていた。この国会議事堂の建物は、以前に、放火によって一部が焼かれたものだが、今では、こんな宣伝用の建物に使われている。

今、日本郵船会社の事務所に押しかけている人混みは、そのような人種の人たちであった。ドイツの国内から強制的に追われ、遠い他国に移住しようとする人々だろう。自分の財産を国外に送ることも、外貨に換えることもできなくなっているが、ドイツの国境を越えて、どこかに行かねばならないのである。こんな郵船の客だけでも、もう数千に達していると噂されていた。

私は、その混雑を押しわけ、奥の受付に行って来意を告げた。すると、ドイツ人の受付は流暢な日本語で応対し、私を応接間に導いた。そこで私は、出張所長の有吉義弥さんとお会いして、自分の名案を告げてみた。

「なるほど」とうなずかれた有吉さんは、船は荷物の軽い時には、船足を重くするために、砂利や鉄屑を無理にも詰めこむほどだから、庭石を運ぶことなどは、なんでもない。アメリカからは遠いようだが、陸路で、チロルの山奥から車で運ぶよりも、大西洋を船で運ぶ方が、ずっとやさしいし、それに日本文化のためにもなることだから、さっそく調べてみようというお返事だったので、私も、ひと安心した。

なお、それからいろいろ故国のことや、お互に知りあった友人の消息などを話しあったりしていたが、こんな話が出た。

それは、日本に「八紘一宇」という記念の石塔が建つことになり、そのために世界各国から、石が一個ずつ集められることになって、ベルリンの日本人クラブにも、その石を送ってよこすように故国から依頼を受けているので、それには、どんな石がよかろうかという御相談を受けた。

米国から日本の庭石を送ってもらうことをたのみに来た私が、こんどは逆に日本へ送るドイツの石について相談を受ける立場になった。私はそれに対して、ちょうど日本大使館の新築工事に使っている「ドイツ大理石」がよかろうと、お答えした。その石はドイツとフランスの国境に近いユラ山脈から切り出される石灰岩で、砂や泥が混入しているために、色は浅黒く、肌も荒かった。それでも、ドイツ人はそれを「ドイツ大理石」と誇って呼んでいる。

日本に建設される記念の石塔とは、どんなものかわからなかったが、とにかく、ドイツ産の大理石なら名前もいい。すぐ手に入るから、それを日本へ送ることにしようと相談が一決して、私が、その石をドイツの石屋にたのみ、六十センチの角材にして、日本人クラブにおとどけすることを約束した。

＊

リンデン街に出ると、寒風が吹きすさんでいた。

舗道はつるつるに凍りついていて、足もとが危い。耳も痛いほど寒い。外套の上から背中や腰に、ひどい寒さが突きさしてきた。いよいよ本格的な寒波が襲って来たらしい。私は急いで、地下鉄の階段にかけこんだ。

すると、私にぶつかる人があった。それをよけると、また次の人が私にぶつかった。おかしいと思うと、私だけが「左側通行」をしていた。だが、ここは右側通行の国である。私の足には日本流の癖がこびり附いていて、うっかりすると、そんな足の癖がこの外国でも、とび出してきた。「庭」のことに夢中になっていて、自動車にでも衝突したら、それこそ大変だと思いながら、私は自分の足に残っている「左側通行」の潜在意識に驚いた。

カッフェー・ウィーンはちょうどお茶の時間で、音楽が始まっていた。ふっかりとした安楽椅子に腰をおろして、コーヒーを注文した。今のドイツではどこのカッフェーでも、コーヒーは代用品だったが、湯気ののぼる液体をすすると、ようやく気持も暖まってきた。

美しい四重奏の曲に耳を傾けていると、私の頭の中には、またしても「庭」のことが浮んできた。

日本の清流や白波で洗われていた庭石が、横浜から汽船に積みこまれて、太平洋を渡る。それがまた大西洋を乗り越えて、このドイツまで達する。反対に、ドイツの山から掘り出されたドイツ大理石が、逆に遠く日本までとどけられる。これは、どうしたわけだろう。たかが、とるにたらない「石くれ」のことではないか。

それが、どうして、地球の表と裏の両側から、やり取りされるのであろうか。

昔エジプトのナイル河畔に、「ハネサックル」という花が咲いていた。その草花の蔓が、図案化されて、壺に描かれ、織物の文様に織られた。「忍冬唐草《にんどうからくさ》」といわれるのは、その唐草文様のことである。古代エジプトでは、精巧な工芸品ばかりでなく、神殿建築の装飾文様にも多く使われていた。それは今から四千年も五千年も前の遠い遠い大昔のことであった。

そのほか、小アジヤでも、それと同じ文様が用いられていた。バビロンの城壁にはりつけてあったタイルにも、美しくその文様が描かれている。アッシリヤの宮殿建築にも、多く刻まれている。

ギリシャ時代になると、その唐草文様が一層愛好されて、有名なギリシャの壺にも描かれ、家具や服装品の装飾に広く応用された。神殿にも、神聖な文様としても、軒の装飾に彫刻されている。

アレキサンダー大王の東征が始まると、この文様も東方に及んで、その分布は、ペルシャからインド地方にまで達した。ガンダーラの仏像には、光背に、美しくこの忍冬唐草が彫りこんである。それから、仏教とともに、天山山脈を越えて中国に入ってきた。六朝時代の仏教美術には、この唐草文様が特に多い。朝鮮の百済から、日本に仏教が伝来すると、この唐草文様もまた、日本に渡ってきた。

法隆寺の金堂や五重塔の建築に、われわれはその美しい文様を至る所で発見することができる。夢殿の観音の宝冠、玉蟲の厨子の装飾金具、薬師三尊の光背、その天蓋の文様など、枚挙にいとまがない。それは伊東忠太先生が、「飛鳥《あすか》文様」と名付けられたもので、わが飛鳥時代の仏教美術は、この唐草によって美しく装飾されていた。

このようにエジプトのナイル川や、小アジヤのチグリス・ユゥフラテス川のほとり、そのほかギリシャの野に咲いた一茎の花の美しさが、遠い遠い東洋のはての大和の地にまで到達した。それこそ幾山河の難路である、険阻を越えねばならなかった。波濤万里の荒海を渡らねばならなかった。交通機関も駱駝や馬の背であり、小さい扁舟にすぎなかった。それにもかかわらず、この花の文様はその困苦を押し切って、はるばる東海の小島にたどりついた。

信仰のしるしとして、朝貢品として、或いは愛情のしるしとして、この花の文様で装飾された美しい器物が、異郷の神に捧げられ、異国の君主に贈られた。ある時には、いまわしい行為の「かた」として取引されたこともあったろう。その美しさが美しいだけに、それを取り巻く人間界には、善悪いろいろな事件が引き起されたことに違いない。

それほど、この花の文様の魅力は強い。その花の姿は小さかったが、美の力は、地球を抱きしめる程大きかった。

それを思うと、今、日本の庭石が地球の反対側から、ぐるりと長い旅をしてこのドイツに来ることぐらいは何でもなかろう。「石」にこもる愛情は、そんなことくらいでは、驚くものではない。飛鳥時代の波濤万里にくらべたら、交通機関の発達した今日には、僅かひと月か、そこいらの日数にすぎない。

「園冶」の著者である李計成は言っている。

石に山価なく　費はただ人工なり
跋躡して嶺を捜し　崎岠して路を究む
千里遥かにすると雖も　何ぞ防げん

＊

この意気こそ、東洋の石に対する愛情と言わねばならぬ。一つの石を探すのにも、千里の路を遠しとしない程の石に対する強い愛情こそ、東洋の人が抱く特別な造形心である。だから一つの「石くれ」にもこんな人の愛がこもれば、石は波濤万里を蹴ちらしてしまう。

このように東洋人の自然石に対する愛情は強い。中国では「石譜」として、珍しい石の姿が記録されている。「選石」といって特別の石が愛玩されている。「大湖石」と呼ばれるものは湖の底から引きあげられた奇岩である。それ故、中国庭園に用いられる庭石には、そんな珍石が多い。珍しい石を配置して、その構成を尊ぶのが中国の庭である。だから中国において、最も珍重されている「玉《ぎょく》」の美も、珍石を磨きに磨いたもので、それこそ中国人の石に対する強い愛情の結晶である。

世界に誇る中国の陶器の美は、この玉を模造しようとしたものだと伝えられているが、越州窯や定窯、それから竜泉窯などの、白磁や青磁の美しさは、この中国人の抱く「玉」や「石」に対する愛情が、窯の強い火によって焼かれ、それが溶融し、結晶したものであろう。宣徳の染付、康熙や乾隆の鮮やかな「粉彩」も、選石を愛する造形力が、華やかに発色したものだと言えよう。

だが、しかし日本人の抱く石の愛情は、それとは趣を異にしている。奇岩の形よりも、自然な石の肌を愛する。せせらぎに洗われ、白波で磨かれ、さらにその肌に苔のむした幽寂な姿を好む。

この日本の石に対する美意識が窯の火で焼かれると、あの「古瀬戸」「伊賀」「信楽《しがらき》」「備前」それから「楽《らく》」などといわれる日本特有の焼き物となるのであろう。中国の磁器が、玉を模造しようとしたものなら、長次郎やのんこうの茶碗は、「石ころ」の美を、日本の風土に育った美意識によって焼き作ろうとしたものであろう。

光悦の茶磁の美しさも、日本の石に対する愛情を持たない者には、ただの瓦礫に過ぎないだろう。

＊

それならばヨーロッパ人の石に対する美とは何であろうか。

ギリシャの神殿とその時代の彫刻。ゴシック寺院とその彫刻。ルネッサンスの巨匠たちが築いた建築とその彫刻。どれも人間が石の表面を彫り刻んで作りあげた人工美である。

さらに、さかのぼればピラミッドがある。スフィンクスの像がある。何十万という人の力で、石を切り、それを積みあげ、表面を人工的に仕上げた大建造物である。だから、西洋人の石に対する美意識はいつも人工的なものである。従って、それが焼き物に移ると、やはり彫刻的なものとならざるを得ない。有名なマイセンやセーブルの窯が誇りとしているものは、彫刻的な置き物である。

ミケランジェロが大理石を鑿《のみ》で彫る時に、それを眺めていた人々は、その石材の中に、すでに彫刻的な像がひそんでいて、それをミケランジェロがただ彫りだしているのではないかと、驚歎したということである。

またある時、ミケランジェロは大きな山を眺めて、その山全体を彫刻にしてみたいと考えたということである。このようにこのルネッサンスの巨匠の造形力は、自然の山岳をも彫刻化しようとするほど大きかった。

しかしその造形力は自然そのままの姿ではない。人間の力によって加工しようとするもので、いわば人工美を作りだそうとするものだった。このようにヨーロッパの造形は、いつも自然美よりも人工美を尊ぶ。

従って、庭園も、ヨーロッパでは人工的な形の美しさが問題となる。庭木も庭石も、彫刻のように切り揃えられてしまう。池も幾何学的な形となり、水も噴水となる。それは自然の重力にさからって、天に向って吹きあがろうとする。庭の石も、建築的な石段や門となり、彫刻的な像となる。それは天然の肌を有する石から自然の表面をけずり取り、それを人工的な形に作りかえようとするものにほかならぬ。このようにヨーロッパ的な造形というものは、何から何まで加工の意匠といい得る。

石に対する意匠は、こんなに西洋と東洋ではちがう。同じ東洋でも、中国と日本では、その趣味が根本的にちがってくる。しかし、どれも石に寄せる強い愛情にほかならぬ。それが風土や、歴史によって相違し、人の心によってちがってくるのであろう。

水の流れと苔の美しい日本では、庭石は天然の肌が賞美される。大理石のような石質の美しいヨーロッパでは、石は加工されて彫刻的な立体が賞美される。だから、ロダンも言っている。「石の中に光がある」と。

そんなことを考えながら、私は私自身の肉体の中にも、故国の風土にはぐくまれた美意識が血潮となって流れていることを感じた。その血液型は「ミケランジェロ型」というよりも、むしろ「利休型」ともいうべきものかもしれない。自然の石肌に心をよせる美意識は、珠光《じゅこう》、紹鷗《じょうおう》、利休によって打ちたてられた「数寄」の美学である。これこそ茶道の「さび」の造形であり、利休は、この日本の「石ころ」にこもる美を、世界的な高さにまで完成した偉大な造形家であったといわねばならぬ。

この利休型の美意識が郷愁のように、私の心に湧いてきて、日本から、はるばる美しい庭石のとどくのを、私は心から請い願った。

幸いに、もし、日本の庭石がここに到着したら、私はそれをどう取り扱おうか。がっちりと、微動だにしない構成力をもった、あの西芳寺の奥庭のような「石組」を組んでみようか。この「苔寺」の石組は夢窓国師の作と伝えられている。国師はその石組の上で坐禅を組まれたという。また夢窓国師は富士山を眺めるのに、伊豆からも眺め、甲斐からも眺めて、富士山の最も美しい姿を眺めるために行脚し、修業された。その悟りが、こり固まって、あの石組が出来上ったのだろう。だが、私にそんな悟りがあるだろうか。悟りのない者の作った石組ほど、みじめなものはない。石組は作者の心底を、はっきりと見破ってしまうにちがいない。

或いは、日本から庭石がとどくなら、少数の石でもいい。僅か十五個ばかりの石で竜安寺のように静かな石庭を作ってみようか。そんなことを考えていると、私の目には、白砂に、浮島のように庭石が並んだ静かな石庭の姿が浮んできた。

私は、浅春の日、佗助《わびすけ》椿の咲く頃、竜安寺の庭を訪れたことがある。また、日ざしの強い夏の日、蟬時雨が石の肌にしみる頃、たずねて行ったこともある。澄んだ秋の日、雪の降る冬の日にも、私はこの庭を見に行った。

この石庭は、今では石ばかりの庭となっているが、昔は、方丈の縁の西に、糸桜の木が一本植わっていたと伝えられる。春、しなやかな桜の枝に花が咲く頃や、秋になって葉が色づく頃、この石庭には、今の風情とは別な美があったかもしれぬと、私は想像してみた。

しかし、私自身に、そんな竜安寺のような石庭を、ここで試みてみる資格が果してあるだろうか。その美しさに憧るる切なる私の心は、その「写し」をここで作る許しを得たとしても、まだ骨身にしみるような庭の修業をしていない私の腕は、「もぐり」の作者のように、浅はかな、まやかし物を作る心配があった。

あるいは、日本から石が一つも来なかったら、いっそのこと、石の無い庭にしてしまおうか。

そう、清涼殿の奥にある「萩坪」にも石がなかった。あれは白砂に萩を植えただけだった。あの静かな白砂は、日本の庭石の美意識を、もっとも清冽にしたものと言える。あんな「坪庭」も、西洋の石造建築に似合うかもしれない。萩がドイツにあれば、濃萩、絲萩、それに光琳の絵のような双葉萩などを、所々に寄せ植えにしたら、どうだろう。きっと初夏には、そよそよ葉がおののき、秋には、薄紅や白い花びらが、白砂に、ほろほろとこぼれ落ちることだろう。小さい「滝壺」を作って、それに落ちる清流の音を取り合すのも、或いは、いいかもしれない。

しかし萩のようなものが、このドイツにあるだろうか。こんどダーレムの植物園に行ったら、そんな静かな坪庭にふさわしい花木を見つけてくることにしよう。

四重奏は、とっくに終っていた。

窓の外には、すさまじい寒風が吹き続けていた。しかし、夕食の時刻になったので、私はカッフェー・ウィーンから外に出た。

どこか、温かい炉辺で休息したかったので、カイザー・アレーの日本人クラブに行ってみた。殺風景な食堂だったが、スキ焼きが食べられるのが楽しかった。

テーブルの上にガソリン・コンロが運ばれ、それに耐熱ガラスの鍋がかけられた。いかにも異国らしい道具立てだったが、透明な鍋の底から、炎が見えるのも珍しい。白く立ちあがる湯気を、私はなつかしく頰に受け、歯の奥に旅愁を嚙みしめた。

どんよりした日

ベルリン、無名戦士廟

無名戦士の廟

ウンター・デン・リンデンの大通りを、国防軍の一隊が、軍楽隊を先頭にして、こちらへ近づいてくる。

そう、今日は水曜日だった。毎水曜日には、このリンデン街を、兵士の一隊が隊伍をととのえて、「無名戦士の廟」まで行進してくるのが、ベルリンの名物になっていた。

私はベルリン大学の前に立っていた。年の暮に近い歩道には、人々がいそがしく往来し、車道には、大きな二階バスが胴体をゆり動かしながら、これもいそがしそうに走っていく。

しかし、旧王宮に近いこのあたりは、どことなく落ちついていて、街の両側に並んでいる建物も、由緒あるものばかりだった。

大学の校舎はハインツ殿下の古い屋敷を改造したもので、正面の左右に並んでいるフンボルト兄弟の石像も、古いこの大学の誇りとなっている。

「無名戦士の廟」はこのベルリン大学の隣にある。

世界大戦の時に戦死した多くの将士をまつる霊堂で、この石造建築は、十九世紀の古典主義建築家として有名なシンケル（Karl Friedrich Schinkel 1781-1841）によって設計されたものである。

ギリシャ神殿風の外観をもつ正面玄関には、鉄兜をかむった番兵が、まるで彫刻のように、両足をふんばったまま、微動だにせず、石段の両脇に立っている。その背後には、六本のドリヤ式石柱が並び、その固い石造建築に、番兵の姿が、なにか強い鉄片のようにはまり込んでいる。都会の煤煙によって、黒くすすけた廟の建築は、あまり大きくないが、古い城塞のように、どっしりと安定感をもっている。背景に植えこまれたカスターニエンの並木とも調和して、一層この石造建築は厳然と見え、さすがにシンケルの作品らしく、あたりを払うような重みを示している。

ふりかえると、兵士の行列は、もう国立図書館のあたりまで進んできている。指揮者は白馬にまたがり、先頭の聯隊旗には昔風の飾り物がついていて、いかめしい。そのために、あたりの様子は、急にプロシャの昔に帰った如く見えた。

軍楽隊の響きはいよいよ大きくなり、規律正しい軍靴の足音が近づいてきた。

私は行進曲と足音を聞きながら、廟の建築を眺めていた。すると、廟の建築が次第に強い表現力を増してきて、その奥から、設計者シンケルの鋭い眼が、日本の建築家であるこの私を睨みつけているように見えた。

＊

十九世紀のプロシャ時代といえば、カントやヘーゲルの名とともに、フィヒテ、シェーリング、ランケなどの名前が頭に浮んでくる。今、私の目の前に立っている石像のフンボルト兄弟も当時のプロシャ文化を代表する碩学として世界にその名を知られている。同時に、建築家シンケルの名前もまた、それらの哲学者と同じく、ドイツ文化史上にその名を高く認められている。ことに、ベルリンではこの建築家の名前は市民の誇りであった。

事実、今のベルリン市は、その中央部にある主な建物の多くを、この十九世紀初期の建築家シンケルによって設計されていた。さらに、今なお彼の設計によって工事を継続しているものさえある。だから、今のベルリン市が世界に誇る都市となり、その外観に特有の性格を発揮するに至ったのは、多分に、シンケルの抱いていた古典主義の意匠心によるものといわねばならない。

なお、その後、二十世紀に至って、ドイツが革新的な建築運動の中心地となり、世界に広くその影響を及ぼすに至ったのも、十九世紀に、このシンケルが古典主義を主張していたからだといい得る。さらに、ナチスの今日に至って、「第三帝国の様式」というギリシャ様式の復古的建築が強い主流となり、それによって、建築のみならず、絵画、彫刻、工芸を一丸として、新しい様式樹立のため、政治力が活潑に動きだすに至ったのも、既に十九世紀に於て、このシンケルが古典主義の美意識を主張し、それによってギリシャ的なものとプロシャ的なものを、しっかりと結びつけたためといわねばならぬ。

＊

ギリシャの建築は欧州美術の故郷だといわれる。だから、ある時代にはそれから離れる時があっても、いつかは、それに帰らねばならず、さらに、それを出発点として、再び出なおす時も多い。欧州の歴史はそれをくりかえしている。このように、ギリシャの流れは脈々と続き、その古い泉は常に涸れることがない。これが、あの廃墟となったギリシャの神殿や、残欠となったギリシャの彫刻に、今なおひそむ古典美の強い力である。

しかし、紀元前五世紀のペリクレス時代のギリシャと、紀元後十九世紀のプロシャ時代のドイツとの間には、時代に於て二千三百年あまりの長年月がへだたる。同時に、社会的条件も全く異なっている。

ギリシャの神殿は、明るく輝く南欧の太陽のもとに、美しい大理石を一層こまやかに磨き、その上に原色の強い彩色をほどこした建築であった。しかるに、ドイツの建築は、暗い北欧の空のもとに、黒ずんだ凝灰岩を地肌とする建築である。このように地球上の緯度もちがい、従って太陽高度もちがう土地に生れる建築は、成立条件が根本的にちがう。植物がそれによって分布や形状を判然と異にしていると同様に、建築も様式を異にする。その上に、建築を作る職人の技術も、国民の宗教も、社会の風俗習慣も、古代ギリシャと十九世紀のプロシャとは全く相違している。

その点で、ドイツの古典主義建築は、その別名のように「模倣主義」または「擬古主義」の建築であった。それは建築発生の根本条件である風土の条件や、生活の条件、さらに、時代の性格を無視して、昔のギリシャへ今日の建築様式を無理にも押し返そうとするものであった。従って、「擬古主義建築」であり、「輸入主義建築」ともいわれるのも当り前であった。

このように、ドイツの古典主義建築を、二十世紀の合理主義建築の立場から、それを模倣主義として批判することは、言葉の上では容易なことである。すなわち、「合理主義建築」は建築の成立条件を純技術的な方法に求める。それによって最も端的な建築様式が生れるものだと考える。そんな立場から見れば、昔の伝統や、古い文化の影響は全く因襲であり、それを継承しようとする建築は、恥ずべき模倣主義の建築となる。

その点で、「建築」と「機械」を同一視し、建築に新しい機械の姿を求めようとした、いわゆる「合理主義」の思想から、「古典主義」を批判することは、わけもないことに考えられていた。

しかし、それに反して、ギリシャ的なものに強い美を認め、今もなお、時代を越え、いきいきとした美しさを感ずる芸術的感性の側から、古典を眺めたならば、過去の美を無視することは容易でない。飛行機の美しさに心を躍らす現代人の美意識は、ギリシャの美しさにも強く心を惹かれる。現代にめざめ、それによって新しい美を求めようとする現代美術の感性は、その心を深めれば深めるほど、伝統の源泉に心を惹かれ、その伝統の中に、強い力を感じ、それからも啓示を受けるであろう。

そこで反省されねばならぬのは、機械的な面からのみ批判していた一面的な態度である。そんな態度には、過去のものを、まだ飛行機も発明されなかった旧時代のものとして、軽く批判し去るような、いわば皮相な態度があった。従って、過去様式から分離することのみを現代の目的と考え、その独断論によって、ギリシャの美しさに感動する自分の内心をも偽り、古き昔の美的探求心を、ただ頭から軽々しく笑い去っていたきらいがある。

私は、こんな反省心から、シンケルの建築を眺め直してみたいと考えた。そうすることによって、ギリシャ古典の建築が、後世から見て如何なるものであるかを、一層はっきりと検討し、シンケルの仕事を再吟味したいと考えた。彼は古典を受け入れようとした。しかし、彼の古典主義建築が、その結果として、如何なるものにならねばならなかったか。そんな問題までも、彼から教えられると考えた。

その意味において、シンケルは、私にとって、「ギリシャの教訓」を身をもって教訓してくれる一人の建築家であった。

*

兵士の行列は無名戦士の廟までくると、ニュース映画でよく見ていたように、足を高くあげて、活潑なナチス式歩調をとりだした。軍楽隊の指揮者は、長い指揮棒を高く空中に投げたりして、勇ましく指揮しだした。

しかし、廟の建築は、それに対して、何か巨大な力を持ったもののように、厳然と控えている。

私は、この軍楽隊の音楽を聞きながら、その石造建築の柱や切妻などを、じっと眺めていた。すると、私の心は、なにかしら、次第にたかぶってくるのを禁じ得なかった。廟の前に、きちんと整列した兵士たちは、今、この建築に向って「捧げ銃」をしている。その視線は鋭い。指揮者の号令も強い。広場に集まって、それを見物していた人々の顔にも、感動的な表情がありあり現われている。

その光景を眺めていると、異国人である私の胸にも、なにか心がゆり動かされ、感動がたかぶるのを感じた。

そんな感動は、いったい、何によって起るのであろうか。軍楽隊の勇ましい音楽だろうか。兵士の厳粛な動作によるのであろうか。むろんそれもある。しかし、それと同時に、廟の建築が、今、その強い造形的表現力を発揮しているのである。人々の目と心に、無名戦士の霊を哀悼させているのは、この廟の建築である。兵士や、市民の胸をゆり動かしている主体こそ、この廟の建築であると、私は思った。

その建築に向って「捧げ銃」をしている兵士たちも、その建築を仰ぎみている市民たちも、胸のうちに、遥かにタンネンベルクの戦場を回想し、遠くヴェルダンの砲煙を想起して、そこに倒れた人々の霊を思い浮べているのであろう。

そんな感動力を、今、この建築の「形」が発揮しているのである。私は建築から発するこの力を感じ、その廟の奥に、設計者シンケルの鋭い眼がひそんでいるのを感じた。それは彼のギリシャにあこがれる意匠の眼である。彼はその眼によって、祖国プロシャの魂を、はっきりとこの建築の中に打ちこんでいたのである。

＊

この廟は、もと「新衛兵所」として、一八一八年にここに建てられたものである。だから、この建築は、もとから、こんなに「廟」として人々から礼拝される建築物ではなかった。

それが、今のように無名戦士の廟として改造されたのは一九三一年である。その時の設計者は、今、ベルリン工業大学の教授をしているテッセノウ氏（Heinrich Tessenow）であった。氏はその時、古い建築の内部を改造して、廟の内陣とし、外観はシンケルの設計をそのままに残した。従って、この建築の外観が表現するものは、廟でなく衛兵所である。

それが今見る如く、無名戦士の廟として、それにふさわしい表現力をもって、人々に感銘を与えているのは、なぜか。二十世紀の合理主義建築の理論からいえば、この建築は擬古主義の様式として古いギリシャの様式をそのまま模倣し、風土の全くちがった異国の様式をそのまま輸入したものであった。さらに、最初の用途を変更して、別の目的に改造された転用建築にすぎない。それが、それにもかかわらず、今見るように、厳然たる廟建築として人々の胸に迫ってくるのは、どうしたわけであろうか。

ここに、建築の大きな課題があると私は思う。建築が満足すべき目的は、第一に、「用途」という使用目的である。しかし、その使用目的を越えて、人々の心を感動せしめる大きな表現力の存することが、これによってもわかる。もちろん、その表現力は用途を離れて存するものではなかろうが、時として、用途をとび越え、時代を超越し、過去の「形」から、強い表現力が新しく発揮される場合のあることを認めねばならない。あるいは建築の種類によっては、そんな「形」の問題こそ、その建築の全目的となる場合がある。その時、建築が発揮する力は、もはや用途の効果でなしに、人の心に直接響く表現の美である。

＊

「模倣」という言葉は人から嫌われる。それは独創に反するものとして、あるいは、亜流と軽蔑される。さらに、建築は、別の意味で、絵画や彫刻の如く、自然物の形から表現方法を借りないがために、純粋な形態を求め、一層、模倣を嫌う。

しかし、ギリシャ建築は石造建築でありながら、古い木材建築の形から発生したものである。その柱や軒の細部に定められているいろいろの形式上の規範も、その原形は木造建築の手法から由来したものであると、建築歴史家によって論ぜられている。だから、ギリシャ建築の美しさも、いわば、模倣から生じた形式美といわねばならぬ。

日本の神殿建築に見られる千木《ちぎ》や堅魚木《かつおぎ》も、その起原は原始的な木造家屋の屋根から由来するものだといわれている。妻にある棟持柱《むなもちばしら》や鞭掛《むちかけ》も、その言葉の示すような用途から出来たものであるといわれている。しかし、それが神社建築の要素として、神の「しるし」に用いられる時には、もはや構造や用途から離れて、それは模倣となる。しかし、その建築は、今やその模倣にもかかわらず、聖なる形式美を発揮し、人々は、その建築に向って礼拝するに至る。

もちろん、この場合に、最も問題となるのは、その形式の表現態度である。だから、表現精神のいかんによって、感銘はひどく異なる。その表現の巧拙によって、建築は「神の建築」ともなり、あるいは「悪魔の建築」ともなる。だから模倣が許される場合と、許されぬ場合とがある。それを判断するのが建築家の心眼であろう。

しかし、とにかく模倣をこんな意味に解釈すれば、シンケルの建築は、たしかにギリシャを模倣した模造品である。だが、そのギリシャの模倣から、不思議にも、ドイツの魂がこんこんと湧出する。それは何によるか。これこそ私の考えねばならない問題であった。

＊

兵士たちは、廟の前で参拝を終ると、また、勇ましい軍楽隊を先頭にして、もと来た方向へ帰っていった。見物人の中には、その隊の左右や、列の最後に続いて、歩調を合せながら歩いて行くのもあった。

私はその列を見送りながら、まだ廟の前に立っていた。日本にいた時には、私にとっては、シンケルの作品は、いわゆる前世紀の作品であった。従って、いわば、古代でもなく、現代でもない。そのために、気乗りの薄い存在であった。それが、こうやってベルリンにきて、その作品に接すると、一種の力を発揮して私に迫ってくる。

それは何によるのであろうか。シンケルの作風にひそむ力であろうか。それとも、私の旅愁であろうか。あるいは、今の軍楽隊によって刺戟された一時的な興奮であろうか。それとも、緊迫した時局のせいか。そんなことを考えながら、私はなおも、廟の外観をゆっくりと見直していた。

やがて、ふりかえると、兵士たちの姿はリンデン街の遙か彼方に小さくなり、行進曲の響きも、かすかになっていた。

薄日さす日

フルボルト邸
宮

フンボルトの旧邸

東京の「省線」とよく似た郊外電車を、テーゲル（Tegel）駅で下車すると、街は急にひなびていた。ベルリンから僅か小半時間ぐらいしか乗らないのに、もう、まるで遠く離れた田舎へ来たような気がする。街の家々に、ところどころ、小さい一軒家が見えるのも、なつかしい。

湖畔に出ると、さすが遊覧地の盛り場らしく、岸には、カッフェーや船着き場の建物などが並んでいる。しかし、こんな寒い季節では、散歩する人もいない。戸外のテレスにはテーブルもなく、水辺には、さかさまになったボートが、淋しく舟底を乾していて、いかにもシーズン・オフの感じが深い。

こんな人影の少ない遊覧地というものは、なにかフランス映画のような哀愁をそそる。夏場の広告だったのだろう。水浴のポスターが、古びた煉瓦塀に残っていた。音楽堂やダンスホールの方向を示した道しるべも、寒々と街角にたっていた。

きっと初夏の頃には、並木も青々としていて、気持も晴々とすることだろう。ここいらのテレスに腰かけていたら、水面を吹いてくるそよ風に、音楽堂の円舞曲が快く響いてくることだろう。湖には、ヨットの白い帆がいくつも見え、モーター船がすいすいと早いスピードで走りぬけていくことだろうと、私はそんなすがすがしい初夏の湖畔を想像しながら、枯木のような並木の間を歩いていった。

＊

フンボルトの屋敷は、駅に近い盛り場から離れた、静かな森の奥にあった。城《シュロス》といわれただけあって、広々とした敷地だった。リンデンやカスターニエンの太い幹をすかして、芝生が遠くまで続いている。林の中を歩いていくと、落葉がかさかさと音をたてるだけで、住む人のいない広い敷地は、ひっそりと静まりかえっている。

邸宅の建物は、ずっと奥の、タンネの木などが繁った森の中にあった。写真で知っていた通りの、こじんまりとした建築だったが、もっと古びて、廃屋の感じが濃い。ここにあのウィルヘルム・フォン・フンボルトが住んでいたのである。しかし、この有名な主人公よりも、この邸宅の設計者であるシンケルのために、私はこの季節はずれの時に、わざわざテーゲルの湖畔まで足を運んできたのであった。

折よく、暗い雲間から、薄日がもれてきた。シンケルの建築といえば、宮殿とか官衙《かんが》というような表むきの建築が多いためか、どれも、いかめしい感じのするものが多いのに、これは個人の住宅というせいもあるのだろう、なんとなく親しみが感じられる。外観には、これと言って、ギリシャ式な手法をことさらに取りいれた所もないが、壁にあけられた窓の配置方法が整然としている。そのためか、しまりのある外観となり、それに隅角部だけが三階になっているため、つつましい安定感の生じている点に、古典主義的な意匠が感じられた。

なまじい、ギリシャ神殿の柱を並べるよりも、こうした誇張のない外観に、かえって古典主義らしい意匠の深さが感じられるのかもしれぬ。外壁はここでも粗末なもので、赤味を帯びた褐色の煉瓦をそのまま地色に現わし、一部に漆喰《しっくい》が塗ってあるに過ぎなかった。

＊

案内の番人は、小柄なお婆さんで、応対ももの静かだった。庭園に面したテレスからすぐ室内に入ると、床には赤黒いタイルをはり、壁には浮彫の彫刻が掛けてあった。そのほか部屋に飾られている品々はローマから持ってきたものだということで、いかにも、十九世紀の古典主義思想界における中心的人物として、哲学に、美術に、さらに考古学、文献学にも学識の誉れ高かった国務大臣にふさわしい山荘だった。

この邸宅をシンケルが設計したのは一八二二―一八二四年の由で、古い建物を改造したものである。当時シンケルは、ベルリンに「シャウシュピールハウス」の大劇場を建て、次の大作である「美術館」の工事を始めようとしている時であった。従って、このフンボルトの邸宅は、最も活躍期にあったシンケルの二大作品の間にはさまれた、ささやかな小品である。

その点で、かえって、この小品には、シンケルの本心がよく現われているように私には感じられた。それは、ルーベンスやドラクローアなどの絵を見る時、大作よりも、かえって、小品に画家の偽らざる画心が感じられるように、このシンケルの小品にも、彼の古典主義の本心がよくうかがわれるような気がした。

この建築の外観にしても、ギリシャ的な様式をことさらに模倣しようとしていない。それにもかかわらず、かえって古典主義建築の本質をよくつかんでいる。つまり、厳格なギリシャ神殿の模倣よりも、こうした壁と窓だけの簡素な構成にも、ギリシャ精神が湧きでてくるのは、この建築の構造性によるものか、あるいは、その壁面の比例的な分割による形式性に基づくものか、その点に関しては、私としても十分に吟味しなければならない問題だったが、とにかくシンケルの眼と腕には、ギリシャの古典的本質が、よく理解されていて、そのためにこんな小品にもその特性が表現されるのだろう。

さらに、室内の奥に入って、一階から二階を見廻っていくと、私は、室内装飾の古典主義的な手法に、一種のいかにもドイツらしい稚拙さを感じた。フンボルトの書斎や居間には、主人の趣味からであろうか、ギリシャ彫刻の石膏模型が沢山にならべてあった。それは今から見ると、ごくありふれた石膏模型だが、当時においては貴重品であったのだろう。しかし、その大げさな陳列ぶりに、なんだか素人臭いものが感じられた。それと同様に、室内の腰羽目《こしばめ》に、大理石の縞模様が漆喰の上に、絵の具で一面に描いてあるのを見ると、悪くいえば、ギリシャ建築の書割のような気がした。だから、見かたによれば、素人臭いものである。

しかし、私はそれを見て、シンケルに限らずフンボルトにおいても、あるいは当時のドイツ古典主義の思想家や芸術家においても、ギリシャへの憧れとは、こうした模倣品によって渇を癒そうとするほどの強い憧憬であったことを感じた。大きな石膏模型を飾り、書割のようなギリシャ式装飾の中に住むことは、なんだか俗悪めいたものだが、そんな切なる憧憬心が当時のドイツの古典主義思想の本音であり、特色であったのであろう。

ドイツの美学者ヴィンケルマンがギリシャ美術について語っている主張も、今からみれば、こんな本音があって、その本音が、ギリシャの彫刻の中でも末期の大物といわれる彫刻などに、強い感動を語らしめたのではなかろうか。こんなことをヴィンケルマンについていうことは無謀かもしれないが、私はシンケルの意匠心にギリシャの大理石までをペンキ絵のように、部屋の壁に模倣せねばならなかった情熱のあったのを発見して、当時のドイツ古典主義とは、こうしたものでなかったろうかと思った。

今から見れば、児戯に等しい技巧であり、むしろ建築家としては恥になるような手法でありながら、それを敢てした熱意こそ、当時のヨーロッパを風靡していた古典主義の論者や建築家の本音であったにちがいない。

＊

日本に「明治初期の洋風建築」という特別な建築様式がある。それは、「築地ホテル館」とか「兜町第一国立銀行」などという建物のスタイルで、あの錦絵で見るような、明治の「西洋館」である。

「築地ホテル館」は、慶応三年起工、明治元年（一八六八）竣工といわれるほど、この種の建築としては甚だ早い時期のもので、敷地が七千坪からもあったというから、規模の大きさに驚く。設計者は、当時の棟梁、清水喜助である。

しかし、惜しいことには、明治五年に、兵部省附属の屋敷から発した火事で消失してしまった。だから、この明治最初の洋風建築も、僅か四ヵ年しか、この世に存在しなかったが、外観は錦絵にもよく描かれている通り、外壁は瓦張りの海鼠壁《なまこ》で、窓にはガラス戸がはまり鎧戸《よろいど》もとりつけてあった。屋根の上には高い塔がたち、その頂上には西洋式の「風見」までついていた。

内部には百二十個の西洋式寝台があって、一室ごとに暖炉までついていたと伝えられている。海岸よりの側にはベランダーがあったというから、思いきってハイカラな建築であったろう。しかし、この西洋建築も錦絵をみると、屋根には日本式の瓦がふいてあり、ご自慢の塔には、禅宗のお寺のような華燈窓《かとうまど》があって、軒には風鐸《ふうたく》がさがっていた。だから、全く和洋混合の、それこそ奇想天外な設計であった。

＊

「兜町の第一国立銀行」は明治四年の起工にかかり、明治五年に竣工した。初めは「為換座三井組御用所」とも呼ばれたものである。建物は木造の骨組に石を積み、窓には防火扉があり二階にはベランダーがあったというから、これも至極ハイカラなものだった。しかし屋根にそびえていた大きな塔も、日本の城にある天守閣のような形をしていて、千鳥破《ちどりは》風《ふ》や唐破風《からはふ》をもった三角屋根であった。それに避雷針や旗竿、風見がついていたというから、これも頗《すこぶ》る奇妙な西洋館であったにちがいない。

このように、明治維新に建てられた日本人の西洋館は、今から見れば、滑稽な漫画のような建築だったということができる。しかし、その設計者の胸には、きっと烈々たる気概のあったことであろう。当時の文明開化の新しい思想に燃え、外国の建築にも負けない立派な洋風建築をつくろうとして、こんな西洋館をつくりあげた日本の棟梁や大工の強い設計力に、むしろ私は心をうたれる。

＊

そのほか徳川時代には、日本の画家によって描かれた「猛虎の図」というものがある。当時の画家は実物の虎を知らず、話に聞く虎の姿を、虎の皮で研究したり、或いは猫の姿などから苦心して描きだしたのだろう。従って、狩野派の虎も、崋山の描いた虎も、猫や

第一国立銀行

犬のごときものであった。北斎の虎のごときは達磨《だるま》のような人間の顔さえしていた。しかし、その絵には猛虎の鋭い気魄が描きだされていた。だから、これは、異国文化におさえ切れぬあこがれを抱いた当時の日本画家によって独創された、日本独特の虎であったといい得るであろう。

ドイツの模倣主義もこうしたものではなかったろうか。彼らは幸にギリシャ時代の遺跡を、直接に自分の眼で見る機会があった。さらに西欧にあっては、古いローマ時代の建築家ヴィトゥルヴィウスや、ルネッサンスの建築家たちによってギリシャ建築は早くから研究されていた。そのために、彼らのギリシャ式建築は、日本人の西洋館や猛虎の図のごとく、奇想天外な桁はずれになることを免れた。その上に、ドイツ人らしい克明さが、一層彼らの古典主義建築を、ギリシャ建築の直写のように正確なものにさせたのであろう。

しかし、それにもかかわらず、その作品は、ひたぶるな模倣の奥に祖国プロシャの性格をはっきりと示して、自己の本音をかくすことはできなかった。それが「古典」というものの感化であるかもしれない。

このように、私はフンボルトの邸宅を訪ねて、シンケルの古典主義建築に接し、あの「築地ホテル館」を設計した日本の棟梁や、あの「猛虎の図」を描いた日本画家のような一徹さのあることを、ふと感づいて、遠く祖国をなつかしく思った。しかし、その日本にもドイツにも、今、暗い戦雲がみなぎろうとしている。

やがて、私はこの邸宅を辞して帰ろうとすると、番人のお婆さんは私を戸口まで送りだして、庭の奥に、フンボルトの墓のあることを教えてくれた。

しかし、シンケルの古典主義建築に、明治初期の洋風建築を連想した私の心は、なぜか、もっと晴々とした気持になりたかった。それは、ドイツの古典主義にひそむプロシャ精神によるものかもしれぬ。それで、フンボルトのお墓には失礼だったが、御免をこうむって、私は裏の坂道をのぼっていった。

山の上からは、美しいテーゲルの湖が見わたせるだろうと、そんなことを想像しながら、私は、渡り鳥の声がする裏山の方にむかって、とぼとぼ細道をたどっていった。

川風の吹く日

シュロス橋

私はシュロス橋の上に立っていた。この橋もシンケルの設計によるものである。欄干《らんかん》にもたれながら、橋の下をのぞくと、シュプレーの支流がゆるやかに流れている。その冷たい水面には、家鴨の群が水に首をつっこみながら、せわしく餌をあさっていた。川上の方を望むと岸にウィルヘルム一世の大きな記念像が立ち、その向うには、旧王宮の大きな建築が聳えている。

橋の向う側はルスト・ガルテンと言って、昔は王宮の庭園だった跡である。広場の木々も、葉がすっかり落ちていて、黒い裸木ばかりになっている。そのためか、あたりは古い王城の跡の感が深い。

見あげると、王宮の高い丸屋根が、なにか昔の古い影のように、この広場を見下している。その王宮の室内には、今もなお、「騎士の広場」とか、「ルイゼ皇后の部屋」とかいう古い部屋が沢山あって、昔の家具や調度がそのまま飾られている。

先日も、私はそれを見物にいったが、バロックやロココ様式の、きらびやかな部屋には、昔、そこに住んでいた人たちの匂いさえ残っているような気がした。

そんな豪奢な城《シュロス》の中に、シンケルの設計による部屋もあったが、それは一見して、壁面の構成や色彩に、なんとなく本格的なものがあって、その設計に意匠心のさえが、うかがえた。シンケルは当時、帝室の建築顧問官として、ここの宮殿や、その他、シャルロッテンブルクにある宮殿の室内装飾などに関係して、華やかな活動をしていた。

しかし、彼がこの名誉ある要職につくまでには、仕事もなく、困窮のはて、図工となったり、あるいはオペラで、書割などの図案をして、苦しい生活を切りぬけねばならなかった。

＊

シンケルの生れたのは、一七八一年である。その頃、日本では、ちょうど応挙や歌麿が活躍していた。

建築家志望の彼は、ベルリンのバウ・アカデミー（建築学院）に入学して、建築設計の修行をすることになったが、そこで彼はフリードゥリッヒ・ギーリー（Friedrich Gilly 1772-

1800）の教えを受けることになった。これは彼にとって幸運であった。ギーリーは、このアカデミーの創立者である建築家ダビィットゥ・ギーリー（David Gilly 1748-1808）の息子である。父のギーリーは、十八世紀において、早くも建築美の構造学的意義と、その合目的意義を認めた建築家として知られていた。その父の影響を受け、子のギーリーは、古典主義の構造学的意匠を主張した建築家であった。従って、彼のギリシャ的な美しさに関する研究と新しい主張は、バウ・アカデミーの講義によってシンケルの胸に注ぎ込まれることになった。

だが、このフリードゥリッヒ・ギーリーは惜しくも二十八歳にしてこの世を去らねばならなかった。従って、作品は少い。しかし、彼の古典主義的意匠心は、彼の多くの設計図に残された。「フリードゥリッヒ大帝の記念堂」のごときは、アテネのアクロポリスに聳ゆるパルテノンの神殿に似たものであり、「国民劇場」の設計図のごときは、さらにその古典主義からもっと建築の本質をえぐり出し、劇場建築としての機能をそのまま外観に表出したもので、その意匠の新しさに現代の私さえ驚くほどである。しかし、この驚くべき天才の設計図も、彼の早い死のために、惜しくも「建たざる建築」として、紙のまま残された。

だが、この紙の上だけに残されたギーリーの古典主義精神は、シンケルによって受けつがれ、さらに活潑な実践にまで移されるに至ったのである。シンケルはアカデミーに於てギーリーの講義を聞き、さらにギーリーのアトリエにおいて、助手として設計の仕事にたずさわっていた。そのためにギーリーの古典主義的な建築観はシンケルの心にばかりでなく、腕にも、直接伝わっていた。

二人の年齢は僅か一歳しかちがっていない。そのために、この二人の若い建築家は師弟であると同時に、志を同じくする親しい友であった。二人は設計の仕事に従事しながら、ギリシャの美しさを語り、その美しさに憧がれて、互に胸を燃やしたことであろう。その点でギーリーの夭折はシンケルにとっては、師を失うと同時に友を失う痛手であった。そのためか、シンケルは、その後まもなくイタリアに旅だった。

＊

当時のイタリアは、ヴィンケルマンの古典美発見以来、ドイツの詩人や美術家にとって、あこがれの国であった。ゲーテのイタリア旅行のように、それは世界観をも立てなおすほどの強い引力をもっていた。

シンケルにとっても、この時のイタリア旅行は、彼の古典主義建築にしっかりとした確信を得る大きな契機となった。彼がトゥリーストからイタリアに入った時は、ゲーテがブルンネルの峠に立って、明るいイタリアの山河を見下した時のように、この建築家も深い感激をもって、そこの風景を熱心にスケッチしたのであった。

　ゲーテがイタリアに入ったのは一七八六年、シンケルがイタリアに入ったのは一八〇三年であった。それで年代は僅か十七年しか相違していない。しかし、一方は当時三十八歳の大詩人であり、他方は二十三歳の青年建築家であった。そのため、二人の古代イタリア建築によせた関心は強かったが、同時にその観察眼に、多少の相違があった。特にその相違点は、ゴシック建築に対する二人の観察をくらべることによって、対比することができる。

　ゲーテは、中世のゴシック建築の発達を木彫から由来したものと考え、その美しさに釣合の欠けている点を挙げて、その建築に不快を感じ、それを怪物とまで言っている。このように、ゲーテはゴシック建築をギリシャ建築とくらべて、暗愚なものに感じ、そのため中世美に反感さえ抱いていた。

　しかし、シンケルにあっては、中世美は古典美とともに、彼の心をひくものであった。彼はイタリアにおいて、古代ローマやギリシャ植民地の跡を訪ね、その美しさに目をみはると同時に、北方イタリアに残っている古い中世寺院の美しさにも心をよせた。ことにゴシック建築の古い構造について興味をもち、それを熱心に研究している。それ故、シンケルにおいては、ゲーテのごとく古典美は中世美と対立するものではなかった。

このことから考えて見ると、シンケルにおいて問題となっていたのは、古典美と中世美のどちらかを選ぶかということよりも、その二つを貫く建築美の本質が、彼の旅行中に抱いた探求の目的であったと考えられる。

もっとも、このことについては、なお十分に検討を加えねばならないことであるが、とにかく、こうした古典美に対する考え方を比較することによって、二人の観点の相違が明らかにされることは興味深い。

ゲーテにあっては古典美の持つ統一感や安定感が美しいものに見えれば見えるほど、それが中世美に対立するものに見えたのであろう。きっとその時、ゲーテの頭の中には、中世の末期に発達したフラボアイヨン式のゴシック建築が想起されていたのであろう。それは装飾の多い、甚だ技巧に満ちたスタイルである。だから、末期的な中世美の暗い不安定感が一層強調され、まさに瓦解せんとする不快さえそれに感じたのではなかろうか。そのために、ゴシック建築を、木彫のように彫刻的なものとして見ようとする見方が強調されたのであろう。そんなふうに考えられる。

それに対して、シンケルにあっては、きっと古典美の均整ある統一が美しいものに見え、そう見れば見るほど、それが構造学的な法則にも適合していることを認め、同時に、中世美においても、その初期に発達したランセット式のゴシック建築には、構造学的な美が内在することを重視したのであろう。だから、彼の中世美に対する見方は、ゲーテが彫刻的なものを見たのに対して、彼は建築家らしくそこに技術的なものを発見し、その構造的な美を強く認めようとしたのであろう。

こんな観点から、シンケルは古典美にも、また中世美にも心をひかれたのである。それゆえに、彼はこの建築観によって、その一生の間には、ギリシャ的なものを設計し、それと同時にゴシック的なものをも設計している。

だから、そのゴシック的な彼の作風には、初期キリスト教時代の画家ギォットの絵に見るような、引きしまった素朴感と、一種の生硬な構造性が認められる。これは、過去の建築美に対する技術的な探求態度によるものであろう。

＊

だが、イタリアの旅から祖国に帰って来たシンケルは、不幸にも、すぐさま建築活動を開始することはできなかった。

当時プロシャはフランスの圧迫によって国の存立さえ危ぶまれている時であった。ナポレオン軍は遂にベルリンまで突入してきた。このような祖国の困窮時代には、もとより建築の仕事はなかった。そのために、建築家として職がなく、画家となって絵をかき、あるいは図工となって図案を写し、時には、舞台装置家となって、オペラの背景さえ考案せねばならなかった。

しかし、彼のこの貧困時代は、まもなくプロシャ軍の勝利によって解消することになった。それ以来、彼の活躍時代が開始されるに至るのであるが、その活動にウィルヘルム・フォン・フンボルトの推挙があったことは、彼の幸運といわねばならぬ。

既にシンケルはローマ滞在中、その地にプロシャ国の公使として派遣されていたフンボルトと相知っていた。それ故に、フンボルトが国務大臣となると、彼はすぐさまシンケルを、プロシャ国の最高建築委員に任命し、さらに帝室建築顧問官として推挙したのである。さすがに、哲学のみならず美学にも、また考古学にも造詣の深いこの国務大臣は、早くからシンケルの才能を見ぬいていたのであろう。なお、この学識ある政治家は、祖国プロシャの国運を回復するために、特に建築活動の甚だ重要なることを、よく承知していた。従って、フンボルトの国務大臣就任と共に、シンケルの建築活動も開始されるに至ったのであった。

さらに、シンケルは、その翌年に芸術院会員となり、遂に最高建設指揮官という国土計画の最高官にまで推挙されるに至ったのである。この期間に、シンケルの建築活動は実にすばらしい成果をおさめた。ベルリン市内の重要な建築はほとんど彼の手によって構想され、その都市計画も立案され、それによって今なお工事が続行されているものさえある。なお、彼の仕事はベルリン市のみならず、ドイツ国内の他の都市にも広まり、さらにギリシャやクリミヤ半島に建つ建築物の設計にまで及んだ。

＊

この輝かしい建築活動の初期において、彼の古典主義的な建築精神を決定的なものにしたのが、あの「無名戦士の廟」であったといわねばならぬ。

しかし、一八一八年にこの建築が、ウンター・デン・リンデン街に完成した時には、まだ「無名戦士の廟」でなく、近衛兵のたむろする「衛兵所」であった。従って、当時は「新衛兵所」と称し、この名称は、つい最近までベルリンの人たちによって、そのまま親しく呼ばれていた。それが欧州大戦の後、戦闘のために倒れた将士の霊を祭る廟として改造されるに至り、この建築は「無名戦士の廟」と呼ばれることになった。

従って、この廟の建築に、プロシャ魂が満ちあふれているのを感ずるのは、最初この建築が「衛兵所」として建てられた時に、軍営建築らしい武断的な表現が、設計者によって与えられていたためであろう。

ちょうど、その頃には、あのフィヒテが「ドイツ国民に告ぐ」を叫び、人々の心に愛国的情熱が燃えさかっている時代であった。シンケルがこの衛兵所の設計に従事していた頃には、フィヒテはその隣の敷地において、ナポレオンの砲撃を聞きながら、プロシャ文化を樹立するために、大学の設立を企て、それに尽力していた。だから、フィヒテの愛国心と同じく、シンケルもまた祖国の危機を深く思い、彼は建築家として、設計図をひく時には、プロシャ精神を意識していたことであろう。

だから、シンケルの古典ギリシャにあこがれる心は、祖国の復興を願う一念から燃えあがるものであったろう。祖国文化の緊迫した窮状を思えばこそ、その復興を志し、そのために一層ギリシャの精神を、高い貴いものに考えたのであろう。

彼の意匠心は、こうしたギリシャ文化の美しい様式にあこがれる心によって力を得、その力によって祖国プロシャの建築様式を樹立せんと活動したのにちがいない。従って、彼の古典主義的建築精神は、むしろ、祖国の建設のために、高いギリシャの美しさに帰依し、それに範を求めようとしたのだと考えられる。

だから、彼が三十八歳の時に設計したこの「新衛兵所」の建築は、フィヒテの「ドイツ国民に告ぐ」に相当するのであった。それが今「無名戦士の廟」となっている。昔、彼の意匠心にこめられていた愛国心が、昨今の緊迫したヨーロッパの国際情勢に際して、再びその魂を強く発揮しているのである。ここにギリシャ的手法による彼の建築から、ドイツ的なものがあふれてくる原因が存するのではなかろうか。

＊

シュロス橋の周囲には、シンケルの作品が多い。

橋の左手には、大きな「ドーム」の建物が聳えている。今でこそ、この教会の外観は改造されて、後期ルネッサンス式のスタイルになっているが、最初にこの建築が宮廷寺院として設計された時には、シンケルの構想によって建てられたのであった。

しかし、世界大戦の少し前に、拡張工事の必要があって今のように改造され、従って、現在の外観はシンケル独特の意匠を失い、カイゼル趣味のものとなってしまった。そのために、この大きな教会建築は、当時のドイツがヨーロッパに覇を唱えようとした時のように、そのルネッサンス式に装飾された高い丸屋根を、冬空に、今もなお誇らかに聳やかしている。

だが、それよりも、その隣に見える「旧美術館」の建築こそシンケルの代表作である。それをシュロス橋の上から眺めると、私の目には、並木の蔭になって全容は見えないが、それでも葉の落ちた枝をすかして、正面の一部が見えた。大きな玄関にはイオニヤ式の石柱がずらりと並んでいる。

この建築が完成した時は、シンケルもそろそろ五十歳に近く、彼の古典主義的手法も円熟した風格を示すようになっていた。

しかし、私には、このイオニヤ式の柱が並んだ堂々たる正面玄関の偉容よりも、むしろ、側面の飾りの少ない素朴な姿に、かえって彼のギリシャ的意匠の本心がうかがわれる。それは、がっしりとした壁と窓だけの簡潔な構成にすぎなかったが、むしろ、装飾の少ないこの側面の取り扱い方に、彼のギリシャ的な造形力がよく現われているのを、私は感じた。

＊

橋の上から、川上の方をふり向くと、そこにもシンケルの作品がある。

川岸にたっている煉瓦造の四角い建物は、シンケルの設計による「バウ・アカデミー」

（建築学院）である。その構造学的な量感と、壁面の規則的な分割方法は、やはり彼の古典主義らしい古式な厳格さをそなえている。

今、この建物は「シンケル博物館」として、その内部の一部に、彼の絵画や設計図などが収蔵されているが、嘗て、彼自身がこの建物の中に住んでいた。彼が亡くなったのもこの建築の中だった。それを思うと、この建物が彼を記念する博物館となっていることは、意義の深いことである。

その建物の前にある広場は「シンケル広場」といわれて、そこにシンケルの石像がたっている。大きなリンデンの木の下に、彼の若い時の姿だろう。スケッチブックを手にした彼の姿が、石の台座の上に立って、こちらを鋭くにらんでいる。

＊

シュロス橋に立って、あたりを見廻しただけでも、周辺には、彼のいきがかかった建築が多い。

彼の代表作である「シャウシュピールハウス」の大劇場も、ここからあまり遠くない。ギリシャ・スタイルの正面に大きな階段の附属した大建築である。しかし、この建築の意匠的価値を高くしているのは、このようなギリシャ・スタイルよりも、むしろ、その外観全体に、韻律的な量感が感じられる点である。同様に、室内においても、ギリシャ式装飾がいたる所に採用されているが、それよりもむしろ、構造学的な壁体の配分による室内構成が、シンケル的な特色だといい得る。すなわち、柱の必要な場所に柱を用い、壁の必要な場所に壁を用いている。その構造の率直さが、彼の意匠の潔癖さを示す。

このように韻律的な量感と、構造学的な壁体の配分によって、建築の立体を造形的に組み立てようとする方法は、その後、二十世紀のモダーニズム建築に、盛んに採用されるに至るのであるが、そのようにモダーンな手法が、一八二一年に設計した彼の劇場建築に実行されていたということは、シンケルの意匠の卓見を実証するものだといえるだろう。

＊

シュロス橋の上には、車や人が忙しそうに往来していた。自動車の群にまじって、荷馬車も通り過ぎて行く。大きな樽をたくさんに積みこんでいるのは、ビール会社の馬車であろう。二頭立ての馬も、馭者の体格も丸々と肥えているのは、いかにもビールの国らしい街頭風景だった。馬の鼻からは、白い息が出ている。

風は寒い。私はオーバーの襟を立て、なおも欄干にもたれながら、橋の上を通り過ぎていく人々や、あたりの光景を眺めていた。

すると、身なりのいい老人夫婦がやって来て、なにか水面に投げこんでいる。パン屑らしい。橋の下をのぞくと、家鴨が集って、それを食べあさっている。川下の空に飛び廻っている鷗の群も急に集ってきた。老人のさし出す手から、餌を嘴にくわえながら飛んで行く。よほど馴れた様子である。この老人夫婦は、こうやって毎日餌をやりに、ここへやってくるのだろう。二人は餌をすっかり投げ与えると、手を挙げ、鷗や家鴨に挨拶を残して、立ち去っていった。

私は、またシンケルのことを考え続けた。ここから「ヴェルデルシェ教会」も近い。その教会建築は煉瓦造だが、外観の形は、一見、まのぬけた感じのものだった。シンケルの作品としては、これがあの有名な建築家の設計かと疑うほど、なんとなく、まとまりのない外観である。彼の設計した建築にはギリシャ・スタイルの本格的なものが多いのに、この教会のゴシック・スタイルは、それに反して、本格的な手法からはずれようとしている。これはどうしたわけだろう。

しかし、この「まのぬけた形」に、彼の意匠の特色がうかがわれるのではなかろうか。彼の若い時、まだ二十九歳の時に設計した「クロイツベルクの記念塔」もゴシック・スタイルだったが、それは本格的なゴシックの様式を求めようとしたものだった。その記念塔は、プロシャとオーストリアの両国がイギリスやロシヤと連合してナポレオン軍を破った、あの「解放戦争」を記念するものである。その勝利のために命を捧げた人々の霊のために、彼はゴシック様式の記念塔を採用した。その設計はシンケルのゴシック・スタイルに関する学識の浅くないことを示したのであった。

しかしその後、四十五歳の時に設計したヴェルデルシェ教会のゴシック・スタイルは、一種の「まのぬけた形」になっている。本格的なゴシックというよりも、もっと素朴な自由さが感じられる。これはシンケルの意識的なデザインと見てよかろう。

このようにまのぬけた意匠というものは、そう安々と体得できるものではない。

彼がイタリア旅行中に得た古代建築の本質的な要素は、その構造的な特質であった。従って、このヴェルデルシェ教会の外観も甚だ構造的な設計ということができる。しかし、その「構造的なもの」からさらに解脱しなければ、このような「まのぬけた形」は得られない。

この「解脱」によって、彼はゴシック・スタイルを我がものとすることが出来たのであろう。他人から見たら、このようなスタイルで果していいのだろうかと疑うほどのことを、彼自身は自信をもって、実行にまで押し進めているように見える。

SCHINKEL:
Werdersche
Kirche in
Berlin.

だが、そんな解脱は、人によると、人前もはばからぬ独りよがりとなって、乱雑な無秩序に逸脱してしまう場合が多い。しかし、彼にあっては、「古拙なもの」となって引きしまっている。それが彼の古典主義の本領であろう。そう私は思ってみた。

＊

このように、私はシンケルの作品には、なにか一種の粗い、あるいは、枯れさびた感じを受ける。これはシンケルの場合だけではなく、ドイツの古典主義建築に共通した性格かもしれなかったが、特にシンケルの作品には、それが一種の品格あるものになっている。

言い方をかえれば、粗野な、しっくりしない肌あいのものだったが、その底に彼らしい厳粛な好みが存しているのを認める。それは、いかにも「模倣主義」の名のとおり、ギリシャ本土にある真物にくらべたら、下位に落ちるものだったが、それにもかかわらずシンケルの作品が私をつかんで離さないのは、この厳粛な好みがその作風にひそんでいるからである。それが枯れさびた強さをもって、多くの示唆を私に与えるのである。

シンケルの作品は、材料も粗末であり、形も簡略で、色も黒ずんでいる。いわば、安物の建築であった。当時のプロシャの窮状からいえば、このような安物建築は当然なことであったろう。

彼の出世作となった「無名戦士の廟」さえ、「衛兵場」としてたてられた当時は、豊富に石材を使用することはできなかった。そのため石材を使ったのは正面だけで、側面や背面は漆喰や煉瓦でできている。切妻には、彫刻の装飾もなかった。

さらに、彼の大作である「美術館」の大建築も、石材が不足し、漆喰による模造が大部分であった。

それにくらべると、フランスの古典主義は豪華だった。十九世紀のフランスにおける古典主義建築といえば、「アンピール様式」だが、パリの「エトアール凱旋門」にしても、「マデレーヌ寺院」にしても、規模の立派さはドイツの古典主義建築の比ではない。

それには大ナポレオンの武力と豪華がある。どの細部にも華やかな立派さが溢れていて、フランス人の明るい気質がそのまま現れている。そんな印象を私は受けた。

私がパリにいた頃は、まだマロニエの葉が黄ばんでいて、秋も美しく明るかった。しかし、このベルリンに来て、シンケルの作品に会う頃は、リンデンの葉は全く落ちて、冬も寒々とした季節になった。だから、この寒い天候からうける感じが、ドイツの古典主義建築を、一層黒ずんだものにし、その印象を一層枯れさびたものにしているのだろう。

このようにフランスとドイツの古典主義建築が相違しているのは、フランスの「アンピ

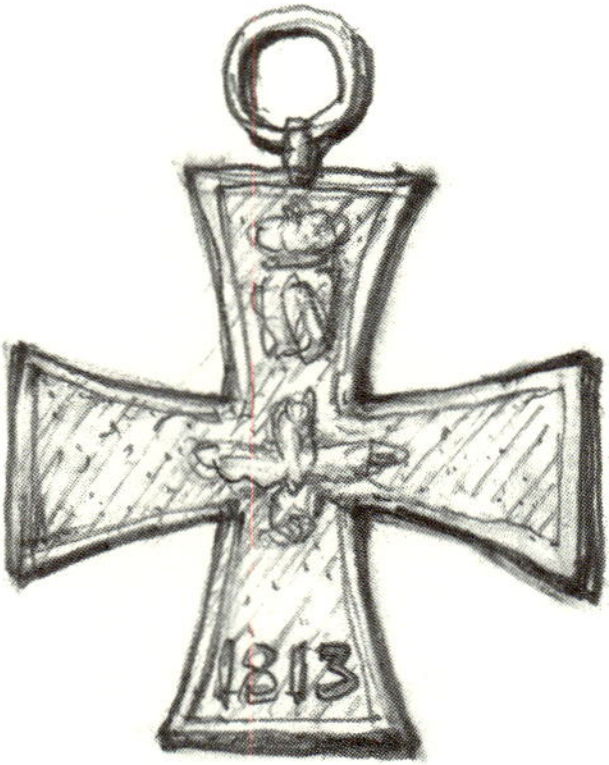

シンケル設計
鉄十字章

ール様式」が「ローマ」を手本にし、ドイツの「古典主義様式」が「ギリシャ」を手本にせんとしたことにも基因している。

なお、私は、この両国の建築様式における相違は、フランスとドイツの勲章の相違と同じだと思う。勲章のデザインというものは十八世紀の考案によるものが多い。そのために、ドイツやフランスに限らず、どこの国でもそこの勲章を見ると、その国の十八・九世紀の建築を見ているように感じられる。リボンの色や金具の装飾が、その時代の建築と全くそっくりである。

その点で、シンケルの建築は、「鉄十字章」の勲章とそっくりだった。このドイツの勲章は、シンケルによって図案されたもので、材料はただの「鉄」である。色も黒い。形も簡素だ。その点が、黄金や宝石で飾ったフランスの勲章とちがう。しかし、プロシャ国民はこの鉄の勲章をもって、最も高い名誉を表わすものとしていた。それは素材よりも、もっと高い崇高なものを求め、それが祖国の精神であるとドイツ人は考えていた。

シンケルの古典主義建築は、この「鉄十字章」のごときものであったのだろう。

雪ばれの日

ペルガモン博物館

朝、目がさめると、部屋の中が妙にひっそりとしている。耳をすますと、街の雑音が聞えてこない。室内はしーんと、静まりかえっている。室内が、なんだか明るい。とたんに、私は「雪だ」と気がついた。

ベッドからとび起きてみると、窓の桟に白いものが積っている。暖房のために、しっとりと汗ばんだガラスを、指先でこすり、外を覗いてみた。ほの明るい朝の光を透して、向うに見える公園が一面に真白だ。

空を仰ぐと雲も切れている。占めた。今日はお天気だ。鉛のように重くなっていた気分が急に軽くなり、雪国に生れた私の心に、童心がこみあげてきた。

しかし、大使館の建築工事場が、この雪でどうなっているだろうかと、気になりだしたので、朝食後いそいで出かけた。街は朝日を受けて、美しい銀世界だ。暗い室内から、急に明るい戸外に出たので、目は痛いほどまぶしい。

子供たちは、元気に、もう公園の坂に橇《そり》を持ちだして、嬉しそうに滑っている。橋の欄干に並んでいる石像も、今朝は頭からすっぽり雪をかむって、ほほえましい雪景色となっている。

バスに乗り、二階にのぼって正面の席を陣取った。ガラス窓から眺めていると、街の様子が映画の移動撮影のように、すべっていく。街路樹は雪のために、枝がたわみ、それが時々ばりばりと音をたてて、ガラス窓にぶつかった。そのたびに、美しい雪の滝がさっと落ちる。

*

雪のために工事場は休業だった。そのために誰もいないが、念のため、現場を見廻ってみると、積みかけの基礎などが雪に埋っている。

数日前から、現場は手薄となっていた。西部国境の要塞工事に、多数の大工や人夫が召集されているのだろう。それ故、もしも手落ちがあって、この雪のために被害でも起ると大変だった。しかし、工合よく工事場はきれいに整理され、煉瓦壁にはカンバスや防水紙をかけて、用心深く保護してある。

きっとあの実直な親方の指図だろう。あの親方は、いつも私がやって来るとハイル・ヒトラーと挨拶する、人のいい爺さんだった。家庭には、おかみさんと二人の息子がいると言っていたが、今朝は、暖かい炉辺で、家族の者とゆっくり、雪の休日を楽しんでいることだろう。

私は工事場を一巡したあと、どこにも異状がないのを確めると、安心した気持になり、それから向うの「ティーヤガルテン」へ行ってみた。

＊

公園の中は静かで美しい。新雪を靴で踏んでいくと、粉雪がよく乾燥しているので、片栗粉のように、きゅっきゅっ音がする。

林の中に入ると、まったく静かだ。朝日を受けて、きらきら輝いた雪の面には、木々の影が長く斜にのびて、その縞模様が美しい。そんな雪景色の中を、林の向うから、二頭の馬が駈けてきた。

先頭の一頭には、真紅の乗馬服をきた少女がまたがり、金髪を朝風になびかせている。続く一頭には、その父であろうか、あるいは祖父かもしれない。老将軍のような風格をした銀髪の老人がまたがっている。馬は二頭とも、つやつやとした栗毛で、鼻から白い息を吐きながら、粉雪を勢よく蹴散らしている。

昔、この公園は、プロイセンの城主ホーエンツォルレルン家の「お狩り場」だった。昔も、こんな朝には、立派な鞍にまたがった城主やその美しい妃の乗馬姿などが、この林を通り過ぎていったことだろう。お供の騎士たちも、このあたりを勇ましく駈けめぐったことだろう。きっとそんな人たちを主題とした美しい宮廷物語が、当時の話題となっていたことであろう。この林が、その思い出の場所かもしれない。

狩の日には、雪の野の向うから、角笛が鳴り響く。林の中から、美しい翼をもった鳥が羽音をたてて飛び立つと、騎士たちがそのあとを追って駈け廻る。そんなことを想像しながら、私は雪景色を眺めていた。

すると、今しがたテンペルホーフの飛行場を離陸した旅客機だろう、爆音をたてながら一台の銀翼が、晴れた空を真一文字に切って、遠くへ消え去った。

＊

美術館に来てみると、雪のためか、今朝は参観人が少ない。静かな場内は、雪の反射のために明るかった。

もう顔見知りとなった番人の老人が、今朝も笑顔で私に挨拶する。その声を受けながら、私は奥へと進んでいった。ローマ時代の彫刻が並んだ円形室《ロトンダ》を通り抜け、ギリシャ彫刻の部屋も素通りした。今日の目的はもっと奥にあった。それでも、旧美術館から新美術館へ行く渡り廊下を渡ろうとした時、階段の脇に立っている美しいアフロディテのトルソーに、目を惹かれたため、しばらく立ちどまりながら、それを眺めていたが、今日は、参観人の来ないうちに、ゆっくり見たいものがあったので、さらに奥へ進んでいった。

奥の「ペルガモン博物館」の大広間に入ると、まだ誰も来ていない。場内には私一人だった。

広い部屋のまん中に、実物大の建物がすえてある。その建築こそ、小アジヤの古都「ペルガモン」から、ここに移された「ゼウス祭壇」の建築だった。私はその正面に、ひとり立った。

建築は一辺の長さ三十五メートルに達する巨大な石造の「方壇」である。その基壇《スタイロベート》は、人の背より高く、更に壇上には、イオニヤ式の柱廊が左右に突出していて、その中央に、見上げるほどの高い大階段がそそりたっている。建築は黄褐色の大理石で積みあげられ、石造の大祭壇にふさわしく、堂々とした安定感が私の目を威圧した。

ことに、この祭壇を世界的に有名にしているのは、腰羽目《こしばめ》に彫られている「神々と巨人の闘争」の浮き彫りである。それはオリュンポスの神々と地上の巨怪とがはげしく争っている構図で、それが石の面に隙き間なく刻みつけられている。ゼウスの神は電光を投げつけ、アテネの神は敵を追い散らそうとしている。奇怪な姿をした巨人たちは髪を乱し、眼を見ひらき、腕をふりあげ、叫び、もがき、背の翼を荒々しく羽ばたきながら、蛇のような足を、のた打ちまわらせている。

*

昔、この「祭壇」が、小アジヤの都市ペルガモンの岡に建立されたのは、西暦紀元前二八〇年といわれている。あるいは、それよりも、もう少し遅れるという説もあるが、いずれにしても、いわゆる「ヘレニズム時代」の作であって、当時、ギリシャの文化は本土を離れて、西方アジヤの諸地方に移っている時代だった。エジプトのアレキサンドリヤや、シリヤのアンチオキヤなどの諸都市とともに、この小アジヤの都市ペルガモンも、その地方の代表的中心地となっていた。

とくにペルガモンでは、アッタロス一世の文化政策に基いて、文芸美術が著しく振興されていた。首府の施設も壮麗だった。高い丘陵の上に山城が築かれ、そこには王宮や神殿の諸建築、それから劇場、公衆広場、遊歩廊などの諸施設が整備されていた。規模の大きい図書館も建てられていた。ゴール人が侵入した時には、それを撃退し、その時の記念に、王は青銅の群像を王城の岡に飾ったことなどが、歴史の上で有名になっている。

エウメネス二世の時代になると、国力は一層充実し、さらにローマと結んでガラテヤ人を破るに至って、遂に西亜の覇者となった。その時の戦勝を記念するためにたてられた記念建築こそ、今、ベルリンの美術館の中に移されているこの大祭壇である。そのために、このホールは「ペルガモン博物館」と呼ばれている。

私はその古代建築の正面に、今、立っている。じーっと、その建築を眺めていると、身がひきしまってきた。この石造の大祭壇建築から発する迫力であろう。強い威圧感が身にせまるのを感じた。

見あげると、壇上の祭場から、なにか、こちらを睨みつけているものがある。鋭い大きな「眼」のようなものが、私を見おろしている。それは古代ギリシャの末期「ヘレニズム時代」に、この建築を設計した建築家の眼光であろう。その設計者の眼光が、今、この私をにらみつけているように私は感じた。

きっと、この建築の中にひそんでいる作者の魂によるものであろう。そう思うと、いかにも「ヘレニズム時代」の建築が持つ表現力にふさわしく、はげしい圧倒感が、この「建築と彫刻の結合体」から発してきて、それが作者の眼光の如く、私の胸板に迫ってきた。なんだか、身動きもできないような圧迫力を、この祭壇は持っている。

はたから見たら、私は広い道場の中で、試合をいどまれている人間のように、この石造の巨体に向って、体を固くして身構えていたかもしれない。

しかし、この「建築と彫刻の結合体」に、私は一種の悲劇的なものを感じた。絶望に似た悲哀感といえるかもしれない。それは「彫刻」そのものの熱烈な表現方法によるものであるかもしれないが、同時に、その「建築」の構成自身にも、そんな悲哀感がひそみ、それが一層この祭壇の印象に、悲劇的な性格を与えているような気がしてしようがなかった。

それは、いったい何によるのか。この建築の「形」から、どうしてそんな印象が強く発せられるのか、私は考えてみた。

＊

「建築」と「彫刻」は姉妹芸術である。ことに宗教建築ではその関係は深い。神殿においても、仏寺においても、教会においても、建築と彫刻はいつも親密に一体となっていた。それで、私はこのゼウス神の祭壇を眺めながら、古代ギリシャにおける建築と彫刻の結びつきを吟味してみた。その結合方法に、この祭壇が表現する建築の悲劇的な表情の一原因があるかもしれないと思ったからだった。

時代が、これよりも早く、いわゆる古代ギリシャの最盛期「ペリクレス時代」には、アテネ市に「パルテノン神殿」が建てられた。その建築も「建築と彫刻の結合体」であって、その建築の「欄間《らんま》」や「軒蛇腹《のきじゃばら》」、切妻の「破風《はふ》」に、彫刻が飾られていた。

その建築の美しさについては、ヨーロッパの美学者たちが誰でも論じているように、各部分の「比例」は「調和」し、それが全体に「統一」されている。その建築の幾何学的な構成は、数量的な「美的形式原理」に基く。従って、そのドリヤ式柱の一本についてみても、各部分の数量的比例は、健康な人間の人体の如き美しい比例によるものだといわれている。

しかし、技術的な目から見れば、この美しい建築の外形を組み立てている基本的な形態は、「基礎」「柱」「梁」「屋根」という全く「構造的な要素」より出来あがっているに過ぎない。つまり、建築自身は必要な力学的な部材によって組み立てられている。換言すれば、構造体として当然なる形を、建築が表現しているのであって、それに「彫刻」が結合してきても、建築は、自己の健全な力学的構成を、彫刻のために歪めてはいない。

東西の両切妻には、彫刻家フィディアスの作による「アテナの生誕」及び「ポセイドンとアテナの争奪」が掲げられていた。各群像は、その切妻の構造学的な図形である三角形の中に収められている。軒には「ケンタウロスの戦闘」が掲げられていた。これも欄間の構造的な四角い図形の中に、それぞれ収められているのである。有名な「祝典の行列」は外廓の欄間にはりつけられていたが、それも、欄間の横長い矩形の中に、連続的に並べられていた。

このように、彫刻は構造的な壁面に収められているのであるが、それだからと言って、彫刻が建築に対して、彫刻に都合のいい形態を強要していない。

同時に、建築もまた彫刻に向って、その彫刻的な完成を妨害することがなかった。両者は互に自己の完成を求めつつ、しかも、相よる魂の如く、美しく結合していた。

＊

こんなパルテノン神殿に対して、もし、これが近代の建築であったならば、両者の結合状態は、もっと違ってくるであろう。例えば、彫刻は建築装飾の一部分と考えられ、そのためにいろいろな省略が加えられたりする。軒や破風のような高い位置にある装飾は、地上の人間の目から見て、詳細な観察を必要としないために、その彫刻の細部はむしろ省略化するのが当然となってくる。

ところがパルテノンの神殿においては、このような省略化は行われていない。彫刻家フィディアス流派の腕の冴えは一層冴えて、甚だたくみである。地上から見あげる人間の視覚と仰角に適応するように彫刻は最高級の完成をなしとげている。線は強健で、陰影は正確である。むしろ、目のとどかぬ程の高い位置に掲げられているのが、現代人にはもどかしいほど、その細工は精緻である。

さらに、ギリシャ建築では、視覚的な効果を重んずるために、「錯覚」によって、形が歪んで見えるのを防ごうとして、いろいろ「形の修正」を行っている。

柱の「エンタシス」。これは柱の胴をふくらましたもので、錯覚によって、柱が逆に細くくぼんで見え、そのために弱々しく感じられるのを防ごうとする。「溝彫り」。これは柱の表面に、条線を縦に細く刻み込んだものであって、円柱の表面を、その陰影によって丸く見せ、さらに柱の垂直感を一層強調しようとする。

垂直であるはずの柱も、垂直に建てられていない。錯覚のために、不安定に見える場所の柱は、最初から、わざわざ傾けて建ててある。柱の間隔も、等間隔に見せるために、柱の距離を適当に加減している。

石段も中央が凹んで見えると、建物が不安定に見えるので、石段の中央部を上方に湾曲せしめるなど、「錯視」に対しては、いろいろ細心な注意が払われている。

彫刻についても、それを仰ぎみる角度、すなわち「仰角」を考慮して部分の大きさに増減を加えている。このように、ギリシャ神殿の美は、建築も彫刻も錯覚に対して巧みな修正を加え、「人の目」に対して細かい注意を払っている。

ところが、それにもかかわらず、建築と彫刻とは、「人の目」には無関係であるかの如くに、精細である。その美は、それ自身に於て完成を期しているが如くである。

その位置が、破風とか、軒とか、欄間という、高所に掲げられるものでありながら、細部には、便宜的な省略が加えられていない。実に精巧で、見事である。詳細部のすみずみにまで、行きとどいた意匠心が払われているのを見ると、むしろそれは、「人の目」などは無視しているがごとくに感じられる。

いったいその美は誰に向って、自己の美を見せようとしているのか不思議に思うと同時に、その徹底した自己完成の美に感歎せざるを得ない。

*

このようなことは東洋の宗教建築にもある。

例えば、仏寺の屋根にふかれている瓦であるが、それに装飾されている「文様」を、私はかねがね不思議に思っていた。法隆寺や薬師寺から発見されている古代の瓦の文様は、驚くほど精巧である。

巴瓦の豊かな蓮弁、平瓦のうるわしい唐草、どれも手にとって見ねばわからないほど美しい細工である。それをどうして、あんな目のとどかぬ高い金堂の軒や五重塔の庇《ひさし》にまで置くのか、解せぬことだった。

「瓦」は決して一枚一枚、手にとって見るために作られたものではない。瓦は美術工芸品でない。それが、どうしてあんなに精密な文様を、それに刻印させねばならないのか。その一本の曲線や一つの文様によって、寺院の建立時代のみならず、その時代の文化の特性までを推断することができる。それほどの美が、どうしてこんな瓦の表面に作られる必要があったのか、不思議に思う程である。

「合理主義」の新しい建築理論に基けば、そんな装飾は全く屋根材料には不必要なことであり、甚だ無意味なことになる。だから、不必要はすなわち醜悪とされる。従って、合理主義の建築では「装飾無用論」が強く主張される。

しかし、それだからと言って、ギリシャ神殿や仏教寺院の装飾美は否定できない。このような装飾の尊重は、回教徒の寺院「モスク」にもある。そこでは一層徹底している。モスクでは、天井にも欄間にも、窓や床にさえ、実に精巧極まる文様が一面にちりばめられている。

しかし、回教寺院内には、礼拝すべき神像はない。モスクでは、文様そのものが「聖なる形象」となる。そのため、「アラベスク」のような回教特有の精密きわまる神秘な文様が、建築の内外に装飾され、それによって宗教建築としての神聖さが高められている。

それと同じ意味で、飛鳥や寧楽の「瓦当」に刻印されている見事な文様も「聖なる形象」といわねばならぬ。ギリシャの神殿に飾られる彫刻もまた「聖なる装飾」といわねばならぬ。いずれも、神に捧げられたものであった。

すなわち「奉献の芸術」といわねばならぬ。

その奉献の美は、地上の人間の観賞的な視覚よりも、神の照覧を念ずる。そのために、作者は、ひたむきな丹誠をこめ、清らかな「心の眼」によって、「聖なる美」を刻み、描こうとする。そのような聖なる意匠が彫刻や文様の制作に、「人の目」を超越した美を発揮しようとする。奉献の美術のために、作者の目は造形の深奥に達せんとするのであろう。

＊

それならば、このベルリンの博物館にあるペルガモンの「ゼウスの祭壇」はどうであろうか。

この建築もまた「奉献の造形」である。しかし、この場合の「建築と彫刻の結合」は、パルテノン神殿と表現形式を異にしている。

パルテノン神殿においては、彫刻は建築の上部にある「破風」とか「欄間」という高い場所に掲げられていた。しかし、このゼウス祭壇においては、彫刻は建築の最下部の「基壇《スタイロベート》」にはりつけられている。それ故にパルテノンの場合にくらべれば、建築と彫刻の位置は、全く逆転している。

これは彫刻を人間の視覚に接近せしめて、その鑑賞を便利にしたことになる。従って、このゼウス祭壇において、最も眼目となっているものは、基壇に貼りつけられている「彫刻」である。その意味では、彫刻を展示することが建築の目的となった。

この祭壇は、エウメネス二世がギリシャ軍を撃退した戦勝記念として、建立されたものであった。そのために、この基壇に貼られている「神々と巨人の闘争」は、その激戦を記念するために制作されたものである。従って、彫刻を展示することが、この建造物の主なるテーマとなったといい得る。

その目的のために、彫刻は「人の目」に見せることが要望され、その位置のために、人の目の観賞に最も便利な基壇の壁面を選んで、そこを彫刻の陳列場所としたのである。同時に、その彫刻を重大視するために、基壇の壁面も大規模に拡大されるに至ったのであろう。

このような設計方針は、ギリシャ時代が後期近くなって、いわゆる「ヘレニズム時代」となると、当然なことであったと考えられる。

ヘレニズム時代というのは紀元前四世紀頃で、美術は頽廃的になり、人工的な刺戟を求めた。それ故に、ヘレニズム時代のペルガモン祭壇では、「心の眼」よりも「人の眼」に向って、建築家も彫刻家も仕事に情熱を燃やしたのであろう。

＊

そのためであろうか。このゼウス祭壇では、仰がれるべき神々の像は、地面に接した低い位置にまで降下し、反対に、人間の足が踏むべき建築の床は、高い基壇の上部にまで上昇した。

さらに、彫刻の主題も変化した。あのパルテノン神殿においては、祭礼につらなる典雅な姿となっていたオリュンポスの神々は、このペルガモンの祭壇では、巨怪と相争う荒神の姿となってしまった。

それ故、このような建築と彫刻の結びつき方によるのであろうか。この祭壇の美は、一種特別な印象を私に与える。何と言おうか、動揺感とも言うべき、刺戟性に富んだ印象を私に与える。建築全体に、強い激情が認められ、それと同時に、なにか悲劇的なものが潜在しているように感じられた。

私にはこの祭壇が、あの有名な彫刻「ラオーコン像」のごとく、もがいているように見えた。神話のラオーコンは大蛇にまきつかれ苦悶しているが、そのような印象を私は受ける。従って、この祭壇が作られた頃は、建築も彫刻もその時代の苦悩の中にまきこまれていたのであろう。

私は、自分の前に立ちはだかっているペルガモンの祭壇を眺めながら、その圧倒的な石造建築に向って、自分勝手な解剖のメスを加えていた。

*

博物館の大広間には、次第に参観人の姿が多くなってきた。ロイド眼鏡をかけた中年婦人の観光団が押しかけてきて、もの珍しそうに眺めだした。祭壇の階段を昇る者も多くなってきて、場内は、いかにも博物館らしい光景となった。

この祭壇が、小アジヤの原地で破壊されたのは、十世紀頃だったといわれている。当時ビザンチン人は回教徒の侵入を防ぐために、要塞を造ろうとした。その工事のため、古代建築を破壊して、そこから石材を運んだ。ゼウス祭壇もそのために破壊され、その後、祭壇のあった位置も忘れ去られた。

それが偶然に、ドイツ人のカール・ヒューマンによって発見され、その彫刻の破片がベルリンの博物館に送られて、大問題となった。それは一八七八年、明治十一年のことであった。それ以来、ドイツの考古学界が活躍し、ペルガモンの遺跡が発掘され、多くの資料も蒐集され、かくして、このベルリンの博物館に今見るような復原が完成されるに至ったのである。それが一九三〇年、昭和五年である。

この困難な仕事に従事した多数の考古学者や、建築学者、彫刻家の苦心と努力は大きい。粉微塵に粉砕された壺を、丹念にもと通り継ぎ合わせるがごとき仕事であった。しかも破壊されたものは壺のような小さいものでなく、巨大な建築である。建設された時代も二千二百年を遡る大昔であり、場所も遠く離れた小アジヤの地である。それを思うと、よくもこのような困難な復原事業が完成されたものだと、つくづくドイツ人の学究的な尽力に感心せざるを得ない。

＊

私は祭壇の階段を昇ってみた。自分が建築家であるという自覚からであろう、尊いものを靴で踏むような気がした。

石段を昇りつめると、イオニヤ式の柱が並んでいる。その柱廊をくぐると、中庭がある。ここが祭場であって、昔、その中央に「いけにえ」の台があった。しかし、その台が未発見のために、この美術館では、ペルガモン王宮の跡から発見された古いモザイクが、床にはりつけてある。

私はその美しい石片の色に見とれながら、昔そこに据えられていた石の台を想像した。きっと、つやつやとした大理石の台で、美しい装飾が刻まれていたことだろう。儀式の日には、その台の上に「いけにえ」が供えられ、火あぶりにされると、その生きた動物を焼く煙が、高く天に昇っていったことであろう。私は博物館のガラス天井を見上げながら、小アジヤの広々とした蒼穹を想像した。

昔、この壇にのぼると、遠くにエーゲ海が望まれたことであろう。夕方になれば、海に沈む太陽が海面や空をあかあかと染める。日が暮れるにつれて、空は紫紺色となる。祭りの夜には、祭壇の周囲に「かがり火」が焚かれ、基壇の彫刻は、その火に照し出されたにちがいない。めらめらと燃える焔の火が動くたびに、巨怪たちの像は、ものすごく表情を変化させたことだろうと、そんなことを想像しながら、私はいつまでも基壇の上に立っていた。

雪あかりの日

シンケル博物館

朝から降り続いていた雪も、午後になると、こやみになった。

旧王宮の脇から、シュロイゼン橋のたもとに出ると、鷗の群が、墨絵のように、川岸の柵にとまっている。「建築《バウ》アカデミー」の赤い煉瓦壁にそって、玄関の方へ廻ると、広場いっぱいに枝をひろげたリンデンの並木に、白い雪が花のようにふり積っていて美しい。その木の下に立っているシンケルの立像も、頭から、すっぽりと綿帽子をかむっている。

バウ・アカデミーの玄関を入って、二階にのぼった。奥の扉に「シンケル博物館」と言う表札が見つかったので、扉を押して内部に入ると、ひっそりとしていて、受付には誰もいない。しばらく待っていると、奥から番人らしい老人が出てきたので、たずねると閉館中だという。窓の外には雪がふりだしたので、私はしばらくそこに立っていた。

隣室をのぞくと、なるほど、陳列室には、荷造りをした木箱が、ほおり出したままになっている。隅にも、大きな荷が床の上に積み重ねてある。しかし、室の壁にはシンケルの描いた油絵やスケッチが十数点、掛けたままになっているので、私は大急ぎで、それを見まわした。

すると、見おぼえのある一枚が私の目にとまった。

もう、だいぶ以前のことになるが、東京で、デュラーの素描展がひらかれたことがあった。上野の美術館だったが、ドイツから送ってきたデュラーの素描と共に、十八世紀の画家たちの素描が陳列された。

その時、私はその陳列品の中に、シンケルの素描が一枚掛っているのを見て、この建築家の描いた絵が、ドイツの絵画史の上でも相当な価値を認められていることを知り、それから一層、私はこの建築家の仕事に興味をもちだしたのであった。その絵はいかにもドイツの素描らしい固い描法の風景画であったが、森や岩山の描写には、この建築家の抱く古典主義精神が、うかがわれるものであった。

その絵を、私は再び、今、シンケル博物館で見つけたのである。しかし、私の目は、こんどは、その絵を見ることによって、かつて、それがかかっていた上野を思いだし、私の回想は遙かに日本の空にとんでいった。きっと今頃は、東京の空はさえざえと晴れわたり、寒いカラッ風が吹いていることだろう。東京の冬を思い、自分の家のことなどを、ふと考えだした。

＊

番人の爺さんは、私のためらっている様子を見ると、気の毒に思ったのか、私を奥の一室に案内してくれた。その部屋には椅子とテーブルが並べてあって、閲覧室のようになっている。爺さんは奥の部屋に入っていったが、しばらくすると、学者らしい風采の人が出てきて、その人は、私に書庫の中のものを自由にご覧下さいと、親切に言ってくれた。

書庫に行くと、事務員は、でっぷりと肥えた気のよさそうな老人だった。老人は私にさっそく椅子をすすめ、何を見せましょうかと、たずねてくれた。私は別に予定もしていなかったので、思いついたまま「魔笛」の舞台装置をたのんでみた。

すると、その爺さんは「あいにくだ」と、両手をひろげ、「ドイッチェス・オペルンハウスにいって、たのめば見せてくれる」と答えてくれた。爺さんの説明によると、このモーツァルトのオペラは、このシーズンにはシンケルの考案した舞台装置によって演出されることになっているので、その原画はオペラ劇場へ貸出しになっているのだということであった。

それで、こんどは「無名戦士の廟」の設計図を注文してみた。すると、爺さんは大きくうなずいて、それを書庫から持ち出してきて、机の上に、どさりと置いてくれた。開いてみると、古いシンケルの設計図や仕様書などが綴ってある。

表紙を見ると、古い蔵書票には消印が打たれ、「鷲とハーケン・クロイツ」の新しい紋章が捺してあった。数年前のことだったが、ナチス政府が非ドイツ的と称する書物を焚書にした。その時、大学や図書館の図書を検査し、ナチス精神に反する書物は全部書庫から追い出してしまったと、日本でも噂されたことがあったが、なるほど、これがその時の検印かと気がつき、私は珍しいものを発見したように、そのスタンプを眺めなおした。

それから設計図の綴りを、ばらばらとめくってみた。

現在ベルリンのウンター・デン・リンデン街に建っている「無名戦士の廟」と呼ばれている建築は、以前、「新衛兵所」といわれていた。シンケルがそれを設計した当時（一八一八年）は、新しい建築だったので、それを「新衛兵所」と呼んで、王宮中にある古い衛兵所と区別されていた。その建築のスタイルは、シンケルの初期の名作として、また、彼の古典主義的意匠を決定的にしたものとして、よく人に知られている。

しかし、当時の設計図を眺めてみると、いろいろの試案があって、スタイルが何度も変更されていることを知った。私はその数種の設計図を眺めて、シンケルがこれを設計する時の苦心を思うと同時に、それによって、シンケルの古典主義的スタイルというものは、この建築を設計する以前には、まだ未確定なものであったが、いよいよこの「新衛兵所」を設計するに当って、初めて方針が定ってきたのだと、そんなことが、私にわかってきた。

＊

その数種のスケッチのうち、第一案となったものは、一八一六年の図面だった。それは、多くの改変のあとで、ひとまず決定案として設計されたものである。それを見ると、今、リンデン街にある建物と同じく、母屋は四角の壁で囲まれ、正面には、破風のある玄関のついた外観になっている。しかし図面の設計には、どこにもギリシャ的な手法がなく、全く新式の手法であった。もっとも、正面にある破風のついた玄関の形は、全体としてはギリシャ的な型だといえば、そういえるものであるが、細部にはギリシャ的な手法らしいものは少しもない。六本の柱は決してドリヤ式の形ではなく、ただ四角い、全く無装飾的な石の柱にすぎない。ギリシャ式の「柱頭《キャピタル》」もなければ、「溝彫り《フリューティング》」もない。破風には彫刻もなく、ただ軒蛇腹《のきじゃばら》には人の首の形をした装飾と、屋根の両脇に、鎧《よろい》を兜《かぶと》と組み合した飾りがあるだけだった。

私はこの設計案を見て、第一に驚いたのは、その様式が今のナチス・ドイツの建築様式と甚だ似ていることである。すなわち、ナチス・ドイツが主張する「第三帝国の建築様式」というものは、建築の正面性を強調して、簡略なギリシャ的な構成方法によって、石造建築の重量感を現わそうとするものである。だから、百年も前にシンケルが考案した意匠が、今のナチスの建築様式と甚だ似ているということは、確に驚くべきことである。

それ故、十九世紀初頭のプロシャ時代に、シンケルはすでにナチスの建築様式を創案していたといっても過言でない。

次に驚いたことは、この設計案は、十九世紀初頭の当時としては、甚だ驚くべき革新性をもつものであることであった。シンケルの当時においては、ギリシャ的な美しさは、やっと再発見されたばかりのもので、いわば、流行的なものであった。しかるに、シンケルの第一回目の設計案は、それを勇敢に払いのけ、さらに新しいスタイルを求めようとしたのであるから、実に驚くべき革新性を主張するものであったといわねばならない。

当時シンケルはこんなことを言っている。「建築」とは、種々の「素材」を必要な「目的」に総合することであって、「合目的性」こそ建築の根本原理である。このことは建築の物質的方面ばかりでなく、精神的方面においても、当然なことであるが故に、建築は「目的」を最もはっきりと表現しなければならない。建築の「性格」は、それによって最もはっきりと決定され、建築の芸術的価値もそれによって決定されるのだと、そんなことをいっている。だから、彼の主張するものは甚だ新しい「合目的建築」の意匠であった。

このように、シンケルの建築観は、きわめてはっきりとした技術的根拠から出発し、それによって建築の美的表現が根拠づけられねばならぬと主張する。それ故に、彼の設計は建築が持つべき「目的」をしっかりとつかみ、それを十分に満足させることを以て、基本条件としたのである。そして、それによってはじめて建築の創造的活動が生れると考えたのであった。従って「合目的性」と「合材料性」とが、建築の性格を定めるものであって、その正当なる満足によって建築は貴い価値を発揮するものであると、彼は考えていた。

それ故に、芸術家たるものは、心のうちに「真なるもの」を求め、それによって、正しい「新しさ」を知り、その理念を実現することに向って労作するものでなければならない。従って、芸術の価値は、この「革新性」によって決定されるものであると、彼は主張した。

このような彼の主張は、当時に於ては、まさに時代に先駆する新しい建築の主張であり、百年後の二十世紀建築を予言する卓見ともいうべきものであった。さらに、彼はその主張を言葉ばかりでなく、作品の上においても実践的に示したのであった。「アルコナ岬の燈台」（一八二五年）や「ボンの観測所」（一八三一年）などの設計は、その主張を明確に立証するものであったといえる。いずれも小さい煉瓦造の建物にすぎなかったが、純然たる

「実用建築」の性格をはっきりと表現したものであった。当時、帝室建築顧問官であり、芸術院会員であった彼が、このような工場建築にも等しい建築の設計に、熱意をこめたということは、「目的」と「材料」から生れる建築に、新しい美を発見しようとする美意識が、彼の胸に強く抱かれていたことを示すものといわねばならぬ。

*

しかし、この工学的な建築美にめざめた新しい精神も、彼の全意匠心から見れば、一つの側面を示すものにすぎなかった。彼の意匠心は、この技術的な革新性と同時に、さらに他の側面として、精神的な伝統性を主張していた。

すなわち、第二回目の設計案に至って、彼は純然たる「古典主義」を主張し、細部に至るまでもギリシャ様式を、こくめいに、とり入れるに至ったのである。それで、今まで全く無装飾であった玄関の柱には、ドリヤ式そのままの柱頭《キャピタル》と柱身《シャフト》が現われ、破風にも、ギリシャ神殿のような妻飾りが出現するに至った。従って、第一案から第二案に至る変更は単なる外観の変化を示すものでなく、彼の意匠心に大きな変革のあったことを示す。

シンケルは彼の書きしるした「衛兵所」の仕様書の中にも、こんなことを書いている。この建築はベルリン市の最も美しい場所にたつものであり、周囲には過去のすぐれた建築が多く並ぶが故に、特に「記念碑的」な性格を忘れてはならないと、書きしるしている。

そこで、私に感ぜられたのは、彼は第二案において、建築の「記念碑性」と「環境適応性」とを意識するに至ったことである。従って、この主張の発展によって、彼の設計方針は第一案から第二案に移り、その第二案を以て実施案と決定するに至ったのだと考えることができる。だから、この「記念碑性」と「環境適応性」の主張によって、彼の建築精神は「合目的主義の革新性」から、「古典主義の伝統性」に道を開くに至ったのだと、私は考えてみた。

彼は記念碑性の必要について、こんなことも言っている。もし一つの作品が、どんな方法によっても記念物とならず、また、そんな意匠心すらもたないものならば、その作品は決して芸術品ではないと、いっている。

だから、このように建築の記念碑性の必要に基いて、彼は、自分の建築が持つべき作品的性格として、当時の時代思潮の主流であった「古典様式」を採用し、それを正当なものと考えたにちがいない。このような考え方は、常に建築は時代の精神に対して強い適応を持たねばならぬと論じていた彼の建築観からも、当然な帰着点であったと思う。

同時に、彼の建築は第一設計案の如く、工学的な正しさを主張し、それを基本条件としたものであったがため、それが古典主義と結びつく場合にも、ただ形式的でなく、堅実な正確性を欲するものとなったのであろう。さらに、記念碑性によって「永遠的な完成」を求めようとし、そんな造形的な思索の念が、古典主義的性格を一層純化せしめたのであろう。そのために、彼の建築には、他の古典主義建築家の作品とちがった一種の品格がそなわり、形式性の奥に、なにか崇高なものに憧れようとする意匠心が清く澄むに至った大きな理由が、そんな制作態度にあるのであろう。

＊

そんなことを考えながら、私は、シンケルの設計図や手記に目を通していると、私の興味は、更に、シンケルの古典主義建築と、その手本である古代のギリシャ建築との比較にひかれていった。

正面玄関にドリヤ式石柱が並んだシンケルの「衛兵所」の設計は、アテネのパルテノンに、その原型があると見なければならない。このギリシャのペリクレス時代に建てられた神殿は、建築家イクチヌス（Ictinus）と彫刻家フィディアス（Pheidias）によって設計されたもので、エスマンによって「地球上の最も美しい宝玉」とたたえられた建築である。だから、それと十九世紀の擬古主義といわれるシンケルの作品とを比較することは、比較する前から、一方が本物で他が借り物であることは、わかりきったことであるが、外見の上では両者は甚だよく似ている。柱の太さと、その長さとの割合、それと柱間との関係、軒《のき》蛇腹《じゃばら》との続き工合、破風の置き方などを、設計図の上から見ると、シンケルの案は、実によくパルテノンを学んだものだといえる。

古代ギリシャでは「オーダー」と言って、建物全体の各部は、柱の太さを単位とし、その標準寸法から割りだされる。すなわち、建築の細部は、いちいち、定まった比例になっている。その規範《オーダー》によって、建築全体の形が、統一ある美しさを保っているのだと説かれている。だから、シンケルもそのオーダーを意識的に厳守したにちがいない。従って、このシンケルの設計図は、甚だパルテノンの比例と酷似している。ただ、パルテノンの軒蛇腹はドリヤ式のオーダーに従って、軒蛇腹の「フリーズ」は「メトープ」と「トゥリグリフ」とのたがいちがいになっているのに、シンケルのものは平滑な平面となって、そこに勝利の女神像が六個ならんでいる。このように、フリーズを平面にすることはドリヤ式の手法にはなく、イオニヤ式の手法とされているものである。そのために、この設計案の軒廻りが、どことなくドリヤ式の強健さから離れて、イオニヤ式の軽快さを現わしているのは、そのためだろう。シンケルも、きっとその効果をねらって、こんな手法を試みたのであろうと、そんなことを私は考えてもみた。

しかし、それにしても、まだ、シンケルの設計図には、なにかパルテノンの全体から受けるものと甚だ違った性格が存している。それは何によるものかわからなかったが、とにかく、シンケルの設計図には、あのパルテノンのおおらかさが、どことなく萎縮し、豊かさが枯渇していることは、いなめない。その理由は何か、私は設計図を見ながらいろいろと考えてみた。

まずシンケルの「衛兵所」が、ギリシャ神殿から借りてきた「正面」(ファッサード)は玄関という一部分の正面に過ぎない。そのために、ギリシャ神殿の形は、シンケルの設計では周囲の壁面から、おさえつけられるような圧迫感をうけている。それは図面を見ている私自身にも、なんだか、身体を締めつけられるような感じを受ける。ギリシャの青々と晴れわたった空のあるべき部分に、固い石の壁がぎっしりと囲んでいることは、たしかに、それを払いのけて、のびのびとしたい欲望を、私の心にそそった。そんな固苦しい手法がシンケルの設計につきまとっているのを感じた。

その上に、「玄関」の部分だけを切りはなしてみても、石段になっている基壇《スタイロベート》に、どことなく安定感が不足していることも、私の気になる点であった。

そこで、思いついたことは、ギリシャ神殿のもつ基壇の高さである。それは、この新衛兵所と同じ三段の石段であったが、その高さはギリシャ神殿においては三段と定められ、各段はきまった比例で割りだされていた。それ故に、大きな神殿では、ひどく高いものになっている。パルテノンの神殿においては、そのために、人間の足では登れないほどの高い段になっていた。ギリシャ神殿は、キリスト教の教会や仏教の寺院のように、多くの信者がその建築の内部に会合するために建てられた会堂建築ではない。全く神に捧げられた象徴建築であった。或いは宝物をしまう金庫のごとき建築であったともいわれる。その建築は、理想化された形式美の結晶であり、各部分は比例によって統一されている。だから、基壇は人間の登る石段でなく、それは統一された美の一部分であり、従って、いわば神の登る段であったのである。

ところが、シンケルの建築は、近衛兵の番所としてたてられたものであるため、石段は人間の登る段である。それ故に、三段の石段は、人間の足の寸法にあうものでなければならない。これが「人間の建築」に「神の建築」を当てはめようとしたシンケルの悩んだ点であろう。だから、シンケルもそれを気にして、安定感の欠けた低い石段に対応するように、軒蛇腹を軽快にする必要を認めて、軒蛇腹には意識的にイオニヤ式のフリーズを設けてみるような考慮を、設計に加えたのかもしれない。私は、そんなことを、あれやこれやと考え続けていた。

*

このように、設計図をめぐりながら、私とシンケルとの対話は続いていた。

シンケルの建築は、彼の考えるごとく「時代精神」と「記念碑性」を主張するものであることは、私にもうなずけた。しかし、それにしても、ギリシャ建築の直写の如き模倣に、よくもこれほどまでに突き進むことができたものだと、私はそれを疑問に思った。

ギリシャの美しさに憧がれるとはいえ、よくも、こんな模倣的設計に精進することができたものだと、一種の驚きさえ感ずる。「革新性」を芸術の価値と認めるような強い精神をもちながら、よくも、こう、伝統的な形式の継承に専念することができたものだと、不審にさえ私は感じた。

しかし、シンケルの時代にあっては、このようなギリシャ様式の「模倣」をもって、自分の作品とすることは、今日のわれわれが考えるように、恥ずべきことではなかったのかもしれない。それは、作家として、気のひけるような模倣的態度でもなかったのかもしれないと考えてみた。

十八世紀に、ヴィンケルマンによって発見されたギリシャの美しさは、当時においては、われわれが想像するよりも、もっと、いきいきとした新時代の曙光であった。それは心をゆり動かすような復興精神のめざめである。それ故、最高に理想化された美の極地が、ギリシャに存すると考えられた。

従って、ヴィンケルマンが「模倣論」の中に論じているように、ギリシャ美術を模倣することは、最も確かな制作方法であり、それによって迷うことなく、神格化された美を求め得るものと考えられた。あれやこれやと雑多な美をあさるよりも、ギリシャの美しさを模倣することが、真の美しさを直接に知る道であると信じられた。その近道によって、美術の深底までを知る眼を開くことができると思われたのである。

この模倣をレールとして、新しい進歩の道が切りひらかれるのだと考えられ、ギリシャの正しい模倣こそ、時代の要求する新しい美の発展だと考えられていた。

だから、シンケルの模倣的態度も、いわば、当時の公認された制作態度であった。むしろ、真剣な精進の道である。美術学校の学生がギリシャ彫刻の石膏像に向って、一心に模写することを教えられるように、シンケルの古典主義建築もこうしたギリシャへの精進を、一心に願うものであったといいうるであろう。

それ故、彼の模倣は決して安易な態度でなく、むしろ、謙虚な態度をもって、最高美を探求するために、純真な学生のように精進の道を歩むものであった。

このように、ギリシャの美しさに憑かれた者として、古典美をそのまま受け入れようとした態度に、十九世紀の古典主義建築の真の性格があったといいうる。それはやがて誕生する二十世紀の創造のために、前世紀のものが殉じなければならぬ使命であった。それが十九世紀の守るべき任務であり、その時代の受くべき宿命でもあったかもしれぬ。

＊

シンケルの古典主義建築は、時代の任務と宿命を担うものであった。

その点で、彼の建築は、祖国プロシャの国難をも背負わねばならなかった。彼もフィヒテと同じく、祖国文化のために、プロシャ魂をふるいおこして、その建設に向ってつき進まねばならなかったのである。これが彼の古典主義スタイルに、プロシャ的な性格を表現するに至った大きな力であったと思う。

しかし、彼の建築は当時の緊迫した国際情勢により、さらに建築資材の不足から、はじめのうちは枯れさびた性格を持っていたが、祖国の興隆とともに次第に豊さを増し、遂に彼の晩年の作品に見るような、円熟した境地にまで達することができた。

アテネのアクロポリスにたつギリシャ国王の宮殿（一八三二年）、クリミヤ半島にたつロシヤ皇帝の宮殿（一八三八年）などは、いずれも設計図だけに終ったものだったが、彼の古典主義様式をぞんぶんに発展させた力作であった。

だが、それについても、私は彼のためにこんなことを考えてみた。もし、彼の設計したギリシャ国王の宮殿が、あのアクロポリスの丘に竣工して、廃墟のパルテノン神殿と並ぶに至ったら、どんな効果を発揮したか、そんなことを想像してみた。

私は、日本の奈良にある美しい三月堂の建築を思い浮べた。それは二つの異なった時代の建築が結びついたものである。本殿は奈良時代の建築であり、拝殿は鎌倉時代の増築であった。しかも、その二つの時代の建築は、各自の時代の様式を判然と表現している。しかし、それにもかかわらず、二つの建築は相よる魂のごとく結びつきあって、一つの美しい建築をつくりあげている。

シンケルの設計したギリシャ国王の宮殿は、古代ギリシャのパルテノン神殿と並んで、アクロポリスの丘に聳える筈のものであった。それを思うと、あの三月堂のような美しい融合を、果してそれは実現しうるものであったか、どうか。私はシンケルの設計が実現されず、ただ紙の設計図に終ったことを、彼のために惜しむべきか、或いは否か。私はそんな疑問を自分に問うてみたが、シンケルの古典主義は、古代ギリシャに比肩することよりも、むしろその後、ドイツに新しく興る二十世紀のモダーン建築に対して指導的な影響を与えたことに、大きな意義があったのではなかろうか。その点こそ、彼の真価であったと私は思う。

＊

窓の外はそろそろ暗くなってきた。まだ午後の三時頃だが、もう、夕方のように見える。窓ガラスの外には、雪がふりだして、白い雪片が舞っている。それを眺めていると、雪国にそだった私は自分の幼時を思いだし、雪片がひらひらと私の顔にふりかかってくるような気がした。私の思い出には、ふるさとの雪が美しい記憶となって、眼の奥にふり積っている。そんなことを考えていると、日本の歌舞伎で、雪景色の場面などに、舞台裏からどーんどーんと聞えてくる太鼓の音のように、深い冬の気配が私の耳の奥にも響いてきた。

ちょうどその時、書庫のお爺さんが「閉館」を告げに来たので、私は厚く礼をのべ、シンケル博物館から戸外に出た。

シュプレーの川端に来ると、あたりは薄青い「雪あかり」だった。

川向うのルスト・ガルデンには、クリスマスの市がたって、人々の影が賑やかだ。メーリー・ゴーラウンドの陽気な音楽がここまで聞えてきた。

そう、クリスマスも、もうすぐだった。

しかし、私の頭は、まだ、シンケルのことから離れなかった。

それならば、シンケルの模倣的精神は十九世紀の時代的任務であり、宿命であったとしても、それによって次の時代の二十世紀の建築に発生したものは、何であったろうか。そんなことを考えながら、私は雪道を、シュロス橋の方へ歩いていった。

そこで、私の頭に思いあたるのは、ウィーンの建築家オットー・ワグナー（Otto Wagner 1841-1918）であった。彼の学んだ王立建築学校はシンケル精神の強い学風を持っていた。そのためにワグナーが設計した多くの作品にも、古典主義的な性格が色濃く現われていたのは当然だった。ワグナーの建築理論も、「合目的性」と「構造性」を主張し、さらに「機能的な平面計画」の重要さを認め、これらの条件に基いて、新時代の建築美を樹立せんとするものであった。だから、彼は当時ウィーン建築界の主流であった「折衷主義」に対して、強く「分離」を叫んだのであった。このように、ワグナーの設計態度は、謹厳な古典主義的態度と、強い革新的態度の、二面をもつものであることも、シンケルと似ていた。

ワグナーの作品にも初期のものはギリシャ様式を模倣したものが多い。が、後期の作品はそれから脱却しようとする傾向が強い。新しい世紀が始まり、そのためにも独創的な性格を実現せねばならない時となったのである。彼の代表作である「郵便貯金局」（一九〇六年）は、その独創をきっぱりと表示したものであった。それは、早くも二十世紀の黎明期において、新しい機能的建築の美しさを予言した作品であった。それは今のわれわれに対しても、新しく美しい感銘を与える。

その上に重要なことは、ワグナーの建築思想はさらに躍進して、あの有名な「セセッションョン運動」となって、二十世紀の造形美術に新しい運動をまき起す引火点となったことである。セセッションの建築は、二十世紀の新しい建築を求めて、過去の旧様式に「分離」を宣言するものであった。しかし、この場合にも注意すべきことは、ワグナーの革新的表現の底に、古典主義的な核心が潜在していたことである。

この点に、私はウィーンにおこったセセッション運動の造形的特質を認め、そこにシンケルとオットー・ワグナーとの歴史的なつながりの濃さを思った。

＊

それはオーストリアにおけるシンケルの後継者であるが、ドイツにおけるそれは誰か。それに対して、建築家ベーレンス（Peter Behrens 1868-1940）の名を思いだし、この人こそドイツにおけるシンケルの新しい後継者だと思った。

ベーレンスの青年時代には、画家という経歴のあることも、シンケルとよく似ている。ヘッセン大公によってダルムシュタット市に芸術家村ができた時には、彼も招かれて行った。そこでセセッションとの交渉が深くなり、彼自身はウィーン芸術学校で講師となった。それ故に、オットー・ワグナーとの思想的つながりも、当然厚いものになった。同時に、ハンブルク生れの彼にはドイツ人として、シンケルの影響は祖国的な感情となって彼の造形心に直接響いていたと、私は思う。

ベーレンスは実にたくましい設計力をもっていた。そのために作品は頗る多く、いずれも力作であり、その一つ一つが時代の動きをはっきりつかんでいた。

だから、彼ひとりの作品を順々に眺めることによっても、セセッション時代から第一次世界大戦前、大戦後、それから今日のナチス時代に至るまでのドイツ建築界の動きを鮮明に知ることができる。しかし、その数多い作品の中から彼の代表作を選ぶとしたら、私は「ハーゲン郊外の火葬場」（一九〇七年）と、「ＡＥＧ会社のタービン工場」（一九〇九年）及び「セント・ピータースブルクのドイツ大使館」（一九一二年）をあげねばならぬと思う。この三つは彼の意匠心がもつ三つの性格を判然と示すものであった。

第一の「火葬場」は彼の初期の作風を明瞭に示すもので、セセッション的傾向の濃いものであった。それは建築の構造学的な美しさを、幾何学的な表面効果によって一層はっきりと清純なものにしたものといえる。その点で、あのルネッサンスの初期の画家ジオットの建築のごとく、鋭い清らかな作家的良心を表明したものだとも、私は考える。

次の「タービン工場」は、これこそベーレンスの最大力作である。おそらく、二十世紀初期の代表的作品として、建築史上に特記さるべきものの一つだと思う。それは一電気会社の工場建築であった。従って、全くの純機能的建築である。それにはベーレンスの構造主義的意匠と新しい古典主義精神とが互に結びつき、画期的な様式の出現となったのであった。それは、建築の本質としての技術性を重要視すると同時に、その造形的な表現に、新しい時代性をはっきりと発揮したものであった。だから、彼の設計したものは工場建築であったが、同時に、それは新しい工場建築の記念碑であった。二十世紀に至って、新しい建築美の担い手として登場するに至った工場建築の出現を、このベーレンスのタービン工場はしっかりと堅実に表現した。このように、ベーレンスの作品においては、革新性と記念性とは、有機的な結びつきを発揮していたのであった。

次に、ベーレンスの第三の代表作ともいうべき「ドイツ大使館」は、タービン工場に比較して、いくぶん重々しい表現をもつもので、ドリヤ式柱型の連立した正面の外観は、たしかに意識的な古典主義的精神を立証するものである。しかし、彼らしい、しっかりとした構造主義的意匠心を強く表現した点で、この作品は、今日のナチス建築の先駆をなすものといい得る。

だから、最近の彼の作風がナチス的な様式を鮮明にし、ドイツの国策建築に参加していることをもって、国外の「国際主義建築」の連中は、ベーレンスの作風であった構造主義的意匠を裏切るものとして、彼の転向を罵る者もあるが、ベーレンスにとっては、以前から自分の抱いていた古典主義精神が、時代とともに発展したものであろう。それがドイツ建築の運命であり、ナチスへ進んでいく道程であるのかもしれぬ。

＊

そんな運命は、その他のドイツの新しい建築家にものしかかってきた。時には激情となり、時には知性となって、いろいろな建築家が出現した。

例えば、建築家ペルツィッヒ（Hans Poelzig 1869-1936）が、有名な演劇の演出家ラインハルトと共に設計した「グローセス・シャウシュピールハウス」の劇場（一九一九年）などは、表現派の絵のごとき尖鋭な表現をもち、彼の「国民劇場」の設計案は、ゴッホの絵のように、燃える炎の如き形態を発揮した。

建築家ブルーノ・タウト（Bruno Taut 1880-1938）も古い伝統に反抗するために、マグデブルク市の歴史的な教会建築や古い民家に、けばけばしいペンキを塗りつけて、過去の伝統を勇敢に抹殺せんとした。

建築家メンデルゾーン（Erich Mendelsohn 1887-）は「アインシュタイン塔」（一九二〇年）の設計に、機関車のごとき「運動性」を表現せんとした。

建築家グロピウス（Walter Gropius 1883-）は「バウハウス」（Bauhaus）に、画家カンデンスキー（W. Kandinsky）や写真家モホリ・ナギー（L. Moholy-Nagy）などの尖鋭作家を集め、建築の「風土性」や「祖国的」なものに対抗して、「国際性」を最も重大なものとして、国際主義の建築を強く主張した。

このように、新しいモダーニズムの建築意匠を主張した一群のドイツ建築家は、第一次大戦直後の時代に、前衛的な方向に走った。

しかし、このようにドイツの建築思潮は時代の進むに従ってはげしく変化したが、その革新思想の流れの底には、いつもシンケルの影響が強かった。

だから、新しい建築主張の理論が、二十世紀の初頭からいろいろと主張されるに至るが、彼らの主張は、すでに十九世紀の古典主義において、それは擬古主義といわれたが、シンケルによって論ぜられたことであった。

それ故、いずれもシンケル魂の新しい継承だと言い得る。彼らの美意識はアポロ的となり、あるいはディオニソス的となっても、それに対してシンケルの建築精神は強い感化を与えている。そこにシンケルの偉大さがある。

古典主義とは、ギリシャ的な美しさに愛情を捧げんとするものである。その美しさに向って作家的精進を誓約するのが、古典主義の作家である。だから、その誓約のために洗礼を受けるものは、清明な「真美」の信者である。そんな強い美意識のために、時たま、アポロ的なものとは反対にディオニソス的な方向に、はげしく誘われることもある。そんな時にも、いつもその心に宿っている美の教示は、清純な真美の「あかし」である。その実証こそ、ギリシャ神殿の美であって、それが記念塔のように、心の奥に聳え立っている。

私は、そんなふうに、古典主義の作家的心情というものを、シンケル博物館からの帰途、歩きながら考えていた。

シュロス橋のたもとから、ウンター・デン・リンデンの大通りへ出ると、雪あかりは、もう紫紺色になってきた。

「無名戦士の廟」はまだ扉をあけていたので、私は内陣に入っていった。

夕方のせいか、参詣の人は少ない。内陣の壁は、黒ずんだドイツ大理石で仕上げられている。その石の肌は粗く、いかにも固そうだった。壁の表面には装飾一つなく、窓もない。床には、黒い小石が敷きつめてある。このように内陣は、黒色を基調とした四角い空間にすぎない。ただ、正面の壁には木製の十字架が掲げられ、その左右に燭台が立つ。

この石の壁で囲まれた静かな内陣の中央には、つやつやと磨かれた真黒な石が一つ据えられて、その上には、銀製の花輪が一つ飾ってある。

その花輪は、敗戦国ドイツの銀貨と、盟邦オーストリアの金貨とを鋳つぶして作ったものである。花輪は、ドイツ精神のシンボルといわれた槲《かしわ》の葉をかたどったもので、銀色に輝いた葉の間には、金色に光った葉が入りまじっている。

天井の中央には、丸窓が一つあけられていた。日中ならば、この丸窓を通して、天空の一部が見あげられる。お天気のいい日には、この丸窓から日光が射しこんで、銀製の花輪が美しく光り輝く。室内の黒ずんだ空間の中で、銀色の花輪が輝いている光景は、静寂で、感銘的な印象だった。

きっと、この花輪を眺める時、ドイツ人の胸には、大戦のために倒れた将士の霊を思う哀悼の念が、こみあげてくることであろう。大戦で、肉親を失い、夫を失い、友を失った人の目は、きっと、涙でうるむことであろう。その眼の網膜に、映画の大写しのように写っていた銀色の花輪が、次第にソフト・フォーカスのように、ぼやけていくことであろうと、私は銀製の花輪を眺めながら、そんな想像を追った。

＊

頭の上から、室内に射しこんでくる光線というものは、人の心に落ちつきを与え、静寂な感銘を与える。

日本の茶室建築に用いられている「つきあげ窓」も、狭い室内に静かな広がりを感じさせ、ことに日本紙を透したやわらかい光は、一層、狭い室内にいる人の心に、静かな落ちつきと親しさを与える。

更に、教会堂のような大きな室内で、高い天井から射しこんでくる日光を、人が見上げる時には、人の心は敬虔な印象を受ける。投射される光線が自分の心の奥まで射しこんでくるような、宗教的印象をおぼえる。あのローマにある古いパンテオンの神殿には、この採光方法が用いられている。人々はその建築の中に立って、瞑想的な雰囲気に包まれる。それにくらべると規模は小さいが、ベルリンの「無名戦士の廟」でも、天井に小さい丸窓が設けられていた。

＊

「無名戦士の廟」が、最初シンケルの設計した「衛兵所」から、大戦に倒れた将士の霊をまつる廟に改造されたのは一九三一年だった。

その時の設計者テッセノウは、シンケルの設計した建築の外観をそのままにし、内部だけを改造した。そのために、今のような内陣が設けられたのである。

彼は自分のアトリエの近くに、実物大の模型を作って、天窓から射しこむ光線の工合や、室内の空間の割合などを研究したということであるから、この設計はテッセノウ氏の

苦心の作といわねばならぬ。

パリーにある無名戦士の記念碑は、あの有名な「エトアールの凱旋門」に作られた。その大建築は、ナポレオン軍の戦勝を記念するために、シャールグラン（J. F. T. Chalgrin 1739-1811）が設計したものであった。その大アーチの真下には、今、聖火が燃え、激戦地ベェルダンの遺品が大きな一枚石の下に埋められている。だから、フランスの無名戦士廟も、ドイツと同じく、十九世紀の古典主義建築を利用している。これも戦勝国フランスと敗戦国ドイツとの間につながる、歴史的な建築の運命かもしれなかった。

私は、そんな因果関係に、なにか、ドイツとフランスの両軍がいつも相戦わねばならないように、建築にも、宿命的な関係があるように思われた。この二つの国の建築は、美の競争においても、互にその意匠を競わねばならない運命に置かれている。

十九世紀に建てられたベルリンの「衛兵所」とパリーの「凱旋門」の建物は、ドイツとフランスの古典主義建築の優劣を示すものであった。それが、二十世紀に至り、二つとも無名戦士のための記念建築となり、ここに再び、両国のこの二つの建築は「廟」として、意匠の雌雄を決するに至ったのである。

そのドイツ側の設計者テッセノウ氏の作風は、早くから新古典主義の傾向を示していた。

一九一〇年に設計した「音律体育学校」の講堂は、ギリシャ神殿型の新しい外観をもった建築であった。その点で、当時強い反伝統的な運動をおこしていた新しい国際主義建築に対して、一種の新しい伝統主義を守る建築家であった。だから、氏もアポロ的な岸辺にたって、その流れから古典主義の洗礼を受けた建築家だった。

ゆえに、この建築家によってシンケルの「衛兵所」が、「無名戦士の廟」として改造されたことは意義が深い。フランスの「エトアールの凱旋門」は、大きさにおいても、材料においてもプロシャを圧した。しかし、二十世紀のドイツは、テッセノウ氏の新しい改造によって、フランスの凱旋門に挑戦する意気込みを示しているように、私には思えた。

廟の内陣は、いよいよ暗くなってきた。天井の丸窓からさし込んでくる紫紺色の夕闇は、中央に据えられている銀製の花輪と、その台石の裾に、まだ、ほのかな「雪あかり」を残している。

今朝から霏々《ひひ》とふっている雪は、丸窓からもふり込んできて、金属製の花輪の上や、台石の周囲に、白く積っている。

軽い淡雪が、銀と金で作られた花輪の上にふりかかっている光景は、世にも美しいものに見えた。

その花輪に向って、ナチス式の敬礼をしていく参詣人もいる。うつむいたまま、しばらく瞑目している老婦人の姿もある。私も、白い雪で清められた銀の花輪に向って瞑目した。瞑目しながら、日本の建築家である私の心に、建築を庇護する大きな「手」のあることが感じられた。

詩人リルケは、秋の日に、ひらひらと木の葉が散るのを眺めながら、この地球を支えている「手」のあることを歌った。そのリルケの詩のように、やさしい神の手が、この「無名戦士の廟」を抱きかかえているように、私に思われた。

この廟の中に、霏々と美しい雪片をふらしているのは、そんな「手」の美しい演出力であろう。

深い淵の底のように暗くなってきた廟の中には、燭台に二つの火が燃え、それが大きなやさしい「手」に捧げられた燈明のように、厳粛な光を静かに放っていた。

雪どけの日

桜の園

夕食後、ドイッチェス・テアターへでかけた。しかし、時刻がだいぶ遅れていたので、劇場に入った時には、もう幕があがっていた。

ドイツでは、芝居の幕があがると、観客席の扉に鍵がかけられてしまう。そのため場内に入ることはできない。仕方なく、私は廊下でためらっていると、親切そうな案内人が私を手招きして、扉の鍵をあけてくれた。それで私は平土間に入ることができたが、照明が暗いので、そのまま扉のわきに立ちながら、舞台を眺めた。

「桜の園」の第一幕目である。

舞台は、女地主のラーネフスカヤ夫人が、久しぶりに自分の旧領地に帰ってきて、「子供部屋」に、コーヒーの用意ができている場面にまで進んでいる。舞台装置に注意すると、正面の壁には、例によって細長い四連窓がある。上手には、四角いペーチカがあり、下手には大きな戸棚がすえてある。そのほか、椅子の置き具合などが、以前に見た「築地小劇場」の舞台と、そっくりだった。

だが、その家具がいかにも本場の家具らしく、立派に見える。戸棚は、女地主の兄ガーエフが、それに向って、ものものしく百年の由来を説明する「せりふ」にふさわしく、古びて、堂堂としている。椅子もどっしりと、革張りの上等なものである。コーヒー・セットも、この場面に適応したロココ風の高級品に見えた。

同様に、俳優の演技も、私の記憶に残っている「築地」の人たちにくらべて、だいぶ相違のあることが目についた。もっとも、洋服の着こなしや、西洋人らしい身ぶりは、ここでは当然なことであって、そんなことを、とやかくいう必要はないとしても、特に私の目にとまったのは、俳優たちの落ちついた演技だった。舞台の上の人物は、見たところ、扮装においても「しぐさ」においても、いかにも登場人物の年齢にふさわしい年配ぶりを示している。

商人のロパーヒンは、どっしりとして、かっぷくが大きい。ラーネフスカヤ夫人も、ワーニャの役も、手馴れたもので、しっくりと落ちついていた。

だから、私が築地小劇場で「新劇」としてみていた「桜の園」は、ここでは、一種の古めかしいものに見える。むしろ、日本の「新派」の舞台を見ているように、古風な印象さえ受ける。もっとも、今のベルリンでは「桜の園」などは、日本で「新派」が手がける

「婦系図《おんなけいず》」や「滝の白糸」のようなものかもしれぬ。それ故、チェーホフなんか、もはや「きまりもの」になっているのだろう。

そのために、あの「演劇の実験室」といわれた築地小劇場の舞台で見た、なまなましい意識性はここではゆとりのある趣味的なものとなっているのだろう。日本で「新劇」といえば一種のせかせかとした尖鋭気分が特色となっているが、ドイツで見るチェーホフものが、こんなに河合武雄や喜多村緑郎なんかが演ずる「新派」の舞台面のように見えるのは、私の目にちょっと不思議な気さえした。それにしても、西洋人の「みぶり」は幅も、動きも大きいと、かねがね聞いていたのに、ここの舞台で見る「しぐさ」はひかえめである。もっとも、それはこの劇の性質を心得た演出者の心づかいかもしれなかった。

＊

年の瀬が押しつまった年末の街角で、私がお正月興行のポスターを見た時、この「桜の園」は「コメディー」と書かれていた。それを眺めた時、私は、あのチェーホフの「桜の園」を「喜劇」というのはおかしい。ことによったら、お正月の初興行らしく、茶番式に翻案した「お笑いもの」かもしれないと思ったが、しかし、はっきりA・チェーホフ作と銘うってあるので、あの「桜の園」に間違いない。それで、私も見たい気になって、正月二日の切符を買い求めた。しかし、それでも今晩ここへ来るまで半信半疑だったが、舞台を見ると、正真正銘の「桜の園」だった。

もっともシェークスピヤの「ベニスの商人」もコメディーだとしたら、「桜の園」もそうであろう。コメディーを「喜劇」とばかり思いこんでいた私の方が悪いので、「世話物」とか「通俗劇」だと考えれば、日本の「助六」や「白波五人男」もそうかもしれぬ。だが、日本の「狂言」という言葉を外国語に直訳したら、どうなるだろうと、演劇の門外漢である私は、そんなことまで心配しながら苦笑した。

＊

私が立ったまま眺めていた第一幕目は、最後に、大学生トロフィーモフの感激にみちた「わたしの太陽、わたしの青春」という声で幕がおりた。

幕間に、私は自分の席を探して、こしかけた。椅子はゆったりとして坐り心地がよい。場内を見まわすと、あまり広くもなく、手頃な劇場だった。

平土間の座席は、濃い「ぼたん色」のクッションで包まれている。この赤いくすんだ色彩は欧州の劇場では通り相場になっていて、どこの劇場へ行っても、この色彩が目だつ。座席ばかりでなく、壁までもこの赤味がかった紫色の織物が一面に張りつめてある劇場もある。きっと、この色彩については、なにか古い伝統があるのだろう。ロココ時代の宮廷劇場だとか、アンピール・スタイルの劇場装飾とか、そんな古い「しきたり」によって、この色彩が劇場色となっているのだろう。だから、欧州の劇場には、この色の内部装飾が多い。つまり、観劇の代表色となっているのだろう。

日本の劇場にも、芝居小屋らしい色彩というものがある。歌舞伎の引き幕に用いられている黒・柿・緑の三段の色もそれで、あれは江戸時代の市村座や森田座に使われていた定式幕から由来しているが、今では日本の歌舞伎の代表色になってしまい、幕の色にも、売店で売っているお土産物の包み紙にまで用いられ、お芝居の気分をだすのに、無くてはならぬ色となっている。

しかし、中村座の引き幕は市村座とちがって、紺・柿・白の三段だったということだが、そんな三色の組み合わせも美しい色調だったろう。かえって、この白を加えた三色が、今見てもモダーンかもしれない。そのほか、京阪では江戸のように布目を縦に縫い合わせず、横にしたということも伝えられている。

それから、桟敷《さじき》にかけられた赤い毛氈も、日本の芝居小屋では、美しい色だった。今でこそ、枡《ます》や桟敷のある小屋はなくなったが、「うづら桟敷」の手摺《てすり》などにかけられた赤い毛氈の色なんか、芝居気分のあふれた色だったろう。

そんなことを考えると、ヨーロッパの劇場のように、赤味がかった渋い色調は、いかにも石造や煉瓦造の劇場建築にふさわしく、どっしりとした色彩である。それに、金ピカの室内装飾や、豪華なシャンデリヤには、この渋い赤紫はうつりがいい。

しかし、この重厚な色彩は、暑い夏の季節では、どうであろうか。そんなことまで気にするのは、私が建築家であるためかもしれぬが、建築の色彩には冬ばかりでなく、夏のことまで考える必要がある。ことに日本は、冬はひどく寒く、夏は反対に、ばかに暑い。だから、冬にいい色は夏になると暑苦しく、夏にいい色は、冬になるとさむざむとする。そのために、建築の色には、俳句のような「季感」が必要で、そのため私はいつも色彩に苦心をしている。

そんな癖で、このヨーロッパにきても、劇場によく用いられている「ぼたん色」を見ると、それが寒い冬では、いかにも、どっしりとして暖かく感ぜられるが、これが暑い夏になったら、どうであろうかと気になった。

だが、ヨーロッパの劇場では、日本のように、汗だくのお盆興行なんかない。夏場は休演だった。だから、ここでは劇場建築の色彩に、夏のことまで心配する必要はないのだと気がつくと、第二幕目の幕があがった。

＊

舞台は、上手《かみて》に古い礼拝堂の外観が見え、その板ぶき屋根をあらわした書割が、プロセニアム・アーチの頂上までとどいている。だから、遠くに見える青空も、舞台の片すみに少し覗いているに過ぎない。

これにくらべると、舞台の奥に「ホリゾント」を設備していた「築地小劇場」の舞台面は、もっとすばらしかったように思う。舞台こそ狭かったが、築地はいつも、その照明設備を有効に使っていた。

その築地の二幕目では、いかにも、ロシヤの広い平野の感じが出ていたのを覚えている。粗末な礼拝堂。木小屋。古びた垣とベンチ。それらの装置は、いかにもお粗末だったが、しかしバックの空にはホリゾントを使っていたので、広々としていた。遥かに見える地平線の遠景。澄んだ空の色。ホリゾントの効果はすばらしかった。それにくらべると、ここのドイッチェス・テアターはその設備がないためか、第二幕目はなんだか鼻がつかえるような舞台装置となり、いき苦しく見えた。

しかし、先日、私はベルリンのテアター・デス・フォルケスへ行ったが、そこには立派なホリゾントがあった。この劇場は以前にはグローセス・シャウシュピールハウスといわれたもので、大戦後の一九一九年に、有名な表現主義の建築家ハンス・ペルツィッヒによって設計され、私は、日本でその写真を建築雑誌で見て、表現派的なスタイルに驚いた。舞台には大きなホリゾントが設備されていて、それは幅が三十メートル以上もある。まさに画期的なものであった。それもその筈、この劇場は有名な演出家ラインハルトの小屋だった。そのため、舞台の前方には、古代のギリシャ劇場のような「前舞台」が観客席の中に突出し、日本の劇場にある「花道」も観客席の中央を通っていた。先日、私はこの劇場を訪れて舞台裏の楽屋、舞台下の奈落《ならく》、それからホリゾントの設備まで見せてもらってきた。日本にもこんな舞台設備の完備した劇場がほしいと、つくづく思った。

しかし、日本における劇場建築の発達史は世界に誇っていい。「花道」は寛文八年に河原崎座ではじめて作られたといわれる。「廻り舞台」は宝暦八年に、はじめて考え出された。もっともフランスには古くからあったとも伝えられているが、これを日本のように開幕中に用いたのは、欧州では大戦以後のことで、ラインハルトがそれを「ロミオとジュリエット」の舞台に試みて革新的な演出をやったということである。

このように日本の劇場設備は古くから発達していた。セリ上り、どんでん返し、そんなものまで、日本では、江戸時代にとっくに考えだされていた。

しかし、これは日本の劇場の古い歴史であって、昔のことである。今日の日本の劇場は、そんな舞台機構の考案よりも、如何にしたら観客を一人でも多く入れることができるか、そんな設計に専念している。東京や大阪の大劇場は「見るための劇場」、あるいは「見せるための劇場」よりも、「大入袋のため」の設計になっているような気がする。

そんな日本の演劇界の中で「築地小劇場」は、小山内薫氏や土方与志氏の主張するように、新しい「演劇の実験室」だった。いわゆる小劇場として、良心的な演出を心がけようとするものだった。震災後に創立されたこの小劇場は、舞台こそ狭かったが、しっかりとしたホリゾントをそなえ、本舞台のほかに前舞台や脇舞台のことまで考えられていて、新しい舞台形成として日本最初のものだった。

俳優もいわゆる築地型だった。友田恭助、汐見洋、丸山定夫、東屋三郎、東山千栄子、山本安英、岸輝子、そんな人々がいた。そのうち友田は上海戦線で戦死した。「三ちゃん」といわれた東屋も、もうこの世から去って、その後、築地の影も薄くなり、その他の人々も変った。劇場の組織も時代とともに移り変った。

しかし、あの頃が、なんとなくなつかしい。私はその頃、学生服を着ていた。寒い冬の頃などは、がらあきの観客席で、がたがたふるえながら舞台を見いっていた。本郷の下宿に帰って、その晩見てきた舞台装置を思いだしながら、スケッチ・ブックに書き、それに色まで塗ったりした。その頃、私は舞台装置に頭をつっこんでいて、歌舞伎のスケッチも、だいぶたくさんたまっていた。

そんなことを思いだすと、あの築地の人たちが演じた、築地特有の「しぐさ」や「せりふ」が、ベルリンにいる私の目と耳によみがえってきた。それが、今、私の眺めているドイツ人の演技の上に乗り移っているように見えた。

そんな築地のお蔭で、まだドイツ語の「せりふ」に聞き馴れない私の耳は、筋の運びを理解することもできた。

＊

だが、このドイッチェス・テアターの舞台には、「クッペル・ホリツォント」の照明設備がないらしかった。そのために、この第二幕の舞台装置は、空の少ない背景になっているのだろう。そのため、書割の不自然な空を、出来るだけ見せまいとするために、礼拝堂の外観を大きくして、額縁一ぱいに屋根を高くしたのだろう。そんな舞台装置家の苦心を察しながら、私は舞台を眺めていた。

舞台からエピホードフのひくギターの音が聞えてきた。その音楽が淋しく沈んだ調子で、舞台を情緒的なものにしていた。

このギターの音については、かつて小山内さんが、それを歌舞伎の「お囃し」や「浄瑠璃」のように、それは「せりふ」に対して伴奏的な役割をしているものだと説明されていた。

舞台には、女主人やその娘たちが登場してきて、筋は運んでいった。舞台照明も、晴れた日から、次第に夕方となり、そのために夕日の赤い光線が低く斜にさしこんできた。ギターの音が、その夕方の気分を深めるように、低く低く鳴っている。その薄暗い舞台に、「アーリャー・アーリャー」と娘の名を呼ぶ女主人の声が遠くから聞えてきて、幕は静かにおりた。

しかし、この幕切れの場合でも、私の感じでは「築地」の方が、もっと、なにか余韻の深いものだったように記憶している。ホリゾントの曲面に照明された夕方の空は美しく、あかね色に染った空は次第に、薄紫を加え、それが紫紺色に深まっていった。その色の調子やその色の移り変り方。そんな舞台照明を思いだしても、小山内さんの演出には、余情に富んだ雰囲気がその幕切れにあったような気がする。

もっとも、今あの当時の演出を、あのままでもう一度見なおしたら、私の感銘も違ってくるかもしれないが、当時の感銘は私に甚だ印象深いものだった。

こんなことは、やはり回想の美化によるのだろう。昔の九代目団十郎を見た人の話しに、誇張が含まれてくるように、私の記憶に残る小山内さんの舞台の思い出にも、そんな美化が伴うのかもしれない。私の記憶に残る松助や、梅幸、鴈治郎、それから勘弥、仁左衛門、中車など、皆、この世を去っているが、そんな故人の「おもかげ」が、昔なつかしい追憶によって、それが一層美しいものとして、私の目の奥によみがえってくる。そんな追憶の美化は過ぎし時代の思い出として、いたしかたのないことであろう。

それに、私自身が「桜の園」の女主人のように、自分の過去を思いだしながら、追憶を楽しむ年配になっているためかもしれない。

＊

この第二幕目が終ったあと、私は幕間に、二階のロビーに行ってみた。楕円形のホールには、夜会服やナチスの党員服を着こんだ人々が集まっている。

しかし、その人々が、皆、列を作って歩行運動をしているのには驚いた。歩調はおだやかだったが、大勢の人々は、四列縦隊のような隊伍を組んで足並を揃えながら歩いている。その様子は、いかにも歩行運動といえるように規則正しいものだった。劇場のホールで、こんな整然とした隊伍をととのえ、時計の針の逆方向に行進する規則正しい回転運動は、いかにもドイツ人らしい光景だと、私は感心し驚いた。

人々はこんな行進をやりながら、お正月の「あいさつ」を交したり、チェーホフを論じたり、世間話しに花を咲かせたりしているのである。

これが日本だったら、こんな光景は、とうていおこり得ないだろう。日本の幕間では、人々は廊下の壁にもたれたり、タバコをふかすか、立ち話をしているくらいで、歩いても、ただぶらぶらと、そこいらを漫歩するのが関の山である。

それがこのドイツでは、まるで体操かなんかのように、観客が隊伍をくんで、行進のような歩行運動をしている。これは公衆生活に馴れた、こちらの人たちの習慣的なものであろう。道を散歩していても、二人連れになれば必ず歩調をあわすのがドイツでは当り前のことになっている。

だから、観劇の幕間でも、それが大勢の群衆となると、自然に四列縦隊となり、ホールの形にならって、その行進が規則正しい回転運動となることは、当然なことであって、ドイツ人には驚く程のことではないのであろう。しかし、私にはそんな劇場風景が甚だもの珍しいものに見えた。

＊

三番目は、賑やかな舞踏の音楽につれて、幕があがった。

舞台の奥には、アーチ型の出入口が並んでいて、その向うに、互に腕を組みあわして踊っている人々の姿が見える。下手《しもて》の壁には、撞球室に通ずる通路が見え、そこから明るい光線が、斜に舞台の薄暗い「客間」の中にさしこんできている。玉突きの音が、そこから聞えてきて、舞台には、奥にも横にも隣室のあることを、うまく暗示的に表現している。

壁面の装飾も、「せりふ」にあるとおりに、「百科事典に出ている由緒ある旧領地」の客間にふさわしく、立派で渋い落ちつきを示す。部屋の中央には天井から豪華なシャンデリヤがさがり、そのために舞台面は一層、印象的になる。それによって、舞台の奥行きが一層深く見え、この第三幕目の舞台装置は、私の気にいった。

なお、注意して舞台を眺めると、書割の上部には、部屋の天井が作ってある。これは私にとっては、甚だ珍しいことだった。

日本の舞台装置では、一般に「天井」というものがない。そのかわり、天井に当る部分

桜の園　第三幕目

には「一文字」という幕が平行に垂れさがっているだけで、それによって、舞台の上部にある「簀の子《すのこ》」が見えるのを防いでいる。日本では舞台に天井を作ってしまうと、簀の子から照明を投射したり、そのほか、天井からいろいろな物を釣りさげる操作が不便になる。

しかし、ここでは、天井が書割で立派にこしらえてある。私は、その天井を見あげながら、こうすれば、あるいは、舞台から語りだされる「せりふ」も、音響効果がいいだろうと考えた。また冬の寒い日に、日本の劇場では、舞台から寒い風が平土間に吹きおろしてくるが、あの不快さも、これによって避けることができるかもしれないと、そんなことまで考えた。

この幕では、俳優の服装が美しい。ことにラーネフスカヤ夫人に扮した女優の姿が目立った。白い夜会服を着て、手に羽子扇《はね》を持ち、顔の表情にも一種の憂愁さが現われていて、舞台をひきしめている。

いよいよ舞台の上は進行してきて、この美しい女地主が大学生のトロフィーモフに向って、自分の不仕合せな運命を、悲しくはかなむ場面になってきた。この女主人公は裕福な地主の娘だったが、結婚後、早くも夫の愛を失ってしまい、その不幸は、さらに、わが子の溺死によって深められる。そのためパリで華やかに生活していたが、その異郷でも愛する人は病んでしまった。そのはて、また、はるばるロシャの故郷に帰ってきたのだが、自分のなつかしい「桜の園」も、競売によって人手に渡ることになった。

そんな不運の身の上を、この女主人公が大学生にもの悲しく物語るのだが、若々しい気慨に燃えた青年は、かえって、この弱々しい夫人の態度を強くなじる。しかし、夫人は涙にぬれながら、わが身の悲しさを訴え、この若者に向って、人生に対してもっと理解がほしいと語りながら、悲しみを訴える。

この時、この夫人の目は、照明の光を受けてキラキラと輝きだした。注意して眺めると、その目に涙が流れている。

私は、この女優の美しい瞳から流れでてくる涙を認めて、その演技に心をひかれた。それは役者らしく涙腺の人工的刺戟によるのかもしれないが、時代の波に悲しくも没落してゆかねばならない女主人公の運命に、その役に扮する女優自身が自分の心を動かし、そのために熱涙を流しているように見える。文字通りの熱演といわねばならぬ。

涙にぬれた女優の、熱のこもった演技を見ていると、日本の歌舞伎で、あの「さわり」の時のように、私の目は舞台にひき入れられた。

＊

ベルリンの郊外にヴェルダーという小さい町がある。ポツダム市に行く途中を、ワンゼーの湖から脇道に入って、少しく自動車を走らすと、ひなびた町に至る。先日、私はそこへいってみた。

桜の名所として、春には行楽の人々で賑わうということであったが、冬の寒い日には、訪れる人もなく、ひっそりとしていた。

小高い岡には、なるほど桜の木が枝をまじえて、小公園のようになっている。私は散歩するのも肌寒いので、そこにあった喫茶店に入った。奥にはストーブがたいてあったので、それにあたりながら、ガラス窓の外を眺めていると、桜の枝をすかして、曇った冬の空に、一台のグライダーが飛んでいるのが見えた。

ベルリン人も春には「お花見」をする由である。ながい冬のあとで、春の訪れは、ドイツのような北方の国では、一層人の心を浮き浮きとさせるのだろう。桜の木の下で、人々は花とともに浮かれることだろう、しかし、飛鳥山や嵐山のような、あんな賑わいはあるまい。われわれ日本人には桜は一種特別なものとなっている。花といえば桜だ。「大和心」

といえば、誰でも「朝日に匂う山桜」と答える。

本居宣長のこの歌は、武士道の大和魂をうたったものだといわれている。なるほど、そうかもしれぬ。しかし、私にはドイツに来て、その歌を口ずさむ時には、その歌の文句から感じられるものは、うるわしい花の色である。美しい朝日の光を受けた山桜。その色。その匂い。晴れた空。そんな美しい日本の風景美が、私のまのあたりに見えてくる。

だが、このヴェルダーの岡に咲く桜の花は、そんな桜色の花ではなく、桜ンボの花であって、花びらの白いものだろう。

しかし、私ら日本人の考えている桜の花は、いわゆる桜色の花だ。あの薄紅の色を加えたその色は、桜色といわねばいいあらわしようのない色である。だから白い花の桜には、なにか異国的なものを感ずる。私の生れた北国の生家にも、桜ンボの木があった。幼い頃、その木の下で遊んだことを思いだすが、それを桜でなく、桜ンボの木と呼んでいた。

チェーホーフの「桜の園」に咲く花も、やはり白い桜だろう。

チェーホーフの精神はこの白い桜の花のように、一種の智的なものを持っている。それはほんのりと、桜色をした花とちがって、白い花の如き、インテリ的な鋭さを持っているのを感ずる。この医者から身を起したロシヤの劇作家は、そんな角度から、人世に「悲しみ」と「笑い」をよせているような気がする。私は「三人姉妹」「伯父ワーニャ」などの舞台を思いうかべながら、ロシヤの澄んだ空気の中にさらさらと散る白い桜の花びらを連想した。

＊

第四幕目は、第一幕目の「子供部屋」となる。「桜の園」も農奴の子である商人のロパーヒンに買いとられてしまった。そのために女地主も、いよいよ今日は、この家から立ちのいていかねばならない。

今まで部屋の中に置いてあった由緒ある戸棚も運び去られ、壁にかかっていた絵もない。それが部屋の壁に黒ずんだ跡を残している。いかにももの淋しい室内の様子を、舞台装置が表現している。

この巧みな舞台装置は、「築地」の四幕目でもやはりこのとおりだった。これはモスコーの「芸術座」で演出された時と同じものだと聞いている。それ以来、どこの劇場でも、このような舞台装置が受け継がれているのであろう。

この舞台面にもチェーホーフらしい気分が溢れている。ことに幕切れに近づくと一層、そんな気がした。いよいよ出発となって、女地主は外套を着こみ、兄のガーエフとともに、この思い出深い「子供部屋」に、最後の別れを惜しみつつ立ち去っていく。

誰もいない舞台では、扉に鍵をかける音がする。次に、馬車の動きだす音が舞台裏から聞えてきた。馬の鈴の音や、蹄の音が響く。それも次第に小さくなっていく。

窓の外から、桜の木を切り倒す斧の音が聞えだす。

すると、薄暗い舞台に、ひとりの男が、腰を曲げながら、とぼとぼと現われてきた。召使いのフィルスである。病める体を引きずるように歩いている。皆から取り残されたこの老人は、なにか小声でぶつぶつつぶやいていたが、苦しそうにもだえながら、身を長椅子の上に横たえ、そのまま身動きもしない。

しーんと静まりかえった舞台では、その時、まるで天から何か落ちてきたような、もの悲しい音が、まるで楽器の弦が切れたように、舞台の奥から響いてくる。

窓の鎧戸が、外から、ぱたりぱたりと閉められていく。舞台も、そのために次第に暗くなり、同時に、窓の外には、桜の木を切る斧の音が響いて、幕は静かにおりた。

女優の名は、アンナ・ダンムマン（Anna Dammann）
舞台装置家は、カスパー・ネーバー（Casper Neber）
演出者はハインツ・ヒルパート（Heinz Hilpert）

花火の日

Reichs-Kanzlei,
Eingang zu den Innenräumen

逆卍字の紋章

アパートの入口には呼鈴のボタンが、たくさんに並んでいる。それに一つ一つ名札がつけてある。

色も古びて薄ぎたなくなっている名札は、ずっと古くからここに住んでいる家族だろう。新しくて白いのは、最近に、引き越した家族らしい。その中で、半ば黄色くなったB氏の名前を見つけて、ボタンを押した。

しばらく待っていると、入口のベルがジーと鳴りだした。そのベルが鳴り続けている間に、扉のハンドルを廻すと、静かにドアーが開いた。

玄関を入ると、室内の空気はなま暖かい。

それと同時に、一種のいいようのない匂いが、ぷーんと鼻を刺戟する。かすかな匂いだが、特別なものだったので、私の鼻にそれが感じられた。

何の匂いかわからなかったが、この家の建物にしみこんでいる古い匂いにちがいない。

この建物に永らく住んでいる人々の、いろいろな生活から発散した匂いが、壁や天井や床に、しみこんでいるのだろう。今ここに住んでいる人たちのまだ若かった頃や、あるいはもう亡くなってしまった人たちの生活などがまざり合って、煉瓦の壁の中に、「しみ」のように、にじみ込んでいるのかもしれない。

それがアパートの体臭のように、この建物にこびりついているのだろう。その匂いの中には、この建物の中におこった華やかな思い出も、悲しい思い出も、いっしょになって隠されていることだろう。それが異国人である私の嗅覚に特に鋭敏に感じられた。

こんな特有な匂いというものは、家ばかりでなく、街にも、国にもあるのでなかろうか。港にだってあった。ドイツへ来る途中にも、船が寄港する港々には、それぞれの匂いがあって、そこの風景がかわっているように港々の匂いにも、それぞれ個性の如きものが潜んでいるように思えた。

私の郷里は北陸だった。そこで青年になるまで育った私は、幼い時に一度、東京見物に上京したきりだった。それで上の学校に入るようになって初めて、私の東京生活が始まったのだが、その学校の受験のために上京した時に、私は上野駅で、東京の匂いというものを、第一印象として感じた。

雪国から、汽車の屋根に真白な雪を乗せたまま上野駅に到着した私は、まず上京の第一印象として、冬でも、まぶしく晴れた太陽の光と、あたりにただよう特有な匂いを珍しく感じた。何の匂いかわからなかったが、それは都会の匂いだった。まるで押し合うように建てこんだ家家の軒の下から発散する臭気や、街路を目まぐるしく走っていく自動車などから出る匂いが、雪深い北陸から上京してきた私の嗅覚を、まず刺戟したのであろう。

その後、休暇にはいつも帰省したが、いつも上京の第一歩には、この東京の匂いを感じたのを覚えている。しかし、次第にその印象が薄らいでいったのは、私の嗅覚が馴れたせいか、あるいは田舎も次第に都会化していったせいかもしれない。

そんな妙な記憶を、このベルリンでふいに思い出しながら、私はアパートの階段をこつこつと昇っていった。B氏の扉は三階目の左側にあった。

そこでまた呼鈴を押すと、奥でベルの鳴る音がした。やがて靴の音が近づいてきたと思うと扉が開いた。「かっぷく」のがっしりとした主人が現われて「ハイル・ヒトラー」と声をかけて、私に挨拶した。

*

その人がB氏自身である。その相手は鋭い視線を私に向けて、握手の手をさしだした。そのにらむような鋭い視線は、挨拶をする時の礼儀であって、ドイツでは男らしい態度となっていた。私も相手の顔を見つめて、手をさしだした。

ところが、相手の手は左手だった。あわてて、私も左手をさしだしたが、その握り方が、また痛いほど強い握り方だった。

見ると、B氏の右腕は洋服の袖だけで、肩からだらりと垂れさがっている。前の欧州大戦に従軍した人だとは聞いていたが、片手をなくした勇士だとは思っていなかった。B氏は私の背後にまわって、片腕で、私の外套をとってくれたり、それを壁の釘にかけるなど、なかなか親切だった。

奥の一室は、そう広くもなかったが、さっぱりとしていて、正面の壁にはヒトラーの肖像がかかっている。その肖像は鳶色の制服を着て、左うでの赤い腕章には「ハーケン・クロイツ」の紋章がついていた。B氏の背広の襟につけたバッヂにも、この逆卍字型の紋章がついている。それはナチスの党員章である。

私はヒトラーの肖像の前に腰かけ、B氏と会話の練習をしながら、いろいろとドイツの話を聞いた。自動車道路の話、建設部隊の話、住居問題の話、そんなものが興味深かった。そのうち、B氏は「ハーケン・クロイツの意味をご存じですか」と私にたずねた。その問いに対して、「ナチスの紋章でしょう」と答えた。すると、相手は小首を軽く振って、いかにも私の答が意に満たないような表情をした。

「ナチスなどという呼び方は外国新聞の使う言葉です。失礼ですが、ニッポン人をヤップと呼ぶようなものです。N《エヌ》・S《エス》・D《デー》・A《ア》・P《ペー》と、言っていただきたい。国家社会主義ドイツ労働者党の略語です。それが私らの党の正しい名前です。ハーケン・クロイツこそこのN・S・D・A・Pの旗印です」と、B氏は真顔になって、私に注意を与えた。

それから、B氏はこの逆卍字の由来を話してくれた。それによると、この記号の起原は古く、有史以前の北ヨーロッパの民族では、それを「太陽」のシンボルとして用いていた。既に石器時代の石棺にも、この紋章を彫りこんだものがある。それが各地に伝えられ、かなり古い昔に、既にヨーロッパの西方や、東方はエーゲ海、小アジヤのあたりまでも広く伝播している。青銅器時代になると一層普及して、工芸品や服飾品にこの紋章を使ったものが多い。その場合でも、やはり古い由来に基いて、それを「回転する日輪」のしるしとして、幸福な紋章、または神聖な紋章としてそれを尊敬していた事実が、確となっている。

インドゲルマン民族は太陽神を崇拝していたために、この紋章は一層、神聖な意味を持つこととなって、方々の土地に、この紋章が進出していった。

例えば東洋においてはインド、西方においては遙か南アメリカ。あの古代の大帝国であったインカ帝国にも伝わり、今もその遺跡に、この紋章を用いたものが発見されている。北アメリカでは、インディアンの民芸品にも、それを見出すことができる。同じように、中国では、今でもそれが残っている。仏教では、卍字を神聖な宗教的記号として、日本でも用いている。


このように説明するB氏の口調は、次第にたかまってきて、演説口調になってきた。あたかも、その紋章の古い世界的分布が、新しいドイツの世界的発展を意味するもののごとく、そんな語気さえ含んできた。

氏は党員である。ハーケン・クロイツの旗印のもとに、入団を誓約した突撃隊隊員である。だから、その党の旗印を説明することは、とりもなおさず党員としての自己の信念を語ることであろう。

B氏の表情は、壁にかかっているヒトラーの肖像のように真剣な顔つきとなってきた。

＊

私は、その説明を聞きながら、ふと、奈良の郊外、都跡村《みあとむら》のほとりにある薬師寺の本尊を思いだした。

その仏像は天平時代の前期である白鳳時代の作といわれている。み仏の肌は、まるで水を流したように、つやつやと美しい。まったく銅像とは思われないような柔かい。その美しいみ胸の真中に、小さく卍字が一つ刻んである。

それを思いだしたので、私は相手に、日本のこの美しい卍字の実例を話そうとしたが、相手のドイツ語は、私の言葉を押えるように、なお続いていた。

ハーケン・クロイツの紋章はローマ時代にも中世にも、神聖な文様として使用されていた。キリスト教の教会に用いられ、儀式の装飾にも応用された例も少くない。しかし、最も重大なのは一九一九年、この年に、それが党の紋章に定められた事である。その時、ヒトラーは第七番目の番号のついた党員章を彼の胸につけた。

私はこんなB氏の話に耳を傾けていたが、その説明によって、ハーケン・クロイツが、古い昔、それが日輪のシンボルであったことを知った。

そんなB氏の説明を聞きながら、私の頭の中には、ひらひらと「日の丸」の旗がひらめいてくるのを感じた。

白地に赤く「日の丸」を染めた日本の旗は、旭日をシンボルとしている。

B氏はハーケン・クロイツの説明が終ると、私の持っていた独和辞典を調べてみて、その中にヒトラー・ユーゲントという新しい文字もなく、また日常の新しい挨拶言葉となっているハイル・ヒトラーという言葉も出ていないのを発見して、この日本の辞書はもう古いと、真顔になって言った。

やがて私はB氏の宅を辞したが、戸口を出るとき、私はまた、うっかり右手を相手にさしだした。あわてて左手を出し直してB氏と握手したが、B氏は「ハイル・ヒトラー」と言いながら、笑顔だった。

＊

午後になると、寒い「みぞれ」がふりだした。しかし、約束がしてあったので、それにかまわず出かけた。

訪ねていった「盲人学校」は古い煉瓦造の建物で、玄関の扉も古風だった。応接間に通されたが、いかにも盲人の学校らしく色彩の少ない部屋だった。

中年の校長さんが出てこられたが、その人の胸にも、赤い党員章のバッヂがさしてある。あらましの説明を聞いたあと、校内の参観をお願いした。まず標本室に案内されたが、中に入ってみると、戸棚の中にいろんな模型が並んでいる。建築物の模型、道路の模型、自動車や電車の模型がある。工場の建物もあれば、植物の標本もある。しかし、どれもその表面が、つるつる光っている。それは、この盲人学校の生徒たちが、指で触ってみるためで、普通の学校だったら、標本は目で教えるためのものであったが、ここでは指で教えるものになっていた。

動物の模型や剥製もあった。校長さんが、そのライオンの模型の首についている紐をひくと、急にその模型が声をたててうなりだしたのには、驚いた。それは、動物園に生徒たちが遠足に行ったとき、こんなうなり声が聞えると、その見えぬ目に、檻の中には、あの学校の標本室で触った模型のように、ふさふさとしたたてがみを持ち、目玉はガラス球のように丸く、牙が鋭くはえたライオンという獣がいるのだと、盲目の子らは想像するのだと聞いて、私はとんきょうなライオンの模型のうなり声にも笑えなかった。

歯車の模型、工作機械、モーター、その他いろいろな機械の部分品、そんなものが豊富に並んでいるのは、いかにもドイツらしかった。しかし、それとともに、大砲や戦車、防空壕の模型、それから鉄条網の張り方などを示した模型がそろっているのを眺め、こんな所にまで、歴史の大きな波が気味悪く押しよせて来ているのを感じた。

＊

次の教室に入ると、男の子のクラスで、ちょうど読み方の時間だった。
先生の指図によって一人の生徒が立ちあがったかと思うと、カツカツと靴音をたてながら、教室の隅にある戸棚の前に歩いて行った。自分のポケットから鍵を出して、その扉をあける。中からタイプライターを持ちだして、自分の席にもどってきた。その動作は、まるで目の見える子のように敏捷なのに驚く。先生の口述が始まると、その子はパタパタとタイプライターをたくみに打ちだした。

工作室に行くと、女の子の時間で、編みものが始まっていた。私が入っていくと、どの顔も一せいにこちらに向いたが、どの眼も閉じられていたのは、女の子だけに、一層いたましかった。

　その目の見えない子らが、手の指を動かしながら、手袋や靴下を上手にあんでいた。自分の手にはめられるほどのかわいい手袋をあんでいる子が多かったが、中には黒い大きな手袋をあんでいる生徒があった。工場に通っている父親のためのものかもしれない。機械あみの靴下を、せっせと作っている女生徒もいた。

　一人の女の子が、赤ん坊の小さい手袋をあんでいた。小さい妹の誕生日にでもおくる贈り物だろうか。その日のくるのをこの不運な小さい姉は、指折り数えて待っているのかもしれない。その幼い手が、盲目の子とは考えられないほど器用に、編針を動かしているのを見ると、私の胸に、切ないものがわきあがってきた。

　近づいて行くと、足音で感づいたのだろう。その女の子は見えぬ視線で私を見あげた。かぶりをふりながら、ひたいにかかった金髪を払いのけると、私に向ってほほえんだ。

　図書室に入ると、書棚にはぎっしり本が並んでいる。

「失明の世界」などという雑誌の合本がある。点字本である。ゲーテの「ウィルヘルム・マイスター」もあった。ヘレン・ケラー女史の著書や伝記もある。あの生れると間もなく、光と音の二つの世界を奪われ、それにもかかわらず大学の教育まで受けるに至った女史の苦難にみちた人生行路こそ、この図書室の中で、幼い読者の心をほんとうに強く感銘させることだろうと私は思った。

*

参観を終えて、下宿に帰ってくると、齢をとった女主人は目を輝かせながら、私に告げた。今、臨時ニュースがあって、今晩ヒトラーがチェコから凱旋してくることになったと。チェコに暴動がおこったという特別記事が、新聞に報ぜられたのは、たしか、数日前だった。そんな記事がのっていても、私はまたかと、べつに気にもとめずにいたが、その翌日、朝のラジオはドイツ軍がチェコに進軍したことを報じた。

その次の日は雪だった。朝の新聞にはチェコの問題が大きくのっている。遂にチェコはドイツの保護国になり、スラバキアは独立国になったという発表である。それに関するいろいろの条文がのせられ、ドイツの勇ましい進出について論説がいくつも掲載されていた。これは大きなニュースだった。チェコ問題については、一波乱起らねばならないと誰しも考えていたのに、そんな危険な情勢が、こんなにすぐ早く解決されたのに驚く。逆卍字の赤い旗は、今やチェコにも打ち立てられるに至ったのである。

その日の午後は雪もはれて、太陽の光が珍しく輝きだしてきた。雪ばれの明るい気持を感じて、私は外に出た。街は静かだった。なにごともなかったように、いつもの通りである。ただ、久しぶりに太陽が雲間から顔をだしたので、どこも晴々としていた。

私は「国立図書館」に行ってみた。閲覧室は大きな円形の大広間で、それにテーブルが同心円に並べられている。天井のガラス窓から採光されるトップライトも、静かな雰囲気だった。カタログ室の棚や、カードの整理方法、それから図書の出し入れ方、書庫の内部の設備などを見せてもらったりした。この図書館の創立は十七世紀という早い頃だったが、今の建物は二十世紀の初期に建てられ、様式もバロック・スタイルのものであった。そのために図書館の設備は今として見れば、さして完備したものとはいわれないが、書庫にぎっしりと、それも秩序よく整頓されている二百三十万冊の蔵書に、押しも押されぬドイツ文化の広さと、その重さが感じられた。古代の印刷本だけでも六千冊あり、手記本が五万五千冊もあるということだった。音楽部門では三万以上の図書があって、有名な作曲家の楽譜や手紙もあるという説明を聞いて、さすが音楽の国だと感心させられた。

その晩、私はフィルハーモニーに行ってヨーヒュームの指揮によるベートーベンの「第五」をきいた。思えば、わが弟の命日の前夜である。そのため、この「運命交響曲」は感銘が深かった。

その翌日は、からりと晴れた美しい空になった。弟をなくした日も、こんな美しいお天気の日だった。その日のことを思いだして、私はこの異境の地で、ひとり、しんみりとした気持になっていた。花でも買ってきて、自分の下宿の部屋にいけてみようかとも思ったが、そんなことをするのも、なにか心淋しかった。

それで午前中は、部屋に引きこもって、家へ手紙を書いたりしていた。

それが一昨日のことである。チェコに動乱が起ったのはその三日前だった。だから、五日前にチェコに反乱が生じた。すぐさまドイツ軍の進駐となり、そのあとを追ってヒトラー自身が乗りこみ、もうチェコはドイツに併合されてしまった。そして今晩、ヒトラーは凱旋将軍として、祖国ドイツの首府ベルリンに帰ってこようとしているのである。歴史の歯車は、あわただしく急廻転している。

以上が、わずか五日間の出来事である。今まで風雲をはらんでいたチェコ問題も、こんな短時日の間にあっさりと解決されてしまった。まさにハーケン・クロイツの勢は、宣伝のごとく電撃的な早わざといわねばならぬ。

＊

下宿の女主人は、私に今晩ヒトラーが凱旋する光景をぜひ見に行けとすすめる。さぞ、人出も多いことだろうと思うと、気乗りもしなかった。しかし、今晩の光景こそ歴史的な光景だと聞かされると、これは見ておく必要もあるという気になって、出かけることにした。

夜の空気は寒いことだろうと、部屋に入って、上衣の下にセーターを着こんだ。オーバーのボタンがとれていることに気がついたので、女中につけてもらおうかと思ったが、日本から針と糸を持って来ていることを思い出し、自分でつけてみることにした。

トランクの中をさがしてみると、カラーの入った箱の中に、針さしがあった。赤と白のリボンで作った針さしに数本の針がさしてあり、白と黒の糸をまいた糸まきも出てきた。

東京のわが家のことを思い浮べながら、なれない手つきで、やってみたが、外套の服地が厚いためか、思いのほか、むずかしい仕事だった。やっとのことで一つのボタンをつけ終ると、やれやれという気持になった。

しかし、いよいよそのオーバーを着こんで、手をポケットにつっこんで見ると驚いた。

針をポケットの中まで突きさし、それを糸で縫いつけていたのには困った。やりかえるのも面倒だったので、そのまま出かけることにした。だが、ポケットの中に入れてあった手袋まで縫いつけなかったのは、まだ幸だったと、ひとり苦笑した。

外に出ると、街はハーケン・クロイツの旗で、真赤になっていた。家々の入口から、二階も、三階も、五階の窓からも、旗が出ている。高い軒から、平家の赤旗のように、長い旗が地面にとどく程、垂れさげている所もある。

人々の足どりも、早い。街の角では、夕刊売りが大声をはりあげている。

バスに乗ったが、まだ時刻が早いので、そのままシュプレーの川岸までいってみた。

川風は寒かった。カレンダーがもう三月になっているが、あたりは寒々とした「弥生」だった。

護岸工事のために、鉄の矢板をスチーム・ハンマーで打ちこんでいる音を聞きながら、川岸の道をぶらぶら歩いて行くと、人々が木戸のような扉をあけて、出入りしている所があった。私もその木戸をあけて、その中に入ってみた。

すると扉の向う側は、古びた横丁になっている。両側の家も、二階か三階の低い家並で、すすけた煉瓦の壁から、木骨のはみ出している家もある。それで、この狭い道が、いわゆるスラムであり、そんな区域によくある「通りぬけ道」であることが、わかった。ある家の戸口に立って内部をのぞくと、粗末な入口から、すぐ二階にのぼる階段が見えた。その手摺もひどく曲ってしまい、入口の石段も、靴ですりへって、石の面がくぼんでいる。

子供たちが、がやがや道で遊んでいる。軒の下でコマを廻して遊んでいる男の子。入口の石段に腰をかけて、童話の本を、声をだしながら読んでいる女の子。その本を横から、目をまるくさせながら、のぞきこんでいる小さな子。そんな幼い子供の世界は、周囲のくすぶった光景にもかかわらず、明るくて楽しそうであった。

ハーモニカを吹きならしている男の子もいた。すると、黒い肩掛をかけている老婆が、軒から落ちる雨だれを気にしながら、私の脇を通りすぎていった。

しかし、道は清潔に掃除されていて、どの家も、こざっぱりしていた。こんな街に特有の悪臭もない。それは街角に掲げてある「道路を不潔にするものは処罰す」という掲示のためかもしれなかったが、律気者のおかみさんたちが多いためだろう。

私も、東京で三河島あたりのこんな横丁へ行ってみたことがあったが、がたびしした家にもかかわらず、入口の戸や、その敷居までが、ぴかぴか光るほどに清潔に拭きこめられている家の多いのに驚いたことがあった。

＊

私は、ベルリンのこの古びた横丁を歩きながら、鷗外の「舞姫」を思いだした。あの物語は、こんな界隈を背景にしたものではなかろうかと思った。

あの物語の女主人公はエリスと言った。ヴィクトリヤ座に勤めている踊り子で、家は貧しかった。父の死にも葬式の費用がなく、そのために路頭に迷っていると、そのあわれな少女の姿を見て懐中時計を与えたのが、日本の一青年であった。

彼は某省の少壮官吏で、ドイツに留学のため派遣されていた。しかし、そんな少女とのいきさつが同郷人の噂となり、それが本省まで知れることになって、そのために官を免ぜられてしまう。生活の資を失った彼は、しかたなく少女の家に下宿し、新聞社の通信員となって苦しい暮しを続ける。

その時、たまたま日本からドイツにやってきた某大臣の通訳となり、ロシヤのペーテルスブルクまで同道することになった。そして、その才能を惜しまれ、再び日本に帰されることになる。

だが、自分をしたら少女の可哀そうな身の上を思い、雪のふる夜、街路のベンチに腰かけたまま、気が抜けたように眠ってしまった。そのために高熱を出し、数週間も気を失ったまま病床に横たわっていた。やがて恢復すると、ベッドのかたわらに、すすり泣いている変り果てた少女の姿を見て驚く。

かの女は彼の帰国を知ると、もだえ悲しみ、その悲しみのために、身重の体は遂に「生ける屍」となったのである。やがて生まれる小さい生命のために用意していた「むつき」を身につけて、狂女は泣き悲しむ。

そんな物語りが「舞姫」という題で、鷗外らしい独特な味わいのある文章でつづられていた。それはベルリンに鉄道馬車が通っている頃の話で、少女の住んでいる街は、物語の中には「クロステル巷」と記してある。

そういえば、川向うに、それと同じ名前の地下鉄の駅があった。鷗外が「舞姫」を「国民之友」誌上に発表したのは、明治二十三年頃だった。今から五十年ほども前である。そのドイツが今ナチスとなっている。ベルリン市も変った。ウンター・デン・リンデン街の有名なリンデンの木も、地下鉄工事のために切り倒されてしまった。そのために、由緒あるおもかげも薄らいだ。これからますますドイツは変っていくことだろう。しかし、この狭い横丁は古びていて、昔のままのように私には見えた。

小さい荒物屋の店があったので、狭い店内をのぞいてみた。こまごまとした品物の中に、売り物の石油ランプが並べてあるのも、この界隈らしかった。

＊

狭い曲った小路を通りぬけていくと、川岸に出た。橋を渡ると、いかにも古びた教会の前にでた。

街角の道しるべを見ると、ニコライ教会と書いてあるので、これがあの有名なベルリン最古といわれている教会かと思って眺めると、なるほど御影石でできた台石のあたりや、柱の煉瓦積みの工合が、いかにも古い形式だった。尖塔アーチの窓の様式から見ると十四世紀か十五世紀ごろの形式である。北方ドイツらしい素朴な手法が珍しく、そのためにゴシック的な情調が色濃く漂っているので、私はしばらくたたずんでいた。

入口の近くに、花屋の屋台店があったので、近よって見ると、車の上には、白い小さい花をつけた草花が、売り残りらしく、僅かに残っていた。夕方になったためか、そろそろ花売りの婆さんは店をしまいかけている。私がその花の名前を聞いてみると、アルペン・ヴァイルヘンだと答える。アルプス・スミレとでもいうのだろう。清楚な感じがして美しい。ほのかな匂いに春のきざしが感じられた。

私はその花の匂いに、暗い冬もやがて過ぎさり、晴々とした陽気になるのもま近いのを感ずると、私の心の内にも明るい春めいたものが、ほのぼのと浮んできた。

老婆は教会の扉の方を指さして、さっきこの教会で結婚式があったことを私に告げた。どうりで、花の稀な季節に、こんな場所に花売りの屋台が出ているわけがわかった。


それから道をぶらぶら歩き、私はウンター・デン・リンデンの街に出てきた。日はとっぷりと暮れて暗くなった。もう人々が大勢詰めかけている。どこかで食事をしたいと思ったが、どこもいっぱいだった。旧王宮の附近を歩いていると、とある料理店が見つかったので扉を押して私は奥に入った。

奥の部屋は暖房で暖かい。電燈の灯も明るく、こじんまりとした部屋の飾りつけも古風で、黒い礼装をした老給仕人のもの腰もいんぎんだった。

色刷りの献立表を見ると、「当店の創立は一七七六年。ビスマーク閣下、その他高貴の御方方の御愛顧を蒙る」と口上が印刷してある。壁には古い銅版画がかかり、堅木の飾り棚も創立当時のものらしい。

老給仕がすすめる料理を注文すると、まず熱い蟹のスープが出てきた。あのビスマーク閣下も特別席を陣取って、立派な口髭をもぐもぐさせていたことだろうと、そんな鉄血宰相の一場面を想像しながら、私は当店自慢の料理を味いながら、ナイフとフォークを動かした。

食事を終って、表に出ると、私の視野は、ドイツの古いプロシャ時代から、ヒトラーの主宰する新しい「第三帝国」に急変する。そこへ今、ヒトラーが凱旋将軍として現われようとしているのである。その光景を見物しようとして、ベルリン第一の大通りは、ぎっしりと人波でいっぱいだった。

ただ、中央の散歩道路だけが、整然と真一文字に、シュロス橋からブランデンブルク門に向って開け放され、ヒトラーの行進を待っている。

踏み台を用意して、それに昇っている人もある。商店の入口の鉄格子に、どうして登ったのだろう、そんな所に腰かけている婦人もあった。人混みの後方では、潜水艦の潜望鏡のような仕掛けになった覗き眼鏡を、人垣の上からさし出して覗いている人もいる。

街の両側に並んだ家々の窓には、各階の窓台にガラスのコップを沢山並べて、その中にローソクの灯をともしている。向い側が赤いコップで、こちら側が白いコップだった。その赤と白の素朴な光が、由緒ある街の様子を一層古風に見せている。そんな街の様子は、昔の祭の日に、お殿様の行列を待っているように見えた。

しかし、ソビエト大使館の建物だけが灯一つつけず、窓の鎧戸をかたく閉めおろしている。

＊

やがて、中央の通路を警備のオートバイが通り過ぎて行った。ラジオの拡声器が鳴りだして、アナウンサーが群集に呼びかけた。総統の列車がアンハルター停車場に、今到着したことを報じ、それに続いて、ゲッベルス宣伝大臣の挨拶の声が聞え、ドイツ国歌が高らかに鳴り響いた。人々は一せいに右手を挙げて敬礼した。

それから次々とスピーカーを通して、ヒトラーの進む順路が放送されてきた。その声に従って、人々の気持も次第に緊張してきた。

王宮のあたりの空が明るく光ったかと思うと、ぱーんと花火の美しい光が散った。シュロス橋のあたりに喚声があがる。いよいよ間近だ。かたずをのむと、リンデン街の裏通りと思うあたりから、さっと、明るい光芒が天に放射された。

無数の照空灯の光だ。

それが左右の両側から、街の真上で、きれいに十文字を結んだ。街は高い光の屋根で蔽われたようになった。

その光の廊下を、熱狂した群集の声に迎えられて、「総統」の自動車が目の前に現われてきた。

ハイル・ヒトラー、ハイラー、ハイラー。耳を聾せんばかりに熱した声の中を、あの軍帽と口髭が近づく。それが自動車の運転台に立ち、右手を誇らかに挙げながら、私の目の前を通りすぎて行った。

彼の行く手には、ブランデンブルク門が黒く聳えている。その石造の門は、十八世紀末の建築家ラングハンスの設計によったものだった。

ドリヤ式の柱を並べたその門は、シンケルの古典主義建築の魁となったもので、ベルリン市の代表建築として世界に有名だった。それが城門の如くに夜空に聳えている。

嘗てその門の下をフリードリッヒ大王が通った。フィヒテも、ビスマークも、それからカイザー・ウィルヘルムも、ヒンデンブルクもその門をくぐった。その屋根に飾られている勝利の像は、ナポレオン軍に奪い去られ、その後ふたたびドイツが取り返したものだった。

今、その門に向って、総統は凱旋将軍として進みつつある。彼の目は一たい何をにらんでいるのか。

神は、英雄ナポレオンにセントヘレナの最期を与えられた。ヒトラーに、神は、一たい何を与えようとしているのだろう。

夜空には、照空灯の光が「十字」を結んでいる。

その大空から、神々はこの地球を見おろしていることだろう。その地球では、人間がひしめきあっている。西洋でも東洋でも軍需工場は深夜作業だ。新聞社の輪転機はおそろしいスピードで回転している。ラジオはあわただしく鳴り響いている。

ギリシャの昔、トロイヤの戦に、神々はオリュンポスの山上で会議された。その時のように、今、大空で神々が集り相談されていることだろう。

ブランデンブルク門のあたりで、美しい花火が散った。

続いて数発。また数発。連発して止まぬ。人々の、ど胆をぬくほど、ものすごい閃光が空を焼く。炸裂する爆音が、とどろきわたってやまぬ。

総統の自動車が官邸に到着したのだろう。フォース街あたりの空にも花火があがった。遠雷のように歓呼の声が聞えてくる。

その官邸の建築は、「第三帝国の建築様式」といわれるスタイルだった。先日、私は設計者のピーナウ氏の案内によって、その新築の建物を参観してきた。大規模な建築で、外壁に石がはられ、堂々としている。内部に入ると、広いロビーがあり、シャンデリヤが輝く。大理石の壁面には鷲とハーケン・クロイツの紋章が刻まれていて、第三帝国の威厳を誇示していた。

奥に、豪華なヒトラーの書斎があり、そのテーブルの上に、彼の著書「わが闘争」が一冊のせてあった。

あとがき㈠

昭和十三年（一九三八）私は恩師伊東忠太先生のお指図によって、ヨーロッパに旅立つこととなった。先生はその前年、交換教授としてドイツにおもむかれたのであったが、帰朝されると、すぐ私にドイツへ行くことを提案された。それはベルリンの日本大使館が、新しい都市計画のために改築されることになったので、この機会に向うに行ってはどうかというお話である。もとより私は先生の御厚意に従った。

十月二十日私は靖国丸にのって神戸を出港した。インド洋から地中海を経て、マルセイユに上陸した。途中パリに立ちより、ベルリンに到着したのは十一月の十日だった。それから私のベルリン生活が始まった。

アーホルン街にある日本大使館の事務所に通いながら、私はベルリンの建築を見て廻った。ちょうど真冬の季節で、暗い天気の日が毎日続いていたが、仕事のない時には、いつも博物館や歴史的な建築を訪ねに、方々へ出かけていった。春になると工事はいよいよ本腰になったが、ドイツ国内の緊迫した情勢のために、資材や労力の関係が予定どおりはかどらず、工程も遅れがちとなった。

そのお蔭で、私の建築巡礼はベルリン以外の諸都市やドイツ以外の国々にまでひろがることができた。しかしヨーロッパの南に行っても、北に行っても、欧州のただならぬ気配は一層濃くなり、切迫した国際関係の危機はますます深まっていくばかりだった。

そのために、一九三九年の六月には大使館の新しい建築が完成する予定だったのに、その頃に、ようやく上棟式が挙げられるに至った。七月になるとベルリン市でも防空演習が始まり、私も地下室に避難する練習をした。

ギリシャに行きたいと思い、八月末、バルカンの旅に出た。ところがブダペストまで行くと、突然、独ソ不可侵条約が発表された。驚いてウィーンに引きかえした。しかし、ライン地方にまだ見残している建築があったので、急いで飛行機にのってフランクフルト・アム・マインにまで飛ぶ。だが、西部の国境に近い街では、緊張がものものしく、兵馬がしきりに行き来している。この光景を眺めた私は、いそいでベルリンに帰ってきた。

しかし、その時には、もうドイツ滞在の日本人は、要務の人を残して、ハンブルクの港から避難している。私は大使館からガス・マスクを受け取ったりして、数日暮していたが、形勢はますます悪化していく。そんな時に、私も帰国した方がいいという指図を受けた。だが、日本人を乗せてハンブルクを出港した靖国丸が最後の日本船で、もう国外に出る日本の船はない。連絡をしているのは陸路だけだが、汽車でフランスに行ってもあぶない。イタリアは盟邦だったが、そこから南へは行けない。そんな状態になっていた。

それで私は、ノルエーのベルゲン港に寄港する予定になっている靖国丸を、汽車で追いかけることにした。名古屋医大の堀要さんが私と同行されることになり、八月二十九日の朝、霧の深いベルリンを私たちは出発した。私の荷物は小さいボストン・バッグ一つで、それを片手にぶらさげたきりである。

ヴァルネミュンデの港に行くと、うまくデンマーク船に乗りこむことが出来た。それからコペンハーゲンに行き、ノルエーに渡った。オスローを経て、遠くベルゲンまでたどりついた時、港になつかしい靖国丸が碇泊しているのを眺め、心からほっとする。しかし、情勢は最悪となり、ドイツ軍のポーランド進撃によって欧州の戦局は発火した。それで、靖国丸は日本に向って出港することになったが、航路はもう潜水艦を警戒せねばならぬ。そのために船は北大西洋の荒れた海を、イギリスの遙か北方を迂廻して、やっとニューヨークに着くことができた。私はそこで上陸し、大陸を横断して、サンフランシスコで再び靖国丸に乗った。横浜についたのは昭和十四年の十月二十八日で、神戸を出発してから、まる一年の旅だった。

その翌々年の暮には、日本も戦争に加わり、全世界は砲煙に包まれてしまった。私は欧州戦線の新聞記事を読みながら、滞欧中、私の見てまわった多くの建築が次次と破壊されるのを知り感慨無量だった。ベルリンの日本大使館も遂に空爆を受けたという記事も報ぜられた。東京も空襲を受けることになった。

そんな時に雑誌「文芸」（河出書房出版）の編輯をやられていた野田宇太郎さんから、「ベルリンの日記」を書くことをすすめられた。文章を綴ることは設計図をひく場合とちがって、甚だ勝手がわからず、苦手だった。恥かしい思いをしながら、野田さんにはげまされ、昭和十九年の十一月号から昭和二十年の三月号に至るまで、五回分を書き続けることができた。ちょうどベルリンの冬の思い出だったので、「雪あかり日記」という題をつけた。

私はヨーロッパの旅行中、いつも建築に自分の目を向けていた。旅愁をなぐさめてくれるのも建築だった。そんな気持を思いだしながら、私は拙文をつづった。

三月になるとヨーロッパの戦争は終った。八月には日本の戦争も終った。戦争が終ると、戦前のことが、遠い昔の如くに感じられる。

欧州でいろいろな建築が破壊されたことを思うと、私の旅行中の思い出がありありと、目の奥や心の底によみがえってくる。私の記憶には消滅した建築の形や、その色、その周囲の景色までが鮮明になる。そんなことを考えると、私の欧州滞在は実に貴重な時だった。過去の多くの建築や美術が、まさに消えうせせんとする、その燃焼の寸前であった。

そんな時に、ヨーロッパ行きをすすめて下さったのは伊東忠太先生である。お蔭で、戦前のヨーロッパの最後の姿を、この目で見ることができた。私は恩師に心から感謝したい。


終戦後、親しい友の野田宇太郎さんが東京出版に入られ、私に「雪あかり日記」の出版をすすめられた。

しかし、いろいろな用事でながびいていた。その間に、親しくしていただいた太田正雄(木下杢太郎)先生が亡くなられた。杢太郎先生は、生前、私に「建築はフィロゾフィーレンすることだ」とおっしゃった。そんな言葉を思いだすと、敗戦後の新しい世界に対して、建築が「哲学」すべき役目の重要さをますます痛感する。

私は欧州の旅にあって、いつも建築の奥に「哲学」がひそんでいるのを知った。各国の建築がそれを私に語ってくれた。歴史は人類のながい「旅」である。その旅に、人間は各種の建築をつくりあげ、いろんな花を咲かせている。

建築こそ歴史の花であろう。過去の花、現代の花、色とりどりの中で、いつも私の心をひくものは、その建築の美しさにひそむ清浄な意匠心である。私は清冽な意匠の心を求めつつ、ヨーロッパをさまよい歩いていた。

この日記は、そんな建築巡礼の旅にあった一建築家のささやかなメモにすぎない。

第一節から第三節、それから第七節、最後の第十節は、さきにも述べたように「文芸」誌上に発表したものである。第四節、第五節、第六節、第八節の四つは「ギリシヤの文化」（昭和十七年九月十五日、大沢築地書店出版、村田潔氏と私の編輯）の中に、「シンケルの古典主義建築」と題して私が書いたものであり、第九節は雑誌「演劇」の昭和十八年一月号にのせた。どれもドイツの冬の思い出であるため、ここに合せて一冊とする。

しかし、このように自分の書いたものがいよいよ一冊の書物となると、初めての著書であるために、おもはゆい気持を禁じ得ない。

附記――この書の校正ができてくる頃、私は父をなくした。急性肺炎の病後、その頃は新薬のペニシリンがまだ普及せず、物資も乏しい時だったので、回復もはかばかしくいかず、父は遂に、暑い夏の夜、いきをひきとった。謡曲「翁」のひとふしを、かすかな声で口ずさんだ最期を思うと、私の胸は切ない。享年七十三、この書を父の霊にささげる。

昭和二十二年一月

あとがき㈡

二十年前、東京出版からこの書の初版が出版された。

そののち、昭和三十九年の初冬、私は久しぶりにベルリンを訪れた。戦後の日本では復興が進み、東京をはじめ全国の都市は新しく見ちがえるようになった。しかし、ベルリンに来てみると、驚く。戦災の跡がなまなましい。東独と西独を分割する「壁」が市中に築かれ、その壁をはさんで、銃剣をつけた兵士がにらみあっている。市民は壁の向うに住む肉親を訪ねることもできない。

クーワフュルステンダムの大通りは復興して、昔よりもにぎやかになっていたが、町角の広場にそびえていたカイザー・ウィルヘルム記念教会堂は空襲をうけたまま、むごたらしい姿を残している。ベルリン人はその跡をかたづけようともしない。むしろ、むざんな姿の残存が、戦争のすさまじさを生々しく印象づける。

ティーヤガルテンの公園に行ってみると、樹木がすっかり切りたおされていて、雑草が一めんにのび、ものさびしい。そんな寒々とした光景の中に、私は日本大使館の建物を見つけた。二十五年ぶりの対面である。住む人のない建築は荒れはてているが、軒の正面に、菊の紋章が金色もはげずに光りかがやいているのを見た時には、なつかしさが私の胸にこみあがってきた。

戦前、工事場で働いていた職人や親方の表情。ドイツの建築家の顔。親しかった大使館員のかたがたがなつかしく思い出された。しかし、そんな面影も今はもう歴史の彼方にかすんで、遠い昔のような気がする。

そのベルリン滞在中、東欧と西欧の間にクリスマス訪問が許され、そのために私も観光バスに乗って「壁」をくぐることができた。

車は検問場で厳重な検査をうけたあと、荒れはてた街を通りすぎて、ウンター・デン・リンデンの街にでると、目の前に、ベルリン大学、オペラ劇場、それにシンケル設計の無名戦士の廟が見える。それらの建物はきれいに修理されて、昔の姿に復旧されている。バスの窓から眺める私の目には、戦前の記憶がありありと浮んできた。

ところが、バスがシュロス橋を渡ると驚く。あたりは一変して黒こげの状態となっている。旧王宮、美術館、宮廷教会堂。どれも昔、偉容を誇っていた建物だったが、それが空襲で焼けたまま黒々と、むざんな残骸を冬の薄日にさらしている。そのすさまじい有様に私はいきをのんだ。

そこは今も死の街である。今なお戦火がくすぶっているようで無気味だ。私はそんな光景に、戦争のすさまじさを感じた。

しかし、戦後のウィーンは美しく復旧した。ドレスデンの破壊はもっとひどいと聞く。東京も新しくよみがえった。それなのに、ベルリンでは、むごたらしい焼け跡に寒々と建築の残骸が放置されている。これが哲学を尊び、音楽を熱愛し、科学にすぐれたドイツ文化の宿命というものであろうか。私はバスの窓から、黒々と冷えきったベルリンの心臓部を眺めながら、日本流の「はかなさ」が胸にこみあげてくるのを感じた。

この拙著「雪あかり日記」が出版されたのは昭和二十二年で、その頃の日本もみじめだった。当時、東京は焼け野原で、私たちの主食はイモと水のようなオカユであり、出版の用紙は統制され、本書の紙も粗末なものだった。

そののち昭和二十九年、読売新聞社から「意匠日記」が出版される時、その中に本書の約半分がそれに再録された。次に昭和三十一年、春秋社から「茶」という本が出版された時、この書の第三節「ベルリンの庭石」がそれに掲載され、同年、毎日新聞社から「修学院離宮」が出版された時も、私は同じ節をその中に引用した。さらに四十一年、学生社からでた科学随筆全集の第十四巻にも、その節が収録された。

そんな関係で、本書は初版以後たびたび部分的に印刷される機会を得たが、こんど雪華社から第二版が出版されることとなった。これは同社の後藤恒道氏のお骨おりによるもので、厚くお礼を申したい。

昭和四十二年二月

あとがき㈢

昭和四十六年（一九七一）の夏に、私はベルリンをおとずれた。その頃、アムステルダム市にホテルを設計していて、オランダへはたびたび出かけていたので、ベルリンがなつかしくなり、行ってみたのであった。

ティーヤガルテンに新しく建った国立美術館を見たあと、ぶらぶら附近を歩いた。戦前、このあたりは美しい公園だったが、戦争中は市街戦の激戦地となり、戦後は市民の生活苦のために、樹木は切り取られてしまった。そのため、この前にベルリンをおとずれた時には淋しく荒れはてていたが、今は木々も茂り、緑も増している。しかし、人通りは少ない。

夏の日ざしを受けながら、ひとり歩いていると、白い大理石の彫刻が見つかった。リヒアルト・ワグナーの像である。それによって昔の位置を思いだし、日本大使館のあった場所を探していくと、その建物の前に出た。まわりは鉄柵で囲まれ、廃屋となっているが、軒にかかげた菊の紋章が金色にかがやいている。それを眺めると、戦争の直前までここの建築工事に従事していた時のことが、なつかしく思いだされた。あれから三十数年の時が流れ去っているので感慨深い。庭に植えられた日本の桜も、幹が太くなっている。

一年間、下宿していたシェーネベルクにも行ってみた。パンションのエリクゼンは空襲を受けて、その跡に新しいアパートが建ち、あたりはすっかり変っている。すぐ前の陸橋は昔の面影を残しているが、橋の石像は爆撃を受け、破壊されたあとがセメントで修理されていた。

その橋の下の公園におりて、池に面したベンチに腰をかけていると、一人の老人が杖をつきながらやってきて、私の横に腰をおろした。話しかけてみると戦争に従軍した由で、戦後、帰郷すると、自分が生れたこのあたりが空襲によってすっかり壊滅していたと、歎く。

なお話を続け、杖で地面に円を描き、それを一本の線で両断した。その線を杖でたたきながら、今のベルリン市が「壁」によって東西に両断され、肉親も別れ住んでいる窮状を、日本人の私に訴える。

私はその「壁」を見に行った。所々に花輪が供えられている。それは「壁」を乗り越えようとした人が銃撃された場所である。ベルリン市には今もそんな戦争の傷あとが、戦後三十年近くも経過しているのに、まだ生々しい。

下宿から近い市役所の建物にも行ってみた。その塔を毎日、窓から私は見ていたのでなつかしい。受付の人の説明によると、建物の半分近くが爆撃された由だが、以前の姿のままに復旧されている。玄関ホールには戦歿した多くの職員の名前が、壁面に刻まれていた。だが、クーワフュルステンダムの大通りは戦前よりもにぎやかとなっていて、繁栄ぶりに驚く。その広場に聳えていたカイザー・ウィルヘルム記念教会堂も、むざんな残骸をそのまま夏の日にさらしている。戦前、敷地の片すみにあった小さい戦歿者の碑を探したが、見あたらない。新しく建てられたモダーンな鉄骨の教会堂に入ると、パイプオルガンがバッハの曲を演奏している。椅子に腰かけながら耳を傾けていると夕方になり、ステンド・ガラスの色彩が薄暗がりの中で、次第に鮮明に見えてきて、感銘が深い。

このように久しぶりに訪れたベルリン市は、私に、なつかしい思い出をいたましく追想させた。

*

こんどこの旧著が、中央公論美術出版の厚意によって、また出版されることになったので、読みかえしてみると、いろいろな感慨が思い浮んできた。はじめ「文芸」の誌上に描稿が掲載されたのは昭和十九年の暮だったから、もう三十年の時が流れている。戦争中で、戦局は激しさを加えている時だったので、日本の生活と思想界はナチス・ドイツの影響を強く受けていた。そんな時に、私の文章はドイツで迫害を受けているユダヤ人のことに触れたり、ヒトラーに対しても不吉な予感を述べていた。そのため雑誌の編集者はそれを気にされた。当時、出版物はすべて軍の検閲を受け、忌諱に触れると、紙の配給が停止される、そんな緊迫した非常時であった。

次に拙文が一冊の本として出版されたのは、終戦後の昭和二十二年だった。その時も紙が一層乏しく、出版物はアメリカの進駐軍によって統轄され、きびしい検閲を受けていた。しかし、こんどは戦時中とは逆で、戦争のために命を失った人々の霊を哀悼することも、はばかる時勢となった。そんな時に、この本の初版が出版されたのであったが、私の文章は無名戦士の廟のことを述べていた。

その後、日本の建築界も海外の新しい影響を受け、同時に戦後の国土開発のために、風土や伝統をうとんずる作風が高まっていた。そんな時勢の時にこの本の第二版が出版された。しかし、文中で私は風土と伝統に関心をよせている。だから、この本はいつも変転する時流からはずれていたように思う。

そんなことを思いだしながら第二版の本を取りだしてみると、表紙の帯封に私の言葉が印刷してある。

「建築こそ歴史の花であろう。過去の花、現代の花、色とりどりの中で、いつも私の心をひくものは、その建築の美しさにひそむ清浄な意匠心であった。私は清冽な意匠心を求めつつヨーロッパをさまよい歩いた」今読むと、面はゆい気がするが、戦火が発火する直前のヨーロッパにいた、若き日の私を支えてくれたのは、建築美の中にこめられた意匠心との接触だった。歴史の切迫した時点であったので、一層感銘を深めたのであろう。

初版以来、既に三十五年ものながい時が流れ去っているのに、古い思い出をつづったこの旧著が、このたび栗本和夫氏のご尽力によって、中央公論美術出版から第三版が発行されることになったのを感謝する。それに際して、以前の出版社であった雪華社が厚意を示されたことに対しても謝意を表し、初稿以来いろいろと協力を得た方々にも、心からお礼を申し述べたい。

昭和四十九年初秋

せせらぎ日記

早春のパリ

ルーブル美術館の広場では、庭師が花壇に花を植えている。咲きかけの蕾をつけたチューリップとヒヤシンスが一本一本、絵模様のように植えられていく。それをベンチにこしかけながら眺めていると、明るい春の日ざしが、目にまぶしい。

二週間前、パリに到着した時には、まだ肌寒く、街路樹のマロニエは小さい新芽をふき出したばかりだったのに、それがもう、みずみずしい緑の若葉をひろげている。その枝にやがて燭台のような花が咲きだせば、パリは陽春となる。それも間近い。

だが、半月前のベルリンは冬のさ中で、リンデンの並木は枯木のように寒々としていた。三月といっても、暗い日が続き、雪片の舞う日もあって、ドイツの冬はながく暗い。黒ずんだ石と煉瓦の家に住んでいると、春の来るのが待ち遠しかった。

そのベルリンに私が日本から到着したのは去年の十月だった。日本流に言えば昭和十三年で、こちらでは一九三八年。神戸から日本郵船の靖国丸に乗りこんで、インド洋を渡り、地中海のマルセイユから汽車でベルリンに着くまで、一カ月もかかった。それ故、ドイツは遠い遠い国に感じられた。

途中、上海の港では日本軍が街を守備していて、市街戦の跡もなまなましい。こんな極東の緊迫した国際情勢を気にしながら、ベルリンのツオー駅に、単身たどり着くと驚く。その晩、ナチス党員がユダヤ人の店を襲撃し、教会も焼き打ちにあっているので、いよいよ動乱のヨーロッパに到着したことを、暗い夜気の中に実感した。

そのベルリンへ私は外務省の嘱託として派遣され、新しく建てられる日本大使館の建設工事に建築技師として関与するのが、私の仕事だったので、冬をベルリンで越した。それ故、ナチス・ドイツの冬を体験したのだが、ヒトラーの統括するドイツには政治的緊張感がみなぎっていた。

ベルリンの街にはナチスの旗がはためいていて、党員の制服姿や軍人の軍服姿が目だつ。公園や広場に備えつけてあるベンチには、黄色いペンキを塗った席に「ユダヤ人専用」と掲示してあって、その人種に対する差別がきびしい。映画館や劇場の入口にもユダヤ人の入場を禁止する制札がかかっているので、暗い気持になる。

そんなベルリンの街に雪がふりだし、年があけると一九三九年になった。三月には寒波が押しよせてきて、耳がちぎれるほど寒い。三月になっても暗い冬が続き、雪のふる日もあるので、私は異郷のながい冬に頭を重くしていると、朝の新聞が大きな活字で重大ニュースを報じているので驚く。

ドイツの軍隊がチェコスロバキアへ進駐したのである。続いて、ヒトラーが首府のプラハに乗りこんでいくと、たちまちチェコはナチスの勢力下に併合されてしまった。そのように一九三九年のドイツでは、国際関係がはげしく揺れ、時局は緊迫を強めだした。

そのために、ティアガルテンの街に新築工事を進めている日本大使館の現場では、急に労務者の人数が少なくなりだした。どこかで緊急の重要工事が始まっているらしい。そこへ労務者が徴集されたのである。西部の国境では大規模な要塞工事が進められていると噂されている。

そんな情勢がますます強まり、私の働いている建築現場では人手が減って、遂に休業状態となった。それで私はそれを機会にフランスへ行ってみたいと思い休暇を得て、パリにやってきたのである。

＊

パリに来てみると、街がすっかり春めいているので驚く。気温もあたたかく、日ざしも明るいので、気持がうきうきする。

街を歩いている人々の姿にも、ベルリンに多かった制服や軍服の姿が見あたらない。色彩もベルリンで目だつのはナチスの旗であって、その赤、白、黒の強い色が人々の目に政治意識をかきたてていたのに、ここではパステル・カラーの中間色が多く、ことしの流行色は紫色であるのか、婦人の服装や商店のショーウィンドウに明るい藤色が目だつ。それは日本人の好む「古代紫」や「江戸紫」と違っていて、いかにもフランス的な色調であって、そのパリ好みの色感が、ファッションの魅力を呼びかけている。

ベルリンでは寒い気温に時局の緊張感がみなぎっていたのに、ここではもう春が訪れ、春風駘蕩。陽気な気候に人々の表情はのんびりと明るい。公園の花壇に植えこまれた咲きかけのチューリップとヒヤシンスの鮮やかな色彩の向うには、かげろうがゆらめいているのを眺めながら、ベルリンの公園に並んだ黄色いベンチに書きこまれていた「ユダヤ人専用」の文字を思い浮かべた。

だが、このフランスでも国境のマジノ・ラインには堅固な要塞工事が進められていると聞く。チェコに進駐したヒトラーの軍隊は、次に鉾先をフランスに向けてくるかもしれない。数日前の新聞はイタリアのムッソリーニが対岸のアルバニアへ軍を進めたことを報じている。独伊の電撃作戦は既に行動を開始しているので、一九三九年のヨーロッパはもう、戦争の危機をはらんでいると噂する者も多い。それは秋か、いやそれを待たず、夏が危いと、無気味な予測をする者もいる。その時には、歴史の破局はおそろしい牙をむきだし、大きな口をあけてヨーロッパと東洋を含めて、この地球をひと呑みにするかもしれない。

そんなことを考えると、緊迫した時局にせきたてられ、古い建築や美術館を見ていても、気ぜわしい。私は目に入るものを牛の胃袋のように、目の奥に押しこみ、いずれ日本に帰ったら反芻したいと考えながら、毎日、出歩き、ルーブル美術館だけでも三日間、日参している。

この大きな宮殿には古今東西の有名な美術品や歴史的資料が、ぎっしりと充満していて、圧倒される。ナポレオン軍がナイル河畔から奪ってきたエジプトの石造美術から、フランスの考古学者たちが発掘し、このパリに持ってきたギリシャの大理石像など、大量の展示品を見ていくと、目と足は疲れてしまい、ローマの部では素通りしたくなる。それでも書物などで見覚えていた像の前では立ち止まる。

イタリア・ルネサンスの絵画も充実していて、観賞欲は満腹し、そのため後期のルーベンスなどは大作が大きな壁面にいくつも並んでいても、食傷した目は、画家にはすまないが、視線を急いで通過させねばならぬ。ナポレオン時代の豪華な大作にも驚く。

今日は朝から、この美術館に附属する、「印象派美術館」に出かけた。マネ、ルノアール、ドガなど、今まで書物の口絵などで親しんでいた絵の実物が壁面に並んでいるので興味深い。その中で、私はモネの描いた「ルーアンの大聖堂」の前に立ち止まり、その画面をつくづく眺めた。

四枚の連作で、構図は西正面のクローズアップである。正面玄関とその上の丸いローズ・ウインドーなどの壁面構成が主題となり、北塔の一部が画面の左に描きこまれていて、四枚とも似た構図を示しているが、画家の視点は少しずつ移動している。

連作の画題は「朝」「朝日」「真昼」「夕暮」となっていて、一日のうちに変化する日光の中で色彩の装いを変化させる石造建築の姿が描写されている。筆触《タッチ》は「外光派」の画家らしく荒い筆使いとなっているが、厚く塗りこまれている鮮明な色調はこまやかで、外光の変化と石造の量感をみごとに描きだしている。

こんな陽光の変化を描いたモネの連作は有名な「積藁」の絵にも認められるが、私が特にこの「ルーアンの大聖堂」の連作に魅了されたのは、主題のゴシック建築が、日本の建築家である私の目をひきつけたのかもしれない。

私は木造建築の国に生まれ、木工技術が家ばかりでなく、日常生活の小さい用具にまで普及している風土に育ったものである。それ故、ヨーロッパに来て、家も橋も道も石で作られている生活空間と歴史の中に包まれた、石造りの周囲に驚くとともに、石の強固な造形力に圧倒される。特にキリスト教徒がながい年月をかけて築きあげたカテドラルが、天に高く聳える姿を仰ぐ時、それは日本では感ずることのできない、たくましい造形力を発揮して、木造建築の国から来た私に深い感銘を与える。

そのため、パリに着くと、私はすぐノートルダムの大聖堂へ行き、その石の肌に手をふれてみた。十三世紀以来、七世紀間のながい風雪に耐えた石の構造体には、西欧の精神力が凝結していて、その迫力が、東洋の孤島から来た私の手の触覚に強く響いてくる。高村光太郎さんの詩「雨にうたるるカテドラル」に、

おう又吹きつのるあめかぜ。
外套の襟を立てて横しぶきのこの雨にぬれながら、

あなたを見上げてゐるのはわたくしです。
毎日一度はきつとここへ来るわたくしです。
あの日本人です。

…………

ただわたくしは今日も此処に立つて、
ノオトルダム　ド　パリのカテドラル、
あなたを見上げたいばかりにぬれて来ました、
あなたにさはりたいばかりに、
あなたの石のはだに人しれず接吻したいばかりに。

…………

昔の信ある人人の手で一つづつ積まれ刻まれた幾億の石のかたまり。
真理と誠実との永遠への大足場。
あなたはただ黙つて立つ、
吹きあてる嵐の力をぢつと受けて立つ。

…………

高村光太郎さんはすぐれた日本の彫刻家であり、詩人である。その詩人がパリに来たのは明治四十一年、二十六歳の時であった。「雨にうたるるカテドラル」を「明星」に発表したのは大正十年、三十九歳だった。今、私はそのパリに来ている。私は未熟な日本の建築家で三十五歳。ノートルダム大聖堂の高い塔を仰ぎながら、その石の壁に手をふれると、七世紀間のきびしい風雪に耐えた石の肌にこもる祈禱の造形力が、脈膊の如く手の触覚に伝わってきて、私の胸をゆすぶる。

堂内に、足を踏み入れると、薄暗い室内にミサの音楽が鳴り響いている。それを耳に聞いていると、高い天井を見あげている私の目が次第にうるんできた。

私は目の中で、色彩の鮮やかなステンド・グラスの絵模様がぼやけてきて、わが身が深い淵の中へ沈んでいくような気がする。これは石造建築の大空間に包まれたために、ひとりの人間が小さい微粒子の如く感じられ、壮大なカテドラルの宗教美に心を強く打たれたためであろう。

ヨーロッパに来て、キリスト教の教会を訪れると、今もその建築が日常生活に生きているのを目撃する。薄暗い堂内にローソクの火が献じられ、固い椅子にひざまずき、首をうなだれている人が多い。老人ばかりでなく、若者の姿もよく見かける。荘厳なミサの音楽が高い天井に反響して、人々の祈りの声と和している。

　このようにここでは祈禱は今も庶民生活の中に生きている。それが古い教会堂のステンド・グラスや壁画と共存していることは、宗教美が今なお生命を保っていることを示す。

　それ故、ここでは古い教会建築は観光寺院や博物館でなく、現代人の信仰を包含して、祈りは美と共に人々の日常生活の中に生き続けている。そんな光景に接して、私は心を打たれる。

　昔、キリスト教徒がローマ人に迫害されていた頃、信者たちは地中の「カタコンベ」で祈りを捧げていた。それは秘密の礼拝所であって、入口は極秘にされ、地下道は迷路となり、暗い地下に埋葬所と祈禱所が作られた。壁に描かれた画像も暗号の如きものであった。

　だが、そんな暗黒の地下に祈りを秘めていた人々は、祈りと共に美しさを求め、その願望が素朴な壁画となり、礼拝所の室内装飾となり、それが後世のみごとなキリスト教美術へと発達したのである。

　それ故、中世の初期、地上に建てられたロマネスク・スタイルのバジリカ式教会堂の内部に輝く金色のモザイク壁画も、その初心は地下の暗いカタコンベに描かれた素朴な画像から由来する。さらに盛期に建てられたゴシック・スタイルの大聖堂も、その内部に光り輝く多彩なステンド・グラスの美しさは、初期キリスト教時代から続く美意識を受け継ぐものであり、その高い天井に、ながい余韻を響かせながら反響する荘厳なミサ曲も、グレゴリオ聖歌の美的讃仰から発生したものである。

私がパリに着くと、すぐノートルダム大聖堂へ行ったのも、そんな西欧の宗教美にひきつけられたのであった。その堂内に足を踏みいれた私はフランス・ゴシックの静粛な宗教美に身を包まれ、堂内の荘厳な大空間に目をみはった。

高い天井を見あげながら、薄暗い堂内に反響しているミサ曲に耳をかたむけていると、私の目がうるんでくるのを感じた。今、この石造の大建築の外部には戦争の危機が迫っている。そんなきびしい時に異郷を旅している者の孤独感が、視覚を感傷的にしたのであろうが、地下に設けられたカタコンベの礼拝堂以来、祈禱の美を願望し続けているゴシック建築の宗教美が、一層強い美的感銘となって、異教徒の私の目をうるませたのであろう。

＊

「印象派美術館」の壁面にかかっている「ルーアンの大聖堂」の前に立ちどまり、私は数日前に、ノートル・ダムで受けた感銘を思いだしながら、その絵を見いっていた。

モネが描くカテドラルは高村光太郎の詩のように雨にぬれていない。晴れた太陽の光を受け、その姿は美しく輝いている。四枚の連作には、朝から夕暮に至るまでの日光に、聖堂の石の肌が同じだが、明るい青空に陰影は鮮明となって、壁面の凹凸が強調される。石の肌には、うすいオレンジ色、あわいコバルト色などが美しくただよう。しかし、次の「夕暮」では、色彩が暗くなって、今まで画家の視点が、右から斜めに見ていった構図が、真正面の位置となって、構図が端正となる。従って、絵を見る者の目は、正面中央の扉を正視することになるので、その入口から私自身が聖堂の奥へ吸いこまれていくような印象を受ける。閉った扉の奥に、あの石造の大空間が高く垂直にのびているのが、連想され、そこにミサの音楽が響いている。そんな気さえする。

四枚の連作にはひとりの人間も描かれていない。ながい風雪に耐えた石造建築の壁面と塔。その窓や入口。巨大な石塊の凹凸と陰影。それに降りそそぐ明るい日光の色彩、それが時間とともに移り変わっている。だから「無機」の絵である。物語も、説教もない。静止の中に動いているのは、静かに刻々と移る時刻の流動だけである。

そんな無機の絵を眺めていると、私の目にはそれが一種の宗教画の如く見えてくるのを感じた。

ルーアンの大聖堂を凝視したモネの視線の奥にもそんな画心がわきおこっていたのではなかろうか。

クロード＝オスカル・モネは一八四〇年パリに生まれた。父は食料品の商人。二十歳の時、兵役に服し入隊するが、そののち病気で除隊。画家を志す。父と不和。二十七歳の時、サロンに応募するが落選。その翌年、貧窮のため自殺をはかる。三十四歳になり、展覧会に出品した「印象・日の出」と題する絵が酷評をうけたが、それが「印象派」の画家たちの出発となった。

三十九歳、第四回印象派展に多数の絵を出品する。その年に妻のカミーユが死去。いたましい死の床に横たわる妻の顔に、皮膚の色が変化していく経過を見つめ「死の床・カミーユ」を描いた。

ルーアンに行き、大聖堂の造作に熱中し、それが完成したのが一八九四年、五十四歳の時であった。

そんな年譜によると、モネがこの絵にたどりつくまでには、他の印象派の画家たちと同じく、貧窮と悲運をしのび、困苦に打ちかたねばならなかった。ルーアン聖堂の連作には、そんな画家の画心が、きびしい風雪に耐えた石造建築に刻々と迫って来る時刻の動きを凝視している。そのためであろう、そのためか、私の目には、モネの描いたカテドラルの連作が美しい宗教画の如く見えた。

モネと睡蓮

今日もルーブル美術館へ行く。本館を見たあと、別館の「装飾工芸館」へ廻ってみると、折よく「ロシア・バレエ展覧会」が催されている。

それは有名なディアギレフ（Sergei Pavlovich Diaghilev 1872-1929）の功績をたたえる特別展覧会で、このロシア生まれの舞踊演出家は一九〇九年以来、パリのバレエ界に花々しく活躍した。その指揮は舞踊界ばかりでなく音楽界、美術界にも及び、二十世紀初頭のパリ芸能界に輝かしい「ロシア・バレエ時代」を出現せしめた。しかし、一九二九年イタリア旅行中、惜しくも死去し、享年五十七歳だった。

そのフランスに於ける二十年間の業績を賞讃し、逝去十周年を記念する展覧会がルーブル美術館のパヴィヨン・ド・マルサンに開かれていたのである。

会場内に陳列されている資料は驚くほど豊富で、舞台装飾の模型や衣裳、小道具、台本、ポスターなど興味をひくものが多い。場内にはスピーカーからバレエの音楽が流れているのも、この展覧会にふさわしい。

レオン・バクスト（Léon Nikolaevich Bakst 1866-1924）のスケッチが出陳されている。この舞台美術家の仕事は図集や書物の口絵などによって日本にも紹介されていたがその原画を直接見ると、色彩のすばらしさに驚く。そのため「色彩の魔術師」といわれていた。そんな巧みなデザインが天才的演出家のディアギレフの演出によって舞台にのせられた時、それこそパリ人を驚嘆させたことであろう。有名な「シェヘラザード」や「クレオパトラ」の図案、「牧神の午後」のデザインも陳列されている。

そのほかフェドロフスキーや女流舞台装置家のゴンチャロヴァ（Nataliya Sergeevna Gontcharova）などのロシア出身の人たちのデザインをはじめ、フランスの画家、エコール・ド・パリの人々の図案も多く陳列されている。マチス、ピカソ、ブラック、キリコ、ドランなどの描いたスケッチや、実物の書割、引幕などが壁に大きくかかっているのが、見る者の目を圧倒する。ルオーもローランサンもある。

ディアギレフのすぐれた才能は、このようにパリ画壇の巨匠や新人をバレエ界に動員したのであったが、そのほか音楽界ではストラヴィンスキーを発見し、舞踊界ではニジンスキー、その妹のニジンスカヤ、奇才といわれたカルサヴィーナなどを舞台に登場させた。

私は日本で、そんな美術家のスケッチや舞踊家の舞台姿を、丸善書店が輸入した外国書で知っていたので、ここでも興味がわき、展覧会に陳列されている資料を熱心に眺めた。

このように演出家ディアギレフの慧眼は、すぐれた若き才能を多く発見し、その舞台にロシア独特の輝かしい多彩なスポット・ライトを投射して、ヨーロッパの人々を熱狂させたばかりでなく、世界一のバレエ界に新しい機運を高めた。そこに彼の歴史的な功績があった。

＊

アンナ・パヴロヴァもその明星の一人だった。このロシア生まれの女流舞踊家はディアギレフの第一回パリ公演に出場して名声を得、そののち「トー・ダンスの女王」と言われるほど世界を魅了した。しかし、オランダ巡業中ハーグで客死し、五十年の生涯を閉じたのは惜しい。フォーキンの振付による「瀕死の白鳥」はバレエの歴史に不朽の足跡を残している。

そのパヴロヴァのデス・マスクと石膏の足型が展覧会の陳列ケースに展示されている。それを眺め、これが自叙伝に書かれた「わが足」だと思うと感慨深い。石膏で固められた足型が思いのほか小さく見えるのも、いたいたしい。

舞踊家の姿は舞台の上だけのものであって、それは瞬時に消え去る。それに対して私たち建築家が作る造形物は、消そうとしても消すことができない。

そのため建築家は不動の作品に、ゆるがせにできないものを感じ、設計に苦労するのだが、それに反して、舞踊家は瞬時に消え去る自己の姿に、全生命を打ち込んでいる。

そう思うと陳列ケースの中に展示されている「バレエの女王」の固い石膏の足に、全生命をかけた生前の情熱が凝結しているように見えた。

展覧会の会場にはチャイコフスキーの曲が流れ、旅情をそそる。

＊

展覧会場を出た私は、そのあと「オランジュリー美術館」へ行きたいと思い、チュイルリー公園を通りぬける。園内にマロニエの木が多く、若葉の緑が美しい。山高帽をかむった老人がベンチにこしかけ、新聞を読んでいる。編み物をしている婦人のわきでは、乳母車の中で幼い子が安眠し、園路を少女が犬をつれ、走り去っていく。そんなのどかな公園の風景は、印象派の絵のように、春の陽光の中に明るく輝いている。池がある。水面が日光にきらきら光り、子供たちが小さい模型のヨットを浮かべながら、楽しく遊んでいる。

微風に赤や青の小さい帆が水面を走り、黄色い蝶が池の上に舞う。

春の訪れは歩調が早く、気温は暖かい。公園の遠景には、もうかげろうがゆらめいている。

地図をたよりにオランジュリー美術館を探し、館内に入る。室内には冬の冷気がたまっていて、ひんやりと寒い。入場者は私だけでほかに誰もいない。室内はひっそりと静かである。

奥の展示室は楕円形で、その壁面にモネの大作「睡蓮」の連作が固定され、「壁画」となっている。それが横に連続しているので、展示室の内部に立った私の身体を、絵が前後左右から取り巻く。従って、壁画の印象は強く、感銘も深い。この美術館はモネの睡蓮の絵を展示するために建てられたものであるので、「モネ美術館」ともいわれている。

そんな楕円形の展示室が二室あり、絵には池の水面に浮んだ睡蓮が描かれ、第一室には画題の「朝」「緑の反映」「雲」「日没」が連続し、第二室には「朝」「二本の柳」「朝」「日没」が並ぶ。

それ故、歩みながらその絵を眺める者の目に、太陽光線の変化が印象づけられ、朝から日没に至るまでに、池の水面や睡蓮の花が美しく色彩を変化する様子に、深い感銘を受ける。

こんな一日のうちに変化する日光の美しさを描写したモネの連作は、作品「積藁」から「ルーアンの大聖堂」を経て、この「睡蓮」となって、この画家の本領を発揮するに至ったのである。モネの眼は「この世に画家なるものが出現して以来、最もすばらしい眼」といわれた。その画家の眼によって描かれた最後の大作がこの「睡蓮」の連作であって、その画中にはこの画家の最後の情熱が凝結している。


年譜によると、一八九九年五十九歳の時、モネはジヴェルニーで睡蓮を描く。そこの邸宅には広い庭があって、池に睡蓮が咲き、水面に浮ぶ睡蓮の作品はそこから生まれたのであるが、六十八歳の時に、画家にとって最も悲痛な視力の衰えが彼を襲った。さらに悲しいことには七十一歳の時、二番目の妻アリスが死去し、続いて七十四歳の時、長男ジャンもこの世を去っていった。

そんな悲しみのどん底に沈んでいた時に、親しい友の首相クレマンソーに激励され、新しいアトリエをたて、大作「睡蓮」の制作に着手した。それが一九一六年、七十六歳であった。衰えゆく視力にもかかわらず、パネル十二枚の大作を書きあげたが、両眼は白内障のため、医者から制作を禁止される。手術によって僅かに視力を回復すると、再び絵筆をとって睡蓮図に加筆するほど、この絵に対する情熱は燃えるように強かった。

だが、一九二六年の暮、遂に逝去。享年八十六歳。

睡蓮図はフランス国家に寄贈され、その連作を展示するために建てられたのがオランジュリー美術館である。それは眼疾に苦しみ、妻と息子を失い、孤独と老苦に耐えつつ、美しい光と色彩を求めながら、最期まで描き続けた画家の燃えるような画心を記念する記念館といえよう。


フランスの国家がこのように、ひとりの画家の絵のために美術館を建てている時、隣国のドイツではナチス党が勢力を強め、一九二一年、ヒトラーがナチスの党首となっている。続いて翌年の一九二二年にはイタリアではムッソリーニが内閣を組閣した。

そののち独伊では美術が国家統制となり、とくにドイツでは自国の表現派もバウハウスも強く弾圧され、前衛美術はユダヤ的なものとして国禁となる。そんなヨーロッパ美術界に暗い激動期が始まろうとする時、モネは美しい睡蓮の連作を残して、この世を去っていった。

その意味に於て、パリのオランジュリー美術館はひとりの画家の記念館であると同時に、二十世紀初期のフランスに輝かしい光と色彩の時代を切り開いた印象派時代を記念する歴史的記念館ともいえよう。

なお、モネが逝去した一九二六年の暮は、日本では大正十五年が昭和元年となり、その後、日本にも多端な時代が迫ってきた。

*

「壁画」というものは建築の壁に直接描かれるものである。あるいはパネルを壁にしっかりと固定したものである。そのため、普通の絵のように取りはずすことも、移動することもできない。この不動の条件こそ壁画の特色である。それ故、それを描く画家にも、普通の絵を描く場合と違った覚悟が必要となる。

ミケランジェロがバチカン宮殿のシスティーナ礼拝堂に天井画を描く時、意がすすまなかった。彼は「自分は彫刻家であり、画家でない」と言い、ローマ法王からの依頼を拒絶したのであったが、やむを得ず、高い足場の上に横臥し、肉体的苦労に耐えながら、描き始めると、彼は壁画に強く吸引された。壁画が覚悟をきめた制作者に強力な激励を発したのである。それによって天才彫刻家のミケランジェロは天才画家ミケランジェロとなったのである。

システィーナ礼拝堂の高い天井には「天地創造」が描かれ、聖壇の壁面には「最後の審判」が描かれている。人々はその天井画を仰ぎ、その壁画を見つめる時、超人間的な感銘を受け、はげしい宗教的感激に包まれる。このように壁画というものは制作者に強い吸引力と推進力を発動する。

睡蓮図を描いたモネも、その吸引力と推進力を強く感じたことであろう。そのためにオランジュリー美術館はモネのシスティーナ礼拝堂だといわれている。

だが、これは宗教画でない。画中には神も人間も登場しない。説教もなく伝記もない。ただ美しい太陽光線が朝から夕方に変化する。その光の中で池に浮んだ睡蓮が花を咲かせている。その水面を時が静かに流れていく。

いかにも印象派の本領を発揮した画面である。それを描いている時のモネは、視力は衰え、妻と長男が世を去っていく。その孤独と老苦に耐え得たのは壁画の激励であろう。あるいは、それに慰められた場合も多かったろうと思う。

そんなことを考えながら、全長八十メートルに及ぶモネの画面を眺めていると、私の目に日本の「絵巻物」が浮んできた。「信貴山縁起」や「一遍上人絵伝」「西行物語絵巻」などの画中には、事件や登場人物の背景に山水や樹木が描かれていて、それが四季の移りかわりを示す。春には桜が咲き、夏には緑、秋には紅葉、冬になると雪がふる。そんな季節の変化が挿話的であるが、美しく描写されているので、絵巻物を眺める者はそれによって時の経過を知る。

それを思いだすと、モネの睡蓮図は、絵巻物から登場人物を取りのぞいて、背景だけを大きく拡大し、太陽光線の変化によって時刻の経過を表現したものである。そう考えると、モネの連作は発想も表現も日本の絵巻物に甚だ似ていることに気づく。

さらに私は京都の「修学院離宮」を思いだす。その山荘をたびたび訪れているので、パリにいても、私の目には、ありありと庭の風景が浮んでくる。

「上の茶屋」に大きな池が作られていて、美しい水面が作庭の主要テーマとなっている。その池を「浴竜池」といい、園路がそれを取りまく。岸に近い「西浜」の小道を進んでいくと「土橋」があり、「中の島」がある。それを経て坂道を登っていくと、「雄滝」の水音が聞こえる。池の眺めはいつも、人の目に感興を与え、高台の「隣雲亭」に来ると、目の下に大きな水面が見える。雄大な展望に感歎する。

その池の水面に睡蓮が浮んでいる。この園芸種の花は、古くからあるものでなく、後に植えられたものであろうが、真夏の早朝に訪れた時には、すがすがしい朝の光に、白や黄の花が水面に咲く光景は、まるでモネの絵のように美しく見えた。

このように京都の修学院離宮にいた時には、パリにあるモネの絵を思い、今、パリの美術館に来て、目の前にモネの睡蓮を眺めている時、遠く修学院の池を思う。

これはどうしたことか。十七世紀の日本に修学院山荘の庭を作庭した後水尾上皇の意匠と、フランスの二十世紀初頭に睡蓮の壁画を描いたモネの美意識とに、たがいに相通ずるものがあるためであろう。事実、モネは日本庭園を愛好し、強い憧憬をよせていた。

ジヴェルニーの敷地内に彼が作った庭には、池に木の橋がかかり、日本の橋のように丸くそった木製の欄干がついている。池の岸には、日本人から贈られた菖蒲の花が咲き、柳の木が枝を垂れる。園内には牡丹が咲き、藤棚もある。こんな庭はフランス式庭園と全く違う。ベルサイユの庭園では、樹木も花壇も、すべてが幾何学的な構成となっている。それ故、モネの作庭精神には、日本の大和絵のような、というよりも光琳風の好みがひそんでいるのを、私は感じる。

日本の琳派の絵に「柳橋屏風」というものがある。画面に川が流れ、橋がかかり、柳が枝を垂れている。装飾的な図柄であるが、これはモネの好みと一致する。このオランジュリー美術館の睡蓮図にも、柳の木の太い幹が、池の水面に描かれ、画面の上部から枝を垂れている。そんなモネの作画は琳派の「柳橋屏風」とモチーフは似ている。

尾形光琳の有名な「紅梅白梅屏風」にも、太い梅の木の幹と波の文様が描かれている。それ故、この光琳の傑作とモネの睡蓮図とは、画家の発想が全く一致しているのに、私は驚く。

さらに琳派の屛風に「日月屏風」というものがある。これは一双のうち、半双に日輪が、他の半双に半月が描かれているので、一双の屏風に描かれた絵は昼と夜とを示す。これもモネの連作が朝と日没を描いているものと、全く合致する。このように琳派の屏風とモネの壁画は、発想においても、構図においても驚くほど互いに一致しているので、もしかしたら、モネは琳派の屏風を見ているのでなかろうかと、そんな空想さえ私の頭にわいてくる。

モネも他の印象派の画家たちと同じく、日本の浮世絵を愛好していたので、オランダに行った時、それを買い求めていた。その時、オランダ人が長崎から持ってきていた古い日本の屏風を見る機会があったかもしれぬ。そんな機会はオランダでなくともパリの骨董屋などであったかもしれぬ。そんなことを空想するほど、私はモネの絵に琳派の屏風を連想する。

このように今、私はパリの美術館にいて、日本の絵巻物を思いだし、その連想が京都の修学院離宮や琳派の絵にまで翼をひろげていくのは、郷愁であろうか。戦争の危機が迫る異国を旅している者が、故国の美しい美術を回想し、モネの絵に一層深い感銘を覚えるのかもしれぬ。

モネが睡蓮の大作を描きあげ、フランス国家にそれを寄贈したのが一九二一年であった。その年にドイツではヒトラーがナチスの党首になり、その翌年にイタリアではムッソリーニが内閣を組織した。その独伊の強行政策によって欧州の時局に動乱が口をあけようとする時、モネは一九二六年の十二月五日、庭の池に日本風の橋がかかり、水面に睡蓮が浮ぶジヴェルニーの邸宅で、この世から去っていた。フランスの首相クレマンソーはこの画家ひとりのためにオランジュリー美術館を建てたのであった。

＊

それにしても、画家が最も恐れる眼疾に悩み、妻と子を失い、孤独と老苦の底に沈んだモネの絵の、みずみずしい色調と、うるわしい詩情に私は驚歎する。

東洋画では年老いた画家が求める画境は枯淡な心境である。洒脱な超俗か、閑雅な隠棲が理想とされている。そのため仏画の羅漢像や禅画の寒山拾得のように冷え枯れた姿が理想像となり、そのため老画家の制作には淡彩や墨絵の小品が多い。それにもすぐれた名作があり、そんな透徹した画心も尊敬すべきものであるが、八十歳を越えたモネが最後に描いた作品は長さ八十メートルに及ぶ壁画の大作であり、みずみずしい色彩によって、うるわしい画心が画中に美しくただよっている。

西欧の画家はそんな画境に、老齢にかかわらず全生命を打ちこむ人が多い。老齢のルノアールもリューマチをわずらい、手と足が不自由となった。そのために車椅子に腰かけ、手に絵筆をしばりつけ、最後の作品となった裸婦像の美しい色彩に全生命を打ちこんでいた。

オランジュリー美術館の室内には、夕刻が近づき、天窓からさし込む光線は次第に暗くなってきた。入場者は私ひとりで、他に誰もいない。私はモネの絵に別れを惜しむ気持で、展示室の内部を、もう一度一巡した。

すると、私の足音のほかに、誰かもう一人の足音が耳に聞こえる。それが私に近づき遠のいていく。しかし、姿はなく靴音だけである。

それで気がついた。この展示室は楕円形となっているので、室内に焦点が二つある。そのため私の靴音は壁に反射して、他の位置に焦点を結ぶ。その反射音が私の移動によって弱くなったり、強くなったりして、他人の足音のように聞こえるのである。

室内はいよいよ暗くなってきた。春といっても、早春のパリは日の暮れるのが早い。しかし、薄暗い光線の中で、絵画の色彩は飽和度を増し、一層幻想的に見えてくる。「色彩の詩」といわれたモネの壁画に取り囲まれていると、私自身の身体が池の水面に浮んでいるような幻覚を受ける。その睡蓮の咲いた水面に足音が反響し、誰か美しい女流舞踊家が水面の上で軽やかにトー・ダンスを踊っているような幻想に包まれる。これは今日の午前、ルーブル美術館の別館に開かれていたロシア・バレエの展覧会で、パヴロヴァの石膏の足型を見、その印象が残像として私の目に残っているためであろう。

美術館の内部はますます暗くなってきた。私の身体は池の水面から深い淵に吸いこまれていく。すると、耳に、印象派音楽の作曲家ドビュッシーの曲が、かすかに聞こえてくる。そんな美的陶酔に、私は我を忘れてひたっていた。

パリ郊外

　シャンゼリゼの街角で、数日前から道を掘りかえしているが、あの道路工事は防空壕だと噂する者がある。もし、戦争になれば、すぐフランスは空襲を受ける。いや、宣戦の布告もなく、パリの上空に敵機が現われるかもしれぬ、とそんな流言も飛ぶ。パリでは家々に砂袋が用意され、日常生活も神経質になっている。

　イタリアは突然、対岸のアルバニア攻略を開始した。王后がギリシャに亡命されたという哀話が新聞にのっていた。そのためか、敵機が不意にパリを空襲するかもしれぬと、そんな不安感におびえる人々が、道路工事一つにも、神経をとがらせるのであろう。

　噂の広場に出かけてみると、なるほど人だかりの中に、機械をすえつけ、道路工事が地響きをたてている。肩ごしにのぞきこんで見ると、なにか配管の修理工事らしい。仕事の様子から防空壕とは思われないが、人々も心配になるのだろう。町を通る人々が次々と、人だかりの中をのぞきこんでいく。

広場の両脇には、冬の間、断水されていた噴水がさわやかな水音をたて、陽春の来復を告げている。勢いよく吹きあげる水煙のすそに小さい虹がかかり、美しい。噴水の口もとに嵌めこんだガラス細工が、白い飛沫の中に大きなカット・グラスのように光り、その輝きがパリの豪華さを感じさせる。

街のつき当りに見えるエトアールの凱旋門も、うららかな陽光の中にかすんで見え、戦争の不安の中にも、パリは千両役者のような貫禄を示している。それがパリの昨今である。

＊

今日は、パリ郊外の新しい住居都市を見に行く予定だったので、西村さんと出かける。同氏は画家で、パリにながく住んでおられるので、通訳をお願いしたのである。郊外電車に乗ると、すぐ田舎へ出る。白いリンゴの花が満開で美しい。ロバンソンの駅から小さいバスに揺られていくと、ひなびた民家の屋根には赤い瓦がふかれ、その古びた様子がミレーの絵を感じさせる。

静かな村を通りぬけると、石で築いた堀の向う側から、牛のなき声が聞こえる。そんなルナールの文章に書かれているような田園風景を通り過ぎていくと、眼前にモダンなアパート建築の大集団が現われてきたので驚く。新しいマラブリーの住居都市である。

その住居都市の入口でバスをおりると、すぐわきに、竣工したばかりの大きな建築がある。公衆水浴場と掲示してある。すっきりとした設計で、小学校の体操場を四つほど合わせたような大きい建築である。その向う側を眺めると、十数階もある高層建築が一棟、天守閣のように聳え、その周囲に四階建てのアパートがいく棟も並んでいる。そんな建築群が緩い傾斜地に完成している光景は、壮観である。

事務所に行き案内を求めたが、中年の女性管理人は、村役場の証明書がなければ見せられないと、口ぶりも応待も無愛想である。仕方なく、さっき通った村まで引きかえし、村役場に行き、中老の村長さんに会って用件を申し込むと、タイプした説明書にサインして、管理事務所まで電話をかけてくれた。それにしても、ずいぶん格式ばった手続きがいるものだと思いながら、てくてくと再び管理事務所に帰ってくると、こんどは村長さんから電話があったためだろう、証明書を見せる必要もなく、すぐ空室となっているアパートの一軒を案内してくれる。

こじんまりとした間取りで、大きなガラス窓がついた居間の外側にはテラスが設けられ居間の奥は寝室と子供室となる。台所、浴室、便所、そのほか小さい物置までついている。広さは二十三坪程度。暖房は各間にストーブが取りつけてあるが、家賃は一ヵ年に二千二百フランという事だった。因みに換算すると一ヵ月十八円ちょっとになるので、その低廉に驚く。家具は住居人もちだから、まだ室内はがらんとしていたが、この内部にイスやテーブルが置かれ、窓にカーテンがかかり、壁にピカソの複製でもかかったら、日本では高級アパートになるだろうと想像する。

案内人にそんな室内の飾りつけをした部屋を見せてもらえないかと、たのんでみると、即座に断わられた。住居人のプライバシーが重んじられているためであろう。しかし、ドイツではそんな申し込みに応じ、住居人も自らの住い方を誇るように喜んで、子供部屋の扉をあけたり、台所の新式な装置などを親切に説明してくれる場合が多かった。そんな点にも、ドイツ人とフランス人の性格の違う一断面が現われているように思う。

いずれにしても、ここの住居都市では家賃が低廉であることに感心した。もっとも都心から遠く離れ、交通も不便であるが、それにしても東京では下宿屋の一間の部屋代がそれよりも高価であるのに驚いた。セーヌ県の県営で、希望者は願書を出し、身許調査の上で許可されるのだということである。

そのうえ、ここの住居都市では公共施設が完備している。広い敷地の中心には池が作られ、そのまわりが小公園となっている。散歩道路には花屋、雑貨屋、マーケット、パン屋などが美しい飾り窓を並べ、主婦と子供たちが楽しそうに歩いている。そのほかテニス・

コートやトラックなどの運動場施設も、近く完成する予定だということである。

公衆水浴場にも行ってみる。玄関でベルを押したが誰も出てこないので、裏へ廻ってみると、職人が一人いたので聞いてみると、管理人が鍵を持ったまま出かけているので、どの部屋もあかないと言う。大きな窓からのぞくと、竣工したばかりの新しい二十五メートルのプールに水が満々とはってあって、見ただけでも気持がせいせいする。脱衣所や温浴室、ポンプ装置などを見たかったが、管理人が不在では仕方なく、そこを出て、住居部分附属の小学校へ行ってみた。

玄関でベルを押すと、ここでも応対がない。授業がすんだあとらしく、生徒も先生の姿も見えない。床に雑巾がけをしている小使のお婆さんがいたので、村長さんの証明書を見せると、マスター・キーを持ってきて、方々の部屋の扉をあけてくれた。

ここの校舎も建ったばかりで、明るく清潔である。教室の窓は全面が開放され、サナトリウム式の開放教室が並んでいる。ただ予想外なのは男女の区別が厳重で、教場の棟は全く別となり、それを連絡する廊下も扉で遮断するという警戒ぶりである。フランスでは小学校にも男女の区別がこんなに厳しい。これには驚いた。

小学校の奥には幼稚園があった。遊戯場や診察室などがあり、子供の午睡室もある。小さいテーブルを並べた食堂には、新式の炊事設備が完備した厨房が附属して、とにかく住居都市とは住居ばかりでなく公共施設までが完備したものであることが、こんな田舎にまで徹底していることに感心させられた。

＊

マラブリーから次にロバンソンの住居都市まで歩いていく。途中の野原が美しい。若草が一面に萌えたち、そよ風が吹く。上衣を手に持ち、明るい気持で歩いていくと、向うから体格のよい牛を十頭ばかり牧童が追いながらやってくるのに出会う。空に爆音がしたので見あげると、晴れた空に銀色の胴体を光らせながら、一台の飛行機が飛んでいく。間もなく、野の彼方に、今、見てきたマラブリーよりももっと規模の大きい住居都市が城塞のように見えだした。

だが、そのロバンソンの住居都市に近づくと、建築の質がだいぶ落ち、壁面も塗装も粗雑である。だが六階建てのこのアパート建築が数十棟、整然と並んでいる。その一棟の最上階に窓の大きいアトリエが並んでいるのは、フランスでは画家の住居人が多いので、こんな画家専用の部屋も必要なのであろう。それを珍しく思い、私は早速カメラで撮影した。するど、横丁から制服を着けた二人の男が現われ、私たちを誰何し、連行を求めた。憲兵である。さっきのマラブリーでは写真を多く撮影したのに、なんでもなかったが、ここでは、いきなり私のドイツ製のカメラを取りあげ、相当な剣幕であるのに驚いた。

その憲兵について行くと、また一台の飛行機が空を飛んでいくので、見あげると、その姿は軍用機である。近くにその基地があるのだろう。数日前、ある外国人が工場附近で写真を撮影し、その嫌疑のため拘留されたという話を聞いていたので、これはとんだことになったと思う。

近くに憲兵隊の詰所がある。奥の小さい一室に通されたが、出てきたのは上官であり、丁寧な言葉で私のパスポートを見せてほしいと言う。西村さんの通訳があるので私はまごつかなかったが、相手は私の旅券の検査をはじめ、ページを一枚一枚めくりながら相当にこまかく調べ、紙片に抜書きをする。ところが、旅券に日本大使館発行の身分証明書がはさんであったので、それを見ると、相手は旅券を持ったまま奥の部屋へ退いていった。しばらくすると、私のカメラを持ってきて、それを私に返し、私たちは放免された。

一時はどうなることかと不安だったが、放免されると、訊問された部屋の様子や、憲兵たちの表情がフランス映画のように、もの珍しく感じられた。

＊

そんな事があったので、パリへ引き返してきたが、まだ時間があるので、近くのドランシーへ行ってみることにする。そこにも数年前、新しいアパート群が建設されていたので、それを見るために、また西村さんの案内で北停車場から汽車に乗る。

ドランシーの駅でおりると、附近は工場地帯らしく、家も町も煤けている。駅前には、黒い鳥打帽をかぶり、首までのセーターを着て、いかにもフランスの労働者らしい服装をした人々が群がっている。しかし、その様子も、町の印象にもなんだか活気がない。ドイツでも工場地帯へ見学に行ったが、そこでは体格のいい人たちが多い。ビールのためだろう、腹がつき出て、腕っぷしも太い。二人づれで歩けば、必ず歩調を合わせて歩く。挨拶はハイル・ヒトラーだ。そんなことにもドイツの職人気質が現われていたが、フランスの労働者にはやさ男が多い。人民戦線の内閣をいただく国の労働者にしては、見たところ覇気に乏しい感じを受けるのは、物ごとに規律を好むドイツと比較するためかもしれない。

駅前からバスに乗り、車掌に教えられた所で下車したが、いっこうに新しいアパート群は見えぬ。ごみごみした所で、人にたずねても、それを知らぬと言う。あんな大きな計画の建設だから、附近だったら知らぬ筈はないと思いながら、少しく歩いてたずねると、やっとその方角がわかり、また歩いて行くと、空地の向うにそれが見えた。

十六階もある高い塔のようなアパートが五つも、夕日を受け、澄んだ空に聳えている。その光景は素晴しい。しかし、近づくと驚いた。窓ガラスが一面に割られ、ひどく荒れはてている。内部を覗くと、壁がしみだらけとなり、こわれた家具などが散乱している。むろん、人は住んでいない。無住の廃墟である。

三年ほど前だった。パリで世界建築家会議が開かれた時、ここのアパートがフランスの最も新しい代表的建築として紹介され、多くの見学者を集めたことが専門雑誌に報告されていたのに、それがこんなにひどいあばらやになっている。その早い変り方に全く驚いた。なにか建築技術か設計にミスがあったのだろうか。あるいは住居政策の失敗か。モダンな意匠が民衆の好みに反したのか。フランスの住居都市には、ほかにもこんな例があった。

なお念のため奥へ進んでいくと、さらに驚く。アパートの周囲に高い鉄柵をめぐらし、その門に巡査が見張りをしている。肩にピストルをかけて物々しい様子である。なお不思議なことには、ここのアパートには人が住んでいて、窓には色彩の鮮やかなカーテンがかかり、きれいに化粧した婦人たちが、窓から外を平和そうに眺めている。どう判断していいか、ちょっとわからない光景である。荒れはてた無住の棟、ここの物々しい警戒、その中で住んでいる家族たちのモダンな服装。推理小説か、シュールリアリズムの絵のように不可解な風景だった。

とにかく周囲を少し廻って見ようと思い、鉄柵にそって行く。次の門でも見張りが厳重で、そこに立っていた警官が私たちをとがめ、中に入れと命ずる。詰所につれて行かれ、訊問を受け、写真をとらなかったかと詰問される。パスポートと身分証明書を見せ、私は手に持っていた専門雑誌のパンフレットを相手に見せた。それはフランスで発行された建築の専門書で、ここの建築の外観、内部、構造、設備の詳細が、写真と図面によってくわしく紹介されている。それを見た相手は、自分の警備している建築の内部や詳細を初めて知ったというような顔付きをして、それを横にいた同僚にも見せていた。やがて二人の警官はうなずき合い、私たちを釈放してくれた。

やれやれと安堵した私たちは、こんどは表門から出た。すると見張りの警官が、私たちに挙手の礼をする。まさか訊問された者だとは思わず、なにか公的な用事でやってきた外国人と思いこんだらしく、至って丁寧である。私たちは苦笑しながら、大威張りでその前を通りぬけ表へ出た。

近くのタバコ屋で聞くと、この大規模な労務者住居は竣工後しばらくすると、すっかり空室となり、あばらやとなっていたが、最近、警察の所有となり警察官のアパートに使用されているということであった。

＊

パリに帰ってくると、日はとっぷりと暮れていた。オペラ座の近くでテラスに腰かけ、コーヒーを飲みながら私は考えこんだ。パリから三十分も外に出ると、もうすっかり田舎となって田園的な情趣が濃い。これは一時間以上も離れた郊外に、まだ人家の密集が続く東京では、とうてい考えられないことだった。フランスではそんな田舎びた近郊には、庶民のためにアパートと、それに小学校、体育館、小公園までが附属した住居地区が建設されている。その行きとどいた施設に感心する。そうかと思うと、竣工したばかりの大アパート群が無住の廃墟となり荒れはてている。工業地帯も活気に乏しい。

空には軍用機が飛び、地上の警戒は厳重で、憲兵や警官の見張りがものものしい。これはどうしたことか。非常の時にはパリ周辺の小学校や公共施設は軍用に徴発されるだろう。そんな非常時体制がもう敷かれているのかもしれぬ。

そう思うと、無気味なものがパリのすぐ近くまで忍びよっているような気がする。それが、けたたましい足音を響かせて、パリに侵入してくるかもしれぬ。白いリンゴの花が咲いている近郊も、今、夜のとばりの中に賑っているパリ市中の華やかな街頭も、ことしの秋にはどうなるか、人々は不吉な予感におびえている。

ドイツ人の質問

パリからベルリンに帰ってくると、冬の気候が尾をひいていて、まだ肌寒い。日本では染井吉野が散り八重桜が咲いているころだが、ここでは暗い曇天が続いて、街の気配は寒々としている。それでも雲間から日光が輝くと、人々は待ちこがれていたように空を仰ぐが、ここでは太陽高度が低いので、整然と五階建てのアパートが並んだ町並の最上階を照すだけである。それを四階に住んでいる人が羨しげに眺めている。

やがて四階にも陽がさし、次に三階の人がそれを待ち、日照が二階から一階まで進んで、ベルリン全部が明るい陽気にわきたつのは五月まで待たねばならぬ。その五月がドイツで最も美しい季節とされているが、暮の十一月からそれまでの約半年、ドイツは暗い冬に包まれていることになる。しかも、冬が強い圧力で人々の生活にのしかかっていることを、ここでひと冬を越した私は自分の身と心に実感した。

だから、数週間であったがパリへ旅行して、ここに帰ってくると、目にする形や色、耳に聞こえる音や音楽がフランスと違って、いかにもドイツ的なものを、がっちりと構えているのは、他にいろいろな原因はあろうが、冬が強い感化力となっていることを考える。食べ物もジャガイモ、脂の浮いたスープ、それに塩づけの豚肉と酢キャベツ、それがここのご馳走である。久しぶりにそんな食卓に向うと、なつかしさを感ずるのは、私もここでひと冬を越したため、もう、その感化力が身にしみこんでいるのであろうか。

街の姿も、そこに住む人々の暮しぶりも実直である。それもながい冬のせいであろう。パリにくらべたら田舎じみているが、どことなく親しみやすい印象を受けるのは、私たちが日本で受けた教育や、読んだ書物の影響かもしれぬが、日常生活やものの考え方にも共通点を多く見いだす。しかし、時々、街の人から受ける質問によって、ドイツ人と日本人との間に、いろいろと思考力や通念にひどく相違のあることを改めて感ずる。

先日、日本大使館の工事場で若いドイツ人の技師からこんな質問を受けた。「日本で東京と大阪の電流が違ったサイクルになっているのはどうしたわけか」と。

これには困った。多くのドイツ人から受ける日本に関する質問は、たいがい他愛のないもので、ことに国際関係が緊迫したこの頃では、むしろ当りさわりのない受け答えで、お互いにほほえんでいるのが常だった。たとえば「日本ではビールの代りに何を飲むか」と。

それに答えて「ライス・ワインを火で温めて飲むが、日本人もビールを好み、二、三リットルは平気で飲み、ひどいのになると、十数本のビールを飲む豪の者もある」と答えると、相手は目を丸くし驚くが嬉しそうに笑う。

それにしても、東京と大阪で電気のサイクルの違っていることの理由を質問されたのには困ったが、こんな日本の国内事情にくわしい相手に、こっちが驚いた。

事実、東京地方は五十サイクル、大阪地方は六十サイクルとなっている。それどころか、東京から二、三時間離れた長野県や静岡県に行けば、サイクルが違って、電気時計は違った時刻を示し、その他いろいろと不便が多い。そのため工業も企業も二重手間となり、サイクルの境界線は複雑に入りくんでいて、県の境界とも違う。

これは明治時代に、文明開化と富国強兵の政策によって外国から電気事業を受け入れた時、東京電灯会社がドイツのアー・エー・ゲー会社製の発電機を採用し、そのために東京地方の電流が五十サイクルとなり、それに対して大阪電灯会社がアメリカのトムソン会社製の発電機を採用し、それによって大阪地方が六十サイクルとなったのである。さだめし、それにはいろいろな経緯と思惑があったことだろうが、このような商用発電所の商取引によって、二系統の電流が入り乱れて、日本の電気事業にはドイツ系とアメリカ系の国境が今なお厳然と存在している。

軍備も同様で、陸軍はフランス系の単位を用い、海軍はイギリス系の単位を用いている。日本の国鉄が狭軌を採用し左側通行を厳守しているのは、明治五年、新橋・横浜間に陸蒸気《おか》が初めて鉄道を走った時、その計画がイギリス人の技師によって設計されたことによる。京都市などは明治二十八年に日本最古の市電が走り、それは狭軌であったが、そののち広軌のも走ることになったため、狭軌と広軌が混用されることになった。普通、レールといえば、二本だが、京都には三本のレールが敷かれている町もあって、古いタイプと新しいタイプの電車が三本のレールのうち二本を使い分けながら走っている路線もある。これこそ「前車の轍を踏む」実例であろう。

日本の科学技術は徳川期の蘭学から明治初期に英語、フランス語、ドイツ語と変わり、お雇い技師も各国から来朝したので、技術関係の電気、機械、軍備、建築などにそれぞれの勢力範囲が今なお分布している。このことは、思想、学術、美術でも同様で、それが学閥、派閥、論争のタネとなっているように思われる。

そんな国内事情が日本にあるので、私はドイツ人の技師から受けたサイクルの質問に対して、それは「既往の輸入経路によるのであろう」と答えると、相手は「既往のことでなく、現実の問題として、どうして日本には今なおそんな不合理と不便が放置されているのか」と質問の矢は鋭い。私は若い相手の真剣な表情を見て、なるほどここはナチス・ドイツだと思った。

今、ここではラウム・オルドヌンクという思想が徹底している。ラウムとは「空間」、オルドヌンクとは「秩序」である。その空間は物理的な広がりばかりでなく生活、言語、国土、美をも含んで、「国」を意味する。その秩序は単位や規格から統合、統一へと発展する。従って現実的な問題として住居はジードルンクという集団住居となり、都市計画さらに国土計画へと発展する。

人種はドイツ民族の優位のために、ユダヤ人が排撃され、その徹底ぶりはおそろしい程である。新聞の活字は英米タイプを廃止し、ドイツ特有のヒゲ文字の活字を採用している。書物は非ナチス的なものの出版は国禁となり、それに反するものは焚書である。美術は第三帝国の様式をめざし、前衛的な表現派やバウハウス様式は制作も芸術家も弾圧されている。

ベルリン大学や工業大学のホールに張りだされている大きな地図を見ると、ドイツ民族の国境はチェコ、オーストリア、さらにスイスの一部を含み、そのほかドイツ語を語る孤島のような各地が同一の色で塗られている。街には党員、突撃隊、親衛隊、ヒトラー少年などの制服が目立つ。ニュース映画を見ると、ヒトラー総統の演説を聞く数万の聴衆がハイル・ヒトラーを叫び一斉に右手を挙げる。

そんなドイツの現状から見ると、私に質問を発した若いドイツ人の技師のように、日本の国内に電流が二つの系統に分割されていることは全くナンセンスに思われるのであろう。とにかく、今日のドイツではどこに行ってもナチスの旗が勢いよくはためいていて、その旗印のもとに、労働と美が高らかに謳歌されている。

*

その技師の案内で新しい集団住居地を見学に行ったことがある。広い敷地に中流階級向きのアパート群が林立していて、幼稚園、マーケット、郵便局、児童遊園などの施設が総合的に設計されていて壮観である。そのうちの一戸を見せてもらったが、そんな場合フランスでは住居人にことわられる場合が多かったのに、ここでは笑顔で迎えられる。むしろ、ナチスの住宅政策を誇るような表情である。

内部は居間兼食堂に寝室が二室、それに台所と浴室が附属していて、見るからに清潔で気持がいい。家具もしっかりしている。窓台に植木鉢が並び、住んでいる家族の服装は質素だが、健康そうに見える。

ことに台所の厨房設備が自慢で、いろいろと親切に説明してくれる。電熱器、冷蔵庫、換気ファンなど、すべてが電化している。それを眺めながら、日本だったら、こんな電化の完備した厨房はデパートのモデル・ルームに並んでいるだけで、多くの家庭ではガスか七厘のコンロと木炭である。東京のまん中で薪を燃やしている所もある。その点では徳川時代とあまり変っていない。日本にドイツのような台所が一般に普及するのは、いつの日かと心細く思い、他人のことながら電気代が心配になったので、「こんなに厨房が電化されているのは大変に結構なことですが、ガスの方が経済でしょう」と聞いてみた。そんな日本的見地からの質問に対して、案内のドイツ人技師が答え、「最初の設備費はかさむが、使用に便利であり、うまく考えて使えば、そう家計の心配にはならない。それよりもガスは室内の空気を汚染する。それ故、長期的に考えれば電化の方がよい」と、いかにもドイツ的見地の合理的な返事である。

なお、言葉が続いて「日本では水力発電が発達しているから、火力にたよっているドイツよりも、家庭の電化は有利でしょう」と、逆にこちらが忠言を受ける。このようにドイツ人の中には日本の国内事情をよく知っている人がいて、話題が科学や技術のことになると、日本の後進性が目立ち、相手の質問にこちらが当惑する場合が多い。

＊

それにくらべると美術に関する話題は、日本側にも優秀性があるので、気が楽だった。ところが、日本美術の熱心な愛好者から、「千手観音はどうしてこんなに手が多いのか。その手に持っている品々は何を意味するのか。曼荼羅とは何か」と問いつめられると、こちらは専門家でないので閉口する。が、思いがけない質問に啓発を受けることもある。

先ごろベルリンで大規模な「日本古美術展覧会」が開催された。会場は、十九世紀の偉大な建築家シンケル（Karl Friedrich Shinkel 1781-1841）の設計した国立ドイツ美術館。その二階全部が当てられた。

日ごろデューラーやホルバインの名画が壁に掛けられていた部屋から陳列品が取りのぞかれているので、室内がすっかり変わっている。壁面に木製の簾が掛けられ、日本的な雰囲気がただよう。陳列ケースも白木で作った特製品で、そのバックに芭蕉布に似た布が張られている。そのため展示された美術品もしっくりと落ちつき、独特な美しさを発揮している。ドイツ側がこのように展示効果にまで特別な考慮を払ったのは、日本の古美術に対する理解の深さと、この展示会の重要さを示すものであった。

開場式にはヒトラー総統が出席した。それがベルリン市民の人気をあおり、連日、多勢の入場者が殺到している。数日中に案内書が売り切れ、増刷にあわてている由で、新聞紙上も全ページの解説記事を掲載した。

鳥獣戯画をはじめとして北野天神縁起や栄華物語など、最高級の絵巻物が並んでいる。雪舟あり雪村あり、宗達もある。能面もすばらしい。久しぶりに室生寺の釈迦如来や鶴林寺の聖観音像の前に立つと、今ごろは奈良の野末に春霞がたなびき、かげろうの彼方に五重塔が揺れていることだろうと思うと、胸に郷愁がこみあげてきた。

親しいドイツ人の建築家を案内すると、目を丸くして驚歎する。さすが造形家であるので、仏像を見ても正面ばかりでなく側面を気にして、プロフィールの美しさに感心している。異国人の姿を見て、私もキリスト教の聖像を眺める時には、やはりこんな態度で眺めているのであろうと思ったりする。

ここは仏殿でなく教会堂でもない。美術館である。だから、宗教を抜きにした美的鑑賞であっていいのだが、異邦人のドイツ建築家がいたく仏像に感銘している姿に、その美的本心の中には宗教的感銘も響いていたのではなかろうか。私は仏教徒のはしくれであるが、ヨーロッパに来てゴシック建築の高い塔を仰ぎ、カテドラルの中でミサの曲を耳にしながら聖像を眺める時、美的感銘とともに深い宗教的感動に包まれる。今、日本の仏像がドイツ人に与えている美的感銘の中にも、そんな宗教的感動が響いているのでなかろうかと思う。

過去の歴史は、異教徒がはげしく争い、相手に迫害と殺戮を加えたことを実証している。宗教とはそういうものである。キリスト教徒も回教徒もその点では同類といえよう。だが、宗教美はそんな教義や人種、国境を越えて、後世の異教徒に対しても美しい感動を与える。それを私はここに来てすぐれたゴシック美術や回教美術に接し、強く実感した。それと同様に、はるばる日本から来た仏像が異教徒のドイツ人に今、美的感銘を与えている。その感動には、無意識であっても宗教的共感が響いていることであろう。そんなことを想像しながら、私自身も遠く故国から来た美しい仏像に感歎の目を注いだ。

多くの外国人と同様にこのドイツ人が最も気にいったのは、琳派の屏風である。ことに抱一の「梅の図」には感心し、画家がひと息に描いたと思われる幹の描写に、自分の腕をその通りに動かしながら、つくづくと感心し、「この絵が完成するのに、どれほどの時間がかかるのか」と私にたずねた。

さぞかし筆勢のこもった抱一の運筆に、絵は短時間に完成するものと思ったのであろう。

それに対して私は次のような挿話を話した。

「昔、金持ちの商人が貧乏な画家に絵を注文した。しかし、いくら待っても絵ができないので、たびたび催促したあげく、できあがった絵を見ると、松の木を一本描いた単色の墨絵にすぎない。あきれた注文主はなにがしかの金銭を画家に与えたが、僅少な報酬に対して、画家は長持の蓋をあけて、内部を絵の買い主に見せた。その中には下絵や、書き直しの紙がぎっしり詰っているので、相手は驚いた」。そんな説明にドイツ人も私に向ってうなずいた。

次に、広重の描いた肉筆の美人画の前に立つと、こんな質問を受けた。「この女性は何のために悲しんでいるのか」。これには驚いた。ドイツ人の目にはそれが悲しみに沈んでいる女性に見えるらしい。その質問に対し、「この画家は世界に名高い版画家で、風景画を最も得意とし、ヨーロッパの印象派にも影響を与えているが、美人画にもすぐれていた。ここに出陳されている絵は十八世紀の洗練された日本女性の姿を描いたもので、美術史の上にも高く評価されている」と。しかし、こんな説明ではドイツ人が悲しみの女性だと思った絵の説明にはならないので、相手はけげんそうだった。

だが、私は考えた。徳川後期の爛熟した世相の中に生きぬいた一人の女性を描いた絵に、歴史の悲哀がひそんでいることを、このドイツ人が直感したのなら、これは慧眼だといわねばならぬと、そんなことを私は考えてみた。

会場を出たあと、二人はコーヒーを飲みながら雑談していると、また私はこんな質問を受けた。「日本の絵画にはどうして人間を主題としたドラマチックな情景が画題とならないのか」と。

なるほど西洋画には十字架にかかったキリストの肉体に赤い血が流れている。菜食をしている日本人は目をそむけるものがあり、そのほか聖家族や受胎告知などの宗教画であっても、画中に描かれた人体は劇的な情景を表現している。歴史画にしても、騎馬にまたがった英雄の勇ましい戦闘画や帝王の戴冠式、盛装した王后の肖像画などが、いわゆる泰西名画の主要テーマとなっている。人体解剖の場面さえ有名な画家の画題となる。

それにくらべると日本画のテーマは「花鳥風月」である。そんな日本美術の淡白な美的追求心を、西欧人の目から見たら不思議に感ずるのだろう。

その疑問に対して、東洋画が古くから真髄としているのは「気韻生動」であることを、相手のドイツ人に話したいと思ったが、この解説はなかなかむずかしい。

ナチス・ドイツの冬

冬、ベルリンの街に雪が積もると、ティアガルテンの公園に近い日本大使館の工事場も根雪《ねゆき》となり、仕事は休業状態となった。しかし、その雪もとけだし、春が訪れたが、職人の集りが少ない。そのため工程が遅れ、七月に落成する予定もあやしくなっていた。

噂によると、どこか重要な要塞工事に大量の労務者が緊急動員されているらしい。今、西部国境に築かれている防塞工事をジークフリート・ラインという。それは昔の叙事詩「ニーベルンゲンの歌」にうたわれたゲルマン民族の英雄の如く、外敵を勇ましく撃退しようとするものである。それに対抗してフランス側に築かれている要塞をマジノ・ラインという。陸相マジノの発議によるもので、地中海のイタリア国境からスイス、フランスを経てライン川に沿い、ベルギーに至る大規模な防塞工事である。地下は軌道と通信網で連絡し、地上の堡塁は対戦車、対火砲の装甲装置で固められ、鉄骨の柵や鉄条網が延々と山谷を越えて遠距離に続く。それをフランスは難攻不落と豪語している。

だが、電撃作戦を得意とするナチスの軍隊は「鎧袖一触」の気構えが強い。事実、六年前まではベルサイユ条約によって一台の軍用機も持ち得なかったドイツは、ヒトラーの政権把握によって世界に誇る空軍力を備えている。このようにドイツとフランス間の攻防態勢が緊張度を増していると、いつそれが火花を散らすことになるかもしれぬ。もしかすると、この夏か。どこかで誰かが導火線に点火すれば爆発は必至。そんな恐ろしい予測を私たち日本人は不安げに語りあうこともある。

いや、危険地帯は西部国境でなく東部国境だと言う者もある。ドイツとポーランドにまたがる広大な平原は豊かな穀倉地帯と称され、そこに麦が実り、収穫が終れば、食糧事情と戦車の機動条件が整う。その季節が危い。広い平原の遠い彼方には日独防共協定の相手が、冬将軍とともに戦力を貯えている。いずれにしても、戦機は熟しているという。そんな臆測も暗い。

私は職人が手薄となり、工事の遅れている日本大使館の建築現場に立ち、七月に落成する予定を気にしながら、心を一層暗くしていた。

＊

ところが、数日前から急に労務者の出勤が増して、工事が進みだした。起重機が動き、基礎工事の上に煉瓦や石材が積みあげられていく。職人の掛け声も威勢がよく、久しぶりに姿を見せた親方が「ハイル・ヒトラー」と親しく私に挨拶する。

今、ベルリン市には新しい都市改造の計画が進められている。その計画案は大規模なので、ナチスの建国にふさわしい首都を建設しようとする構想はヒトラーの発案による。昨年（一九三八）の一月にその案が発表されると、十月には早くも設計図が完成して、翌月の十一月には工事着工を宣言され、その定礎式にヒトラー自身が臨席している。このようにナチスの建設活動は実に素早く、規模の壮大なのに驚く。

発表された計画案によると、ベルリン市には東西と南北に幹線道路が新しく貫通することになる。そのうち東西軸のティアガルテン公園を貫く部分が既に今年の四月二十日、ヒトラーの誕生日に完成し、盛大な開通式が挙行された。十文字に交叉する二つの幹線道路には、中央官衙の諸建築、党の建築、軍部の建築、そのほか公共や公衆の多数の建築が新築される。それらの建築群は、交叉点の広場から幹線道路にそいながら、都市の成長と共に都心部から外部に向って建てられていくので、旧来の都市において都心だけが過密となり動脈硬化症となる弊害を避けることができる。

なお、市内のポツダム駅やアンハルター駅のように市の中央近くまで乗りいれている鉄道線や駅舎は取り払われ、その終点駅は市の周辺部に移される。それによって生ずる百万平方メートルの広大な空地は緑地化され公園となって、その附近に体育や娯楽、福祉などの施設が建築される。住居地区は十文字に交叉する都心地区の中間地帯にも設けられるので、都心の近くまでアパート建築が建てられ、それによって住と職との接近も可能となる。むろん、郊外にも大規模な集団住居が建てられるが、それに附属する公衆施設のほか樹、花壇などが考慮され、各アパートのテラスに植えられる花の色彩まで注意が加えられているのに、いかにもドイツ人らしい律気と規則を好む生活ぶりが感じられる。

市の西郊には大きな大学都市が新しく誕生することになり、それも工事にとりかかっている。将来、大型の航空機が重要な交通機関となるので、それに応ずるためのテンペルホーフの空港は驚くべき規模のもので、しかも、その位置が都心と直結する場所に設けられる。先日、その工事場を見学に行ってきたが、説明する案内人の言葉の如く、全くコロサールな工事場に驚いた。

よくベルリン人は巨大なものに対する驚歎や賞讃を形容する時、このコロサールという言葉を口から発して、両手を両脇に開く表情をする。それは「オッタマゲタ」とか「ドギモヲヌカレタ」という表情に通ずる。そんなコロサールな工事が、ベルリン市の各所に着工されるので、全市が一つの巨大な工作物の如く、ごったがえしている。そのナチス・ドイツの果断な実行力と建設力に私もコロサールと驚歎の声を発する。

私が建築工事に関係している日本大使館の建設も、このベルリン市の改造計画に含まれるもので、その位置はティアガルテン公園の近くにあり、その附近一帯は「外交官地区」と呼ばれている。閑静な環境で、緑の樹木が多く、いかにも外交関係の諸施設が集まる場所にふさわしい。

日本大使館の隣りがフランス領事館の敷地に当てられ、二週間ほど前から、古い建築の取りこわしが始められている。さらにその隣接地がイタリア大使館で、その工事は完成に近い。そのほか、北欧、バルカン諸国の公邸や官舎がこの地区に軒を並べて完成することになっていて、それも着工されている。日本大使館はこの七月に竣工の予定だが、それが完成すれば、世界の各国にある日本大使館のうちで、ここが最も規模の大きい立派なものとなるので、日本の外務省もヒトラーの計画案に期待をかけている。

以上のように、ベルリン市の改造計画は昨年の一月にヒトラーが宣言して以来、僅か一カ年と数カ月だが、着々と工事が進み、それは第三帝国の建国を確証する如く、各所の工事場は威勢のいい地響きをたてている。数年の後には、ナチスの首都ベルリン市はパリ、ロンドン、モスクワ、ニューヨークに対抗して、世界の人々の目を圧倒するような姿勢となって出現することであろう。いや、ヒトラー総統の演説風な口調を借りると、それは「なるのだ」と断言せねばならぬ。

*

ベルリン市は人口四百二十万。それに対して東京は人口七百万。従って、東京の方が大都市であるが、両都市とも首府としての中央都市である。しかし、首府としての機能は両市の間に相当の相違が感じられる。

東京は明治維新の新政府が制定した国是に基づいて、中央集権の首都となった。その方針に従って近代都市となるために急激な発達をとげ、人口の巨大なマンモス都市となった。そこには、国家の政府機関と社会生活のあらゆる機能が集中している。それに対して各地の地方都市はそれに従属する都市となり、そのため地方都市形態は東京を模倣するものとなり、亜流的な様相さえ地方人の誇りとなっている。このような東京への強い指向精神は、明治以来、日本人の人心に植えつけられた中央集権への根強い尊敬、あるいは服従によるものであろう。

そんな東京に対してドイツでは各都市の歴史的成長には機能分担が重要な条件となっていた。その点はナチス・ドイツに於ても重要視され、各都市の都市計画は国土計画に基づいて、それぞれの各自の機能を明確にすることが強調され、街づくりにおいても地方性の発展と地方色の発揮が義務づけられている。

それ故、ベルリン市は首府であっても「政治」の中心地である。それに対してミュンヘン市は「党運動」と「芸術」の中心として、思想と文化の首府とされている。ハンブルク市は開港市として「貿易」の中心となり、フランクフルト・アム・マイン市は「観光」の中心、ライプチヒ市は「出版」と「商品見本市」の中心となる。ウィーン市もナチスの勢力下に併合されたので、この市は「流行」の中心となって、ファッションの都に指定された。いずれの都市もそれぞれながい歴史と豊かな地方色をもつ都会であるが、さらにナチス精神とドイツ人特有の実行力によって、各市の都市機能に一層の有効を発展させるために、新しい改造計画が立案され、それが実行に移されている。

特に総統のヒトラー自身が熱意を注いでいるのは、ニュルンベルク市であって、ここは

「祭典の都」と呼ばれている。毎年の九月に党の記念式典が催され、その日をパルタイ・タークと言う。国を挙げての盛大な祭典のために、古都といわれるニュルンベルク市に隣接して、今、驚くほどの大規模な式典会場の建設工事が進められている。

このバイエルン州の中都市は中世期には宗教の町としてさかえ、今も市中に美しいゴシック様式の教会堂が残っている。また昔から職人の町として知られ工芸が盛んな町であったので、古い工房が町の方々に残存している。さらにドイツ・ルネサンス期の大画家デューラーの生誕地であるので、この市は世界的に有名となっている。そんな由緒ある古都の史跡や古い建築は新しい都市計画の中には町並とともに保存される。これはドイツの都市計画の最も得意とするところであるが、さらにその旧市街に隣接して新しく大規模な祭典の施設が建設され、その計画の大きさに驚かされる。

ハイポルト広場と称する式典場は十五万人を収容し、パルタイ・タークの日には突撃隊と親衛隊が整列した大群集に向ってヒトラーが大獅子吼する。その式場の工事は既に完成している。そのほかにツェッペリン広場と称される会場はさらに大きく、二十五万人を収容し、軍隊がここで大行進を行う。議事堂も建築中で五万人の席が設けられ、そのほか体育場のスタンドは四十五万人を収容するという。

そんな構想の桁をはずれた大きさに肝をつぶす人が多い。以上の如く、ドイツでは国内の各都市が機能分担によって、各自の地方性と地方色を発揮することに誇りを感じ、それを郷土の使命としていることに、私は心を動かされた。

＊

一ヵ月前パリを訪れた時には、このフランスの首都は春の陽気とともに華やかにはなやいでいた。それは暗いドイツの冬からのがれ、シャンゼリゼの大通りに立った私の目には、驚異の如く感じられた。街には明るい流行が目をひく。古いカテドラルの前に立っても、石の肌にはドイツと違った明快な造形の分割法や明暗がそこに生きている。この花の都には緊迫した各国の政局を打ち消すように、陽気な美的センスが街の姿や人々の暮しの中に美しく繁栄しているのを眺め、それがパリ人の誇るフランスの栄光であろうと考えたりした。

だが、郊外に出てみると、ひどくさびれている。新築したばかりのモダンな高層アパートに住み手がなく、無人の建物は窓ガラスが割られたままになっている光景には、陰惨な印象を受けた。工場地帯に行けば、街に不況の影が濃くただよい、労務者の群にも活気が乏しい。

私はパリでル・コルビュジェ（Le Corbusier 1887-1965）に会った。日本から持参した紹介状を手渡すためだったが、訪ねると、この世界的に有名な建築家のアトリエは古びた僧院のような建物で、内部はひっそりとしている。相手は私にフランスでは仕事のないことをかこち、対話の途中で、満州国にでも大きな仕事はないだろうかと、そんな相談をもちかけられた。その満州国は国際連盟で否定された新興国である。従って、フランス国もその存立を承認していない国であるが、この世界的建築家がそこに仕事を求めようとする心境に、フランス建築界の深刻な不況ぶりが私に察せられた。

そんなわびしいフランスの現況をベルリンで思いかえすと、今、ドイツの国内に推進されている建設事業のたくましい活躍ぶりが魔術の如く思われる。ドイツでは各都市のたくましい改造工事が推進されているほかに、ライヒス・アウトバーン（国有自動車道路）の建設も目ざましい。これはヒトラーが一九三三年に政権を握ると同時に、その建設を宣言したもので、挙国の大事業である。既に二千キロの長距離が完成し、進行中の工事が千七百キロ。さらにオーストリアが合併されたのでウィーンまで延長される計画が発表された。

フォルクス・ワーゲン（国民自動車）の生産も大々と宣伝され、国民用の大衆車としてドイツ独特のタイプを誇るこの車は、既に試作車が街を走り、国民からの予約を受けつけている。それはアメリカ合衆国が大量生産を誇るフォード車に対抗するもので、世界の自動車界に大きな波紋を投ずることになろうといわれている。なお、それどころか、六年前には一台の軍用機をも持ちえなかったこの国の空軍は、英仏に対して脅威を与えるほど軍備を既に整えているとドイツ人は言う。

以上のような建設力と生産力の巨大さは、いったいどんな経済機構の上に立っているのか、驚かざるを得ぬ。その絶大な実行力を推進している財力とか資金は、どんなしくみになっているか、専門外の私には奇跡のように思えて、ただ目を見はるばかりである。

なお、ドイツへ来て驚いたことは建築様式に対する厳しい統制である。第三帝国の世界観を表現するものとしてナチス政府の主張する以外の様式は、建築、工芸、家具はもとより一枚のポスターにさえも許されない。絵画、彫刻においても同様であって、それに反するものには強力な弾圧が加えられる。それ故、ナチス以前にドイツの美術界が世界に強い影響を与えていたインターナショナルなモダニズムはユダヤ的なものとして排撃される。制作どころか作者は国内の居住も許されない。それに応じない者には強制収容所がある。

表現主義の建築家として世界に知られていたブルーノ・タウト。バウハウスの創設者、そして名高い建築家グロピウス（Walter Gropius 1883-1969）、その協力者のミース・ファン・デル・ローエ（Mies van der Rohe 1886-1969）。奇才の画家といわれたカンディンスキー、同じく写真家のモホリ・ナギーなど、すべて国外に追放されている。

今、ドイツでは建築とそれに関する造形の設計はすべて「建設総監局」の統制に従わねばならぬ。それはヒトラーに直属し、都市計画も、各種の建築の様式、壁画、彫刻、その他の造形意匠と称されるものはすべてここの指令と監理下に置かれている。その「総監」にアルベルト・シュペール教授（Prof. Albert Speer）が新任し、ヒトラーの信任が厚く、国務大臣に相当する最高の権限がこの建築家に与えられている。彼の姿は、重要施設の定礎式や落成式のニュース写真や映画に、いつもヒトラーと並んで登場しているので、ドイツ国民には広く知られている。

そのシュペール教授は一九〇五年マンハイムに生まれ、一九二三年にはカールスルーエ工業大学建築科入学、ミュンヘン工業大学を経て、二八年にはベルリンのシャルロッテンブルク工業大学の助手となる。一九三一年にヒトラーの演説を聞き、感激して入党。党の信任を得て、ニュルンベルクの大会式場を設計し、ベルリン都市計画の最高責任設計者となるなど花々しい活躍のあと、国務大臣級の要職である「建設総監」に就任。それによって建築、工芸、都市、国土を含めた造形全般を統轄する最高責任者となり、ヒトラーの意志のもとにドイツ民族のたくましい建設力とゲルマンの美意識を造形活動に高揚することが建設総監の権限となっている。

＊

そのシュペール教授に、私は今日の夕刻、会うことになっていた。それは私が日本大使館の新築工事に関係する建築家であるので、監督官庁への表敬訪問を意味する。

そのために大使館の職員とともに、ブランデンブルク門に近い「建設総監局」の事務所へ、約束の時刻に出かけた。黒ずんだ煉瓦造りの玄関には銅製の表札がかかり、それに鷲の紋章と首都建設総監の文字（Reichsinspektor für Hauptstadt）が刻まれている。

応接間に通されたが、総監は来客と面談中だったので、私たちは革張りの大きな椅子に腰かけて待つ。見ると、前のテーブルに写真帳が置いてある。ページをめくると、ヒトラー総統の官邸を撮影した写真集である。石造建築の堂々たる外観や、室内の広間、謁見場、大食堂、それにモザイクの壁画、豪華なシャンデリアの写真が多数に集められている。

この官邸はこの一月に竣工したばかりで、シュペール教授の設計により、ナチス・ドイツが主張する建築様式と室内意匠を示す代表建築とされている。しかも、工期は僅か十カ月という短期間で完成しているので、ドイツが誇る建設技術の迅速さを実証したものとドイツ人は誇っている。

　私はそれが竣工したあと、工事に関係した建築家の案内で、その官邸を見学しているので、写真帳のページをめくりながら、ヒトラーの書斎には立派なテーブルの上に著書の『マイン・カンプ（わが闘争）』が一冊のせてあったのを思いだしていると、隣室の扉が開いて奥へ案内された。

　そこにニュース映画や新聞の写真などにしばしば報道されているシュペール教授が立っていて、私の手を握った。相手は一九〇五年の生まれで三十四歳の青年建築家。私は明治三十七年、つまり一九〇四年生まれの三十五歳。それに盟邦の日本から派遣された建築家であり、同じく教授の間柄でもあるのだろう。お互いに打ちとけた気持で対坐する。

　大島浩大使からの伝言を伝え、工事中の日本大使館について技術的な要点などを打ち合わせていると、相手の落ちついた話しぶりや、温厚な表情に少しもいかめしさがない。そのためナチス政府の最高官吏に対面しているという感じがなく、同年輩の同僚と対談しているような気安い印象を受けた。

　用談が終ると、奥の部屋へ案内される。広い部屋が製図室となっていて、多くの職員が働いている。壁にはベルリンの新しい都市計画の図面や調査表、統計図などが張られ、別室にはたくさんの石膏模型が並ぶ。テンペルホーフの大飛行場、ベルリン市の中心に作られる大円形広場、そのほか多くの集合住居や西郊に計画されている大学都市の模型などが多く陳列されていて、その大量な工事計画に圧倒される。係官の説明を聞いたあと、外に出るとウンター・デン・リンデン街は暗くなって、街灯が輝いていた。

帰路、私は思う。今、会ってきた若い建設総監の肩に、全ドイツの造形美術に関する意匠統制の重任がかかっている。その政治的最高責任者としての職権が、激動している政局に、どんな試練を彼に与えることになるか。歴史はこのベルリンを中心として渦まいている。そんなことを考えながら、シェーネベルクのパンション・エリクゼンに帰ってきた。年老いた女主人は、私が建設総監局でシュペール教授に面会してきたことを聞くと、目を丸くして驚く。

国際列車

ベルリンの市内には広場が多い。私が下宿しているシェーネベルクの住宅街にも、数本の道路が放射状に集まる所が小公園となっている。石の彫刻が置かれ、その周囲のベンチに街を散歩する人や、近くに住む老人たちが休息する。その街の広場にリラの花が咲きだした。

薄紫色の小さい花がこぼれるように咲きみだれ、微風が花の匂いを含み、文字通りの薫風となって、そよ吹いている。日ざしは明るい。そんな街頭風景に、ながい冬の重圧から解放された陽春のすがすがしさを感ずる。

この花は日本ではライラックの名で親しまれている。しかし、どうしたわけか、この庭木は日本庭園には少なく、公園や街路にも、あまり見受けない。家が木造であり、橋も家具も、食器や箸まで木を用いている私たちには、庭木や花の選択にも独自な好みが昔から受け継がれていて、それが今日の日常生活にも生きているのかもしれない。それに対して、ここでは家も橋も、道路の舗装まで石か煉瓦である。そのため公園や街路の花にも、それにふさわしいものが古くから選択されているのであろう。そう考えると、リラの花がいかにも石造の街にふさわしい。

この花の風情は楚々としているが、私たち日本人の好みからいえば、「洋画的」である。その上、この花の開花が、ながい冬からの解放感を、石造の街に住む人々に告げてくれる。そのため陽春の愉悦を感ずるのであろう。

同様の印象を街路樹の新緑にも受ける。ここでは遅い春の訪れに、街に植えられた木々が一斉に若葉をひろげる。その季節感は実にすばらしい。みずみずしい緑色は色彩が豊富で、日本の街路樹から受ける新緑の印象と全く違う。これも、暗い冬からの脱却感が、人々の目にいきいきとした愉悦を実感させるためであろう。

ここでは「五月の唄《マイ・リード》」という言葉がある。五月になると、街ばかりでなく野や山に新緑が満ちあふれる。その万緑の季節に青年は人生の青春を謳歌し、老人は過ぎ去った青春を回想し、残り少ない人生に活気を加えたいと希望する。それが五月に感ずるドイツ人の詩情である。日本の俳句でいえば「季感」に相当するのであろう。

そんな新緑の季節に、私は旅に出た。汽車に乗って南下する。窓から外を眺めていると汽車の進むに従って、窓外の風景は陽春から早春へと、季節は逆行していく。イエナあたりの山中にさしかかると、木の芽はまだ固く縮こまっている。ニュルンベルクにおりて、古い町並みや、郊外に新しく建設されているナチス党の大規模な祝典施設を見ていると、ひどい雨にあい、それが氷雨のように冷たかった。ミュンヘンでも、さんざんな雨にあった。

チロル地方では、遥かに見えるアルプスの鋭い峯に白い雪が積っていて、そこは厳冬である。スキーの中心地で有名なインスブルックで民族博物館などを見たあと、イタリア行きの列車に乗った。

窓から望むと、遥か南の空が晴れている。五月のイタリアはもう初夏であろう。そこでは憧れのイタリア建築がロンバルディアの野や、アルルの谷、テベレの川岸に、まぶしい南欧の日ざしを受けて、大理石の肌を明るく輝かせていることであろうと思うと心が躍ってきた。

イタリア行きの国際列車は乗客が多い。私は予約席によって窓側のいい席に坐ることができたが、真向には中年の男が坐り、そのほかに三人の婦人が乗り合わせている。男は黒く縮れた頭髪とぎょろりとした目つきによって、すぐイタリア人とわかる。胸の襟にファシスト党員の徽章をつけているので、こちらも緊張する。婦人達は相当な年配で、三人ともドイツ人らしい。

そこへ、若い男女の二人づれがトランクをかかえながら乗り込んできた。あいにく六人掛けの部屋に空席が一つしかないので、しばらくためらっていたが、他の部屋が満員となっているので、仕方なく、男は女をその一つの空席に坐らせ、自分は廊下に荷物を置き、それに腰かけていた。見たところ、その二人は新婚夫婦らしい。服装が渋いホーム・スパンであり、その色合いや柄から北欧人だと思われた。

そのうち三人の婦人達は互いにドイツ語で言葉をかわし始めた。しかし、異国人が同席したコンパートメントの室内には、小さい国際意識が漂い、うちとけない気配が立ちはだかっている。だが、イタリア人の男は時々口笛を吹いて、ひとり陽気そうに見えた。

汽車はこんな七人の登場人物を同席させ、二半時も走ったろうか。

すると、若い女性が立ち上って、廊下にいるつれの男に向い、席をかわり、自分が廊下に立とうとする。しかし、男はそれに応ぜず、女を室内に腰かけさせ、自分は廊下に立ち続けようとする。そんなしぐさを眺めていたイタリア人は太い胴体をちょっと横にひねって、自分の脇に小さい余地をつくり、廊下に立っている青年をさし招く恰好をした。

しかし、その余地があまり狭く、小猫でも坐らせるほどしかなく、しかも、そのしぐさが如何にも剽軽《ひょうきん》だったので、今まで礼儀よくしていた婦人達も朗らかな笑い声をたてて笑いだした。そして自分達も身体を互いに縮めあう恰好をして、若い女性の横に一人分の余地をつくり、廊下に立っている青年を招じ入れようとした。

青年はそれに対して、ためらっていたが、部屋の中に湧きだした明るい気分に釣り込まれて、これも笑い顔となり、一同に礼をしながら部屋に入り、その余地に腰をかけたが、いかにも気がねそうだった。

これで、定員六名のコンパートメントは七人詰めとなり、文字通り超満員となったが、ここドイツでは定員に対する考えがひどく厳しい。映画館でも定員以上の入場券は一枚も売らない。ベルリンの市内を走っているバスも、二階席に一人でも余計に乗り込めば、車掌はその余分の一人が降りるまで、がんとしてて自動車を止めて発車しない。そんなドイツ国内を走る列車の中で、しかも口やかましそうな中年のドイツ人達を微笑させながら、若い男女のために定員超過を軽く応諾させたのは、同席したイタリア人の手柄だった。

この小さい出来事によって、車中の一同は陽気なイタリア氏に好感を持ちだした。もし、これが日本の講談だったら、旅に難渋する若い男女の連れに出会った親分のように、ひと肌ぬいだことになる。そう思うと、このイタリアの小父さんの表情に、昔、日本の街道筋で幅をきかした親分を連想する。そんな自分勝手な想像をしながら、この口笛を吹く朗らかなファシスト党員に、私は打ちとけた感じを抱いた。

これがきっかけとなって、今まで狭い室内にわだかまっていた小さい国際意識が急にほぐれ、イタリアの親分はローマの商人であることを名乗った。それに答えて三人の婦人はドイツ人で、それぞれフィレンツェやローマに行く途中であり、若い男女組はスウェーデンのストックホルムに住み、男は建築家であることがわかった。日本人の私もまた建築家であることを相手方が知り、これで車中の登場人物の身元も判明し、一層なごやかな気分が湧きあがり、お互いに話がはずみだした。

私は職業が同じなのでスウェーデンの若い建築家に話しかけてみた。首府ストックホルム市に建っている市庁舎の設計者エストベルク（Ragnar Östberg 1866-1945）氏は、その伝統的な美意識の中に新しいスウェーデンの意匠精神を発揮した作風によってイギリスの王立建築家協会から金メダルを授与されていたので、その世界的建築家の名前を、この青年に告げてみた。すると、相手はそれが恩師であることを述べ、師の美しい作風を礼讃しだした。

次に、私は、新しい国際主義の建築家たちがスウェーデンではどんなふうに考えられているか聞いてみたくなり、フランスのコルビュジェ、ドイツのグロピウス、さらにオランダのオウト（J. J. P. Oud 1890-1963）、アメリカのノイトラ（R. Neutra 1892-1970）など、新鋭の合理主義建築家の名前をいい並べてみると、相手はコルビュジェやグロピウスの才能は確かに偉いが、彼らは建築家であるよりも画家や理論家であると答える。そのほか諸外国の建築家たちについては、あまり斬新なことばかりに気をとられていると、頭の中が混乱してしまうと言いながら、耳のあたりに指で小さい輪をぐるぐる描いて見せた。

きっと、これは同様に彼の師であるエストベルク氏の意見であろうと、私は考える。それは過去の美しい建築様式から自国にふさわしい新しい意匠美を探究しようとするもので、そのために自己の作風に精魂を打ちこんでいるのが、建築家エストベルク氏の制作態度である。その意匠精神が弟子の言葉から響いてくるような気がし、私もうなずいて見せた。

それならば、ナチスの建築はドイツの国粋美を発揮するために、すべての建築家を同一軌道に整列せしめようとする。そんなナチス・ドイツの強硬な様式統制をスウェーデンの建築界はどう思っているか、質問してみたかったが、車内に同席するドイツ婦人を考慮して、その質問はさしひかえた。今、ドイツでは「芸術批判」に代って「芸術鑑賞」という言葉が用いられている。それは芸術や美術に対する自分勝手な批評を禁止するものであって、ドイツの市民は会話の中でもお互いにそれを避けあっている。

そんな二人の建築家の会話に、こんどはイタリアの小父さんが割りこんできた。彼はムッソリーニのように目玉をぎょろつかせながら、新しいイタリアの建築は古い伝統の模倣でなく、新しい未来を建設するために新様式の樹立が重要だと、演説口調で語りだした。これはドイツの「フューラー（総統）」に相当するイタリアの「ドゥーチェ」が、新イタリア建設に当って造形文化の革新を宣言した時の言葉である。そのムッソリーニの主張をローマ市の一商人の口から、しかも汽車の中で聞くのに私は驚いた。それは胸のファシスト党員章がだてでないことを示すものであったが、相手の口調はイタリア人らしい明るさを含んでいる。それがナチス党の強い語気と違う。このことは、同じく独裁国ではあっても、両国の美術政策の美意識に著しい相違があることを示すものとして、対坐しているイタリア小父さんの口調に私は興味を感じた。

新しい前衛主義の美術というものは大衆に理解されず、少数の理論家や一部のディレッタントたちに支持されているのが特色となっているが、ファシスト・イタリアでは前衛美術が国家的な支持を受け広範な文化活動の建設事業に文化の革新を宣言した時の言葉である。そのムッソリーニの言葉がローマの一商人の口から、しかも汽車の中で聞かされたのに、私は驚いた。

新しい形式の美術運動というものは、伝統主義の美術とちがって活躍している。新しく建設される官庁や公衆施設の建築はすべてモダン・スタイルであり、デザインの斬新さに全く驚く。だが、それはナチス・ドイツに於てはユダヤ的な美として強い弾圧を受けていることを思うと、二つの独裁国家の美術政策が全く異なるのを知る。その相違点を同席のイタリア小父さんはファシスト党員として、日本の建築家である私とスウェーデンの建築家である青年に念を押したく、そのためにムッソリーニもどきの演説口調になったのだろう。

＊

汽車は山岳地帯を走っている。天候が晴れ、澄みきった空気に、窓外の景色は画家セガンティーニの絵のように見える。牧場の傾斜地には若草がビロードのように萌えたち、チロル様式の木造民家がいくつも見える。板ぶきの素朴な屋根だが、軒にとりつけた民芸風の飾りが興味をひく。小川には清い水が流れ、牛の水飲み場だろう。太い丸太を半分に割り、内側をえぐり取った形の水槽から、清水があふれ出ているのも目にとまる。

村へ通ずる坂道の路傍に古びたキリストの聖像が立っていて、一面に咲いた野の花が、澄んだ高原のそよ風に美しく揺れている。

＊

汽車は国境の駅に止った。制服姿の係官が入ってきて、出国の検査が始まる。私もパスポートと所持品を示し、入国した時の外貨証明書を見せると、日本人かと軽い質問を受けただけで、荷物の検査もなく通過した。イタリア人も同じ程度ですんだのは、盟邦のためであろう。スウェーデン人はトランクの蓋をあけたが、無事通過。

ところがドイツ語を語る婦人の中の一人が示した所持金が規定額を超過していたのだろう。余分の銀貨は没収され、それから事が面倒になった。ハンドバッグを開く。手帳のページをめくる。持参のサンドイッチのパンとハムの間まで調べるという手きびしい詮議が始まった。

婦人の表情は固くこわばる。私たちもどうなることかと驚く。親分肌のイタリア小父さんもこれには手の出しようがないといったかっこうで、おしだまっている。

やがて検査は終ったが、一同の硬直した気分は散逸しない。うっかり話しだすこともできず、気まずい感じに包まれていると、汽車が動き出し、やれやれと安心する。当人の婦人はドイツの女性らしく、せっせと元気よくトランクのあとかたづけを始めたので、一同も気分をとりなおした。

＊

汽車が有名なブレンネルのトンネルを越すと、いよいよイタリアだ。

窓外の景色が一変する。今までドイツ側で見た高原風景が、けわしい山岳地帯となる。汽車は急勾配を快スピードで急降下していく。地勢の変化とともに民家の様式も急変する。チロル風の民家は姿を消して、校倉《あぜくら》風の家が現われる。屋根には黒いスレートがふかれていて、がっしりとした素朴な姿が、風雪のきびしさを示す。だが、太陽光線は明るく山岳の稜線が鮮明に見える。

この峠をゲーテも越した。三十七歳の詩人が岩角に腰をおろし、遥かイタリアを遠望している構図の絵が、日本で出版された『イタリア紀行』の口絵となっていたのを思いだす。車中のイタリア小父さんも故国に入って嬉しいのだろう。胸をつきだして、また口笛を吹きだした。

まもなく汽車はイタリア側の駅に着き停車する。係員から入国検査のためパスポートや所持金の質問を受けたが、トランクの内部を調べられたのは自国のイタリア小父さんだけで、あとはフリーパスだった。

検査がすむと、私とスウェーデンの青年はイタリア小父さんに誘われて、駅のプラットホームに降りる。見ると、駅の建築がモダンなスタイルで、屋根が突出梁となり、軒には紫色のモザイク・タイル、柱と壁には立派な白大理石がはられているのに驚く。掲示板に張ってある観光ポスターのセンスもしゃれている。それを指しながらイタリア小父さんは自国のモダンな発展ぶりを自慢する。

駅を警備している兵士も山岳部隊で帽子に黒い鳥の羽毛をふさふさとつけ、鋲を打った登山靴と、肩にかけたピストルで身を固めている。そんな制服姿が美しい民俗衣裳のように見えるのも、宣伝効果を考えた国策によるものであろう。

私は駅で売っている赤いつぶらな山苺と、黄色い丸々としたオレンジを買って汽車に乗り込む。動きだした車内でそれを分けあって食べると、南欧の果物の明るい色彩と新鮮な香りが、暗い気候のドイツから来た私の体の内にしみこんでくる。

イタリア小父さんは駅で買ってきた新聞をひろげて私に見せる。文字はわからないが、第一面にムッソリーニが群衆に向って獅子吼している光景や、新しい政策を実証するような官衙の新しい建築や、大規模な計画の模型などの写真が多数に掲載されている。それによって、新興イタリアもドイツと同じく国情が、政局が、はげしく動いているのを知る。

すると、扉をあけて車掌が検札に入ってきた。各自、切符を取りだして見せたが、スウェーデンの青年は切符のほかに証明書のようなものを示している。車掌はそれを見ると、表情に微笑をたたえ、男女二人づれの手を見る。指に新しい金の指輪がはめられているのを認めると、青年の肩を軽くぽんと叩いて、出ていった。

二人づれは想像していたように新婚夫婦だった。こちらでは新婚旅行には一人の乗車券で二人が旅行できる制度があると聞いていたが、同車の二人がそれであるのを見て、私もほほえんだ。

＊

汽車は平地を走っている。気温もあがってきて、窓の外には葡萄畑や桑畑が見える。農家のスタイルも変って、赤い素焼きの瓦を屋根にふき、壁は煉瓦や石造となって、いよいよ本格的なイタリアの景色が窓外に展開しだした。

そのうち、イタリア小父さんが急になにか思いついたらしく、私に向って小声で、こんな文句を歌うように語り出した。わかりにくい発音だが、

「しーきーしーまーのー」と言いだした。

驚いて私が目を見はると、続いて、

「やーまーと、ごーこーろーを……」

次がとぎれて思いだせない様子なので、私が、

「人問はば、朝日に匂ふ」と言ってやると、

「やーまーざーくーらーばーなー」

と言い終って、さっきの車掌がしたような手つきで、私の肩を軽くぽんと叩いた。

そして、こんどは他の連中に向って、日本の詩を紹介すると言って、

「敷島の大和心を人問はば――」と歌いだした。声はさすがイタリア人だけあって、美しいバリトンである。歌い終ると、皆は拍手しながら、その詩の説明を私に求める。しかし私の貧弱な言葉で、古い日本の和歌の精神を、風土や人情の異なった国の人たちに説明するのはむずかしかった。

それでも相手は納得した様子だったが、それよりも私には、どうしてこのイタリア人が、こんな日本の和歌を知っているのかそれが不思議だった。よく日本通を自慢する外人が歌いだす日本の歌はたいがい「桜さくら……」か、そうでない時は低俗な流行歌だったりするので、説明する時に冷汗をかく場合がある。しかし、今、イタリア行きの汽車の中で偶然に乗りあわせたローマ市の一商人の口から、たどたどしい調子で歌いだした歌が、こともあろうに本居宣長の和歌であるのに私は全く驚いた。

聞くと、旅で出会った日本人から教わったと言う。驚きながら、イタリア人の口が語りかけるこの歌に耳を傾けていると、遠い故国の春に咲く山桜の花が私の目に浮んできた。

この歌については日本の武士道をうたったものだと説明されているが、今の私にはそんな教訓的な解釈よりも、ただただ日本の花の美しさ、それが朝日を受けて匂うように咲いている光景が心を打つ。その山桜の美的心情が歌ごころとなって、深い感銘を私に与える。これは危機をはらんでいるヨーロッパを旅行している旅情によるのであろうかと、そんなことをふと思う。

それにしても、この和歌を行きずりのイタリア人に教えた日本人は、いったいどんな人であろうか。その人を私はゆかしく思った。

やがて、汽車はベローナの駅に着いた。そこで、私はベネチア行きの汽車に乗りかえることになっていた。コンパートメントの部屋に乗り合わせた七人の登場人物のうち一人が退場するので、他の六人が残り惜しそうに、言葉をかけてくれる。ことにイタリアの小父さんは私のために重いトランクを網棚からおろす。大きな声でポーターを呼ぶ。イタリアの「赤帽」は黒い帽子をかぶっていたが、そんな荷物の世話まで焼いてくれる親切が、私の身にしみる。

プラットホームにおりた私は、汽車の窓からさし出される六本の手と、かわるがわる固い握手を交して、その人たちと別れた。

ファシスト・イタリア

イタリアの旅を終えて、明日はスイスへ向かおうとする日の午後、私はミラノの街角で、テラスに腰かけコーヒーを飲んでいた。

小雨がしとしと降っている。午前、サン・アンブロージオの教会などを見て廻っていた時には薄曇りだったが、午後になると、雨がふりだし、大理石の家も街もしっとり雨にぬれている。

この地方は大理石の産地として名高い。そのため街の家も、道路の敷き石まで、良質の大理石である。それがながい歴史の年月によって古び、古都にふさわしい落ちつきと、重量感を感じさせる。その雨にぬれた街の風情に南イタリアや中部イタリアと違った表情が濃いのを眺めながら、アルプスに近く来ているのを感ずる。

約半月ばかり、私はイタリアをひとりで歩き廻った。あわただしい旅で、いつも何かに追いかけられているような気持に包まれていたのは、緊迫した時局のせいもあるが、このイタリアではどこへ行っても、名建築が多い。全くその感銘に、私は圧倒された。それは歴史に聳える建築の巨峰であり、連峰である。アルプスの如き建築に、私は坂道をよじ登る強力《ごうりき》のように、心に鞭打ちながら歩き廻った。多くの教会堂を訪ね、僧院をめぐり、巡礼のように深い感銘にひたった。それこそ寝食を惜しんだ。だから、イタリアでは苦行の旅だった。

その旅も北の果に近づき、今、ミラノの街角で、テラスに腰かけながら疲れた体を休めているのだが、そぼふる小雨の向うにカテドラルの高い塔が見える。この大聖堂は純白の大理石で築かれ、着工されたのは十四世紀、完成が十九世紀のなかば。高さ百八メートルの大尖塔と百三十五本の小尖塔が落成するまでに五世紀のながい時が流れている。私は高い塔に登り、屋根にふかれた白い大理石の瓦を踏みながら、石の造形に打ちこめられた人間のたゆまざる建設力の強さと、ながい歴史を貫く信仰心の堅さを、足の裏にジカに感じた。

＊

今日は、なにかファシスト党の大会でもあるのだろうか。街の広場が多勢の人で混みあっている。その人混みの中に、真紅の上衣を着た少女団の若々しい姿が目だつ。いつもは党の代表色である黒い制服で身を固め、雨のふる日には、将校の着るような長い黒のマントを着て、ちょっとイキな感じのするファシスト少女団が、今日は、鮮やかな赤い上衣を着ている。その一団が広場を横切っていく姿に新鮮な色彩効果を感じた。このように新興イタリアでは日常の生活や政治の運動に、新しい色彩効果が取り入れられていて、ファッシスト党の政治意識をもりあげている。

これは政策と色彩のモダンな結合である。そんな新鮮な色彩効果は服装のデザインばかりでない。建築、絵画、彫刻、工芸を含めた造形意匠に、ここでは驚くようなモダニズムが主流となっている。それが国家の政策となっている。つまり官許の美術活動である。

このような美術と政治の結合はナチス・ドイツでも同様であるが、ドイツでは国粋的な伝統主義が官許の芸術運動となっている。そのため表現派、抽象派、バウハウスのような前衛的造形運動は、国策に反抗するものとして厳しく弾圧されている。従って、そのような美術家や建築家は強制収容場に監禁されるか、国外に追放される。

ところが、イタリアではモダニズムが行動権を握っている。驚くような新しい前衛的なスタイルの建築や彫刻、絵画が官庁建築や公共施設に目ざましい活動を実行している。ドイツもイタリアも共に全体主義国家であり、独裁政権であり、同盟国であるのに、美術政策は全く相容れない主義主張を堅持している。そこにヒトラーとムッソリーニの著しい相違点があり、それは世界観によるものか、あるいは両巨頭の性癖によるものか、とにかく様式樹立の精神と実践に於ては全く両極端である。

＊

「花の都」とうたわれたルネサンスの古都、フィレンツェ市の中央停車場で、私は汽車をおりた時、駅舎のすばらしいモダン・スタイルに目を見はった。プラットホームの庇は飛行機の翼のように、新しい構造の片持梁《かたもちばり》となっている。そのほか、屋内のホール、外観などは簡潔な構成となり、構内の壁面に張ってある蛇紋石の濃い緑色や、貴賓用玄関に用いられている白大理石など、色彩効果はみごとである。待合室の羽目板には渋い色彩が選ばれていて、好感を誘う。

感心したのは平面計画の巧みさで、乗客が汽車に乗るまでの順路、汽車から降りた者が構外に出るまでの順路、それと貨物や駅員の通路など、各種の動線が具合よく連絡されている。これなら、東京駅のように複雑な動線によって乗客が困る心配も少なかろうと思う。舗装の一部に硬質ゴムが使用されているのも珍しい。それは将来の道路の舗装を予言するもので、それを早くも実現していることに、新興イタリアが誇る技術の進歩が誇示されているように思えた。

そんなモダンな駅舎を出て、駅前の広場に立つと、向う側に十五世紀の建築家アルベルティー（Leon Battista Alberti 1404-1472）の設計したサンタ・マリア・ノベラ教会の鐘楼がそびえていて、そこには大画家ギルランダイオやフィリッピノ・リッピの有名なフレスコ壁画が保存されている。さらに少しく歩けばサンタ・マリア・デル・フィオーレの大聖堂に至る。このカテドラルは「花の聖母寺院」といわれ、そこには大画家ジオットの設計した高い鐘楼のカンパニーレと大建築家ブルネレスコ（Filippo di Ser Brunellesco 1377-1446）の設計したドームが聳えている。これこそ初期ルネサンスの宝冠とたたえられる名建築である。

このように、今、フィレンツェでは過去の偉大な名建築と、ムッソリーニが誇る現代建築とが相接している。私は最新式の流線型のディーゼル機関車がひく急行列車に乗り、そのモダンな停車場に到着し、新興イタリアの盛んな造形的突進力を感じた。

ムッソリーニは宣言した。

「過去のイタリアと並びない新しい祖国を建設するために、現代の新しい芸術を創造し、その実現のために大胆な活動を実行すべし」と。

これがファシスト・イタリアが推進する美術政策の理念であり、その運動の根本精神である。

＊

彼は一八八三年（明治一六年）、イタリアの北東ブレダッピオ郡に住む鍛冶屋の子として生まれた。小学校の教員となり、政治運動に参加し、逮捕、追放をうける。そののち社会党の機関紙の編集長に指名される。欧州大戦に召集され、戦後、国民ファシスト党の「ドゥーチェ」（首領）になったのが一九二二年（大正一一年）。さらに内相、外相、陸海空の各相、拓相、労働相をも兼ねて精力的に活躍。遂に一九三五年（昭和十年）、エチオピアを侵略する。日本はナチス・ドイツとともに日独伊三国同盟を結び、互いに枢軸国を名乗っている。

その素性と人生が新興イタリアの美術政策に影響しているのであろう。黒い鉄のような強い意志は、鍛冶屋の息子として生まれた素性によるものかもしれない。古い歴史的な様式を捨てて革新的スタイルを打ち立てようとする進歩的な行動力は、波乱に満ちた人生行路によるのであろうか。そんなことを私は考える。

一九二六年（昭和元年）ファシスト党の独裁政権が樹立されて間もない頃だった。ローマの若い建築科の学生たちが集まり、新しいモダニズムの建築展覧会をヴィア・ナツィオナーレの大通りで催した。学生たちの設計図は前衛的な気焔を挙げたもので、それに古い伝統主義を固守している作品の写真を並べ、大家たちのデザインは下劣な模倣主義だと非難した。

ところが、槍玉にあげた建築の中にアカデミー会員の作品があったので物議をかもし、学生たちは大学当局から叱責を受けた。それに対して学生側が反抗し、事が大きくなろうとしている時、ムッソリーニが展覧会を見に来て、学生たちの設計図にこれこそファシスト党のイデオロギーに合致するものだと賞讃した。その発言によって学生たちの大勝利となり、それが契機となってモダニズムの建築スタイルが党の公認を得ることになったといわれている。

さらに一九三一年（昭和六年）芸術評論家のパルディーが「建築に関する意見書」をムッソリーニに建白した。それは「新興イタリアの建築は科学主義に立脚し、そのデザインは合理性を主張すべきである」と論じ、「そのためには歴史的な様式の借用は不必要だ」

と建言した。それがムッソリーニの宣言となり、それによって建築のみでなく、絵画、彫刻、工芸、商業美術を含めた新しいモダニズムの美術政策がイタリア全土に進展することになった。

このようにファシスト・イタリアの美術政治は、めざましい活動を続けている。これは最初の出発点から、ムッソリーニの支持を受けた、「官許」の芸術運動であったからである。前衛芸術というものは、前の大戦直後、ドイツとフランスに興ったが、最初の動機は生活苦と思想苦から燃えあがったものであるため、個人主義であり反抗的であった。行動も少人数の私的な活動であり、反統制がその芸術的情熱だった。しかし、ここではモダニズムが国策に乗り、官許の芸術運動となった。そのため党の統制が即ち前衛的行動である。これは珍しいモダニズムの国営的祝福といえよう。

ワイマール時代のドイツに活躍した前衛美術家はヒトラー政権によって国外に追放された。表現主義の建築家だったブルーノ・タウトも家を外出したまま、家庭を捨てソ連へ逃げた。しかし、スターリンのソ連は抽象美術を禁圧し、そのためタウトはシベリアを経てウラジオストクから日本の敦賀にたどり着いた。そんな逃避行の果、京都で桂離宮とめぐりあい、伊勢で伊勢神宮に感歎し、その著書『日本美の再発見』を著した。これは一人のタウトが歩んだ道だったが、ドイツを追われた多くの前衛美術家は皆それぞれ苦難の道を歩んでいる。

それを思うと、ここイタリアはモダン美術の楽園のような気がする。活動は花々しく、規模も大きい。モダン美術は我が世を謳歌している。ムッソリーニが誇る「完全開墾事業」「新住居建設計画」そのほか「結核全快治療」「余暇休養施設」「少年団宿舎」などの国策による建設工事に建築家が動員され、多くの美術家が造型活動に参加している。その実例として、フィレンツェの新停車場やローマ大学の新校舎、ミラノ市が誇る大規模なアパート建築群。それを見て、そのスタイルのモダンぶりに私は目を見はった。

イタリアを旅行していると、各地で美術展覧会や規模の大きい博覧会が催されているのに、よく出会った。これは観光シーズンをひかえ、国外からの旅行者を目当てに、外貨の獲得を目的にしたものだといわれているが、どの催しも内容が充実しているのに、さすがに美術国のイタリアだと感心した。

ローマ市では「現代美術展覧会」や「鉱業博覧会」が催されていた。フィレンツェ市では「メジチ家展覧会」が開催中で、このルネッサンス期の名門に関する貴重な資料を多く見ることができた。ベネチア市の「ヴェロネーズ絵画展」では、このベネチア派の巨匠が描いた名画のかずかずと、画家と由緒の深い土地を見ることができたのは感銘深かった。

さらに驚歎したのはミラノ市に開かれている「レオナルド・ダ・ヴィンチ博覧会」である。

これは画家レオナルドの絵画だけでなく、科学者レオナルドの多方面な業績を総合的に集めたもので、私はこの博覧会の予告ポスターがベルリン市の冬季に、街角や美術館の掲示板に張りだされた時、そのポスターを眺め、是非それを見たいと考え、こんどのイタリア旅行も、その博覧会の会期中に合わせたのであった。

そんな期待を抱きながら、ミラノ市の会場に入ると、まず最初の絵画の部で私は目を見はった。有名な「受胎告知」、「三王の礼拝図」「レダ」などの大名作が壁面にずらりと並んでいる。ヴェロッキオとの合作といわれる「キリスト洗礼図」もある。そのほか「自画像」や多くのスケッチが展示されているので、全く圧倒されるような感動に包まれた。

だが、絵画の部はこの博覧会ではほんのその一部分でしかない。重要なのは科学部門であった。解剖学、生理学、植物学、水理学、光学などの自然科学から、土木、建築、機械、紡績、兵器、飛行機などの工学技術の分野に及ぶ広範囲な研究や発明の業績が、全くあきれるほどの豊富な資料によって示されている。しかも、展示方法に新しい形式が採用されていて、入場者は難解な科学知識を興味深く理解しながら、会場の奥へと足を運んでいく。

たとえば、レオナルドが描いたスケッチの一部を大きな写真に拡大し、その前に実物の模型が置かれている。この模型は、この天才が紙の上に書きしるしていた着想を、具体的な模型に製作したもので紡織機械、印刷機械、大砲、機関銃、水車、ポンプ、橋梁、水門などの多数の発明が、入場者の目の前に実物模型として置かれている。

しかもその模型はただ静止しているのではなく、運転されている。いわゆる「動態展示」であるので、入場者は自分の目によって、レオナルドの発明した機械の性能を興味深く理解する。そんな展示方法に私は全く感心した。

有名な飛行機の考案に関しては、大きな実物大の模型に、その基礎的研究となった水理学や空気力学の研究に関するスケッチの拡大写真が並べてあるので、レオナルドが飛行機を発明しようとした努力の学究的な根拠を、入場者は目によって理解する。そのほか人体の解剖図、心臓の機能に関する解剖学的研究、農業に関しては農耕機や灌漑装置が考えられている。建築、城塞、橋梁、さらに都市計画にまで及んでいるので驚く。それらを眺めていくと、画家として描かれた名画はほんの余技ぐらいの程度のものであったように思われ、この大天才のたくましい独創力と、飽くことのない学究心に、私は全く圧倒された。それこそ人類の歴史に高く聳える巨峰の如き偉大さを、私は心に深く感じた。

なお、この博覧会には、レオナルドの業績だけでなく、そのほか現代イタリアの科学や技術の研究と発明が展示されていて、それも重要な部門となっている。新型の自動車がある。精密な測定機械、精巧な武器も並んでいて、高射砲、タンク、爆撃機もあるのに驚く。いずれもファシスト・イタリアが世界に誇るものであって、それはルネサンス期に、大天才のレオナルドを生みだしたイタリア民族の二十世紀における輝かしい躍進を示すものである。私はそんな新武器の陳列を眺め、それが精鋭を誇るイタリア軍隊の整列の如く見えた。そんな見方をすれば、この博覧会はレオナルドだけでなくムッソリーニの偉業をたたえる大デモンストレーションであって、それによって新興イタリアの威力を、国の内と外に向って強力に宣伝しようとするものである。その点で、全体主義の国家ではイタリアも、ドイツも、ソ連も、宣伝省は国威発揚のために互いにしのぎをけずっている。

イタリア前衛美術の運動が興ったのは、二十世紀の初頭で、有名なマリネッティの「未来派宣言」が発表されたのは一九〇九年だった。それは既成美術に反抗し、アカデミックな機械美を讃美し、スピードや冒険、闘争を求め、戦争さえ謳歌した。それはフランスの「立体派」やドイツの「表現派」と呼応して、強烈な前衛性を発揮した。しかし、前の世界大戦後、「未来派」の気力は衰え、イタリアの美術界は沈滞していたが、ムッソリーニの時代に至り、未来派の後継者たちは党の政権と結びついて、再び活力を取りもどし、絵画、彫刻、工芸に目ざましい活動を押し進めている。特にミラノ市は活発で、「レオナルド博覧会」でも展示技術がモダンな前衛ぶりを発揮していた。

その会場では、レオナルドの名画も額縁からはずされて、絵画そのものとなり、それがロープでブランコのように吊りさげられている。壁面から離れて宙に浮いているものもある。あるいは鉄のパイプを組み合わせた骨組に数枚の絵を組み合わせて、枠と絵が抽象的な立体美として取り扱われているものもある。そんな展示の構成は「未来派」の特色を発揮したもので、古典美に対する反抗や、機械の讃美、冒険的な闘争などを、意識するものであった。その点でイタリアのインテリア・デザインはヨーロッパの美術界で最も尖鋭的だといえる。

だが、そんな超モダンぶりにもかかわらずフランスの「立体派」とくらべて秩序感に欠けているように見えるのは、もともとイタリアの「未来派」そのものが美的秩序さえも破壊しようとするものであったからであろう。従って、イタリア・モダンはフランス・モダンと違って、一種の生硬さというか、粗雑さというか、そんな雑駁さが目立つ。そのことは美術界ばかりでなく、日常の生活や市民の動作にも当てはまっていて、旅行者の私の目にそれが気になった。

「レオナルド博覧会」の会場だったが、場内を看視している守衛たちが二、三人、肩をならべて堅い大理石の床を靴でコツコツ音を響かせながら、動物園の獣のように室内を往復している。互いに話し合っている会話の声もかん高い。その部屋にはレオナルドの絵がブランコのように吊りさげられ、それが少し傾いている。そんな一場面が最もモダンと言われているイタリアン・インテリアの美的性格を暴露する諷刺画のように見えた。これは意地悪い観察であって、そんな粗野な性格こそイタリア的な好もしい美点であると言うこともできよう。

いずれにしても、ナチス・ドイツの建築界が国粋的な保守主義に固まり、スターリンのソ連でも建築界は民族主義のリアリズムに硬化している時、全体主義国家のイタリアに於て、建築界も美術界も新鮮なモダン・スタイルの美意識によって新しい農村や都会の建設に美術家たちが協力しているのに対して、心から声援したい気がする。

だが、イタリアに来て、過去のローマ時代や、ロマネスク時代、ゴシック時代の古建築に接した時に受けた感銘にくらべると、現代のモダン建築が過去の建築に感じられるような高い標高の精神性に到達するには、行き先に、ながい里程が遠くにまで延長しているのを、つくづく感ずる。

時局が緊迫しているので、イタリアの旅はあわただしかった。ひとり旅で、私は巡礼のように古建築を訪ね、その感銘にひたった。それこそ寝食を忘れた。ベネチア、フィレンツェ、アッシジ、ピサ、ローマ。さらに、昨年訪れた時のナポリ、ポンペイ、いろいろと感銘は深い。

明日、私はイタリアを去ろうとしている。小雨ふるミラノの街角で、カフェ・テラスに疲れた体を休めながら、感慨に沈んでいると、この目で見た建築は、あるいはこれが最後となるかもしれないと、そんな危惧の念が胸にわいてくるのを感じた。

陽春のスイス

リラの花が匂い、リンゴの花が満開だ。だが、のどかなスイスに来ても、心はせわしい。はたから見れば、楽しい観光旅行のように見えるかもしれぬが、美術館や古い建築を訪れ、設備の整ったホテルに泊っても、専門的な立場から、それが視察であり調査となると、身辺から緊張感が抜け切らない。そんなあわただしい思いをしながら、一週間あまり、スイスの主な都会や観光地を駆けめぐったが、まだ見残している建築や施設があるので、心があとに残る。それに、マッターホーンの峯を仰がないで、スイスを去るのが残念だった。

ベルリンに帰れば、忙しい仕事が待っている。ドイツでは時局が渦を巻いていて、いつ突発事件で戦乱がおこるか予断を許さない。毎朝、新聞を開く時、それが気になる。それを思うと、スイス最後の晩を、静かな山ふところに包まれて、疲れた体と心を、のんびり休めたいと思う。あの水晶のように美しく光った峯のマッターホーンを目に浮べると、山の誘惑が胸に湧いてきて、ツェルマット行きを決心した。

そうきまると、急がねばならぬ。ルツェルン市から湖水を遊覧船で渡り、対岸でブルーニング行きの汽車に乗る。アプト式のレールが高い峠を越え、インターラーケンに直行。その駅からイタリア国境に向かう。ヴィスプ駅で乗りかえ、ツェルマット行きの汽車に間に合う。

小型の機関車に赤いペンキを塗った列車が、美しい野の花が咲く草原を走っていく。窓外の景色を眺めていると、童話の国へ行くような気がする。間もなく、線路のすぐ脇に急流が流れ、それが窓の右となり左となる。山間にかかると、早い瀬は滝となり、しぶきをあげる。

山村が見える。素朴な木造の民家が多く、屋根に石を置いた家もある。その家の姿が日本の信州の民家と、そっくりなのに驚く。気象も建築材料も同じだと、家の様式も似てくるのだろう。そんなことを考えながら、飽かず窓の外を眺める。石造の家は村の役場らしい。小さい教会の尖塔が、村の家並に聳えている。校倉造りの家もあり、アルプスの奥深くに来たことを感ずる。

気がつくと、すぐ近くの席に一人の年若い尼僧が腰かけている。黒い服を着て、頭に白い布をかむっている姿が、場所から、セガンティーニの絵のように見える。

山岳画家と言われたセガンティーニはイタリア人の血を受けていたが、オーストリアやスイスに住んで、よくアルプスの絵を描いている。その画家の絵が「大原美術館」にもあり、上野公園でそのコレクションの展覧会が催された時、油絵の「アルプスの真昼」が出陳されていた。その画面には少女と小羊が描かれていて、高原の澄みきった大気のさわやかさが美しく描写されていた。

親しくしていた画家の南薫造さんもセガンティーニが好きで、そのことを話しあったことがある。画集には「母と子」「天使」「アルプスと花と尼僧」など、そんな画題の絵があったことを、今、アルプスの山間を走っている列車の中で、思いだし、近くの席に腰かけている年若い尼僧の姿に、セガンティーニの絵に感銘を受けていた頃の私自身をふと思い返す。

その尼さんが寒村の駅で降りていった。駅を出ると、峻しい坂となる山道を、ひとり登っていく黒い服の姿が、動きだした列車の窓から見える。坂の上には古びた教会があって、その僧院には、あのセガンティーニの絵のように、澄みきった空気の中に美しい花が咲いているだろうと思う。

やがて、夕方となり、車内が薄暗くなる頃、行く手の空に、鋭く尖った白い山容が、ぬーっと現われた。

マッターホーンだ。ピラミッド型に尖った水晶のような峯が、晴れた空にくっきりと見える。心が躍る。汽車の窓から首をのび出して、それを仰ぐ。

＊

小駅を二つほど過ぎると、終点に到着。ツェルマットの駅である。

駅の建物は修理中で、観光シーズンの準備のためペンキを塗り直している。シーズン・オフのため駅で降りた客も少ない。

駅前の広場に立って、大空を見あげると、四方にアルプスの山々が聳えている。下界は夕方となり暗くなりかけているが、高い頂上はまだ日光を受けて光り輝いている。真白な山塊はモンテ・ローザだろう。光った山頂はワイス・ホーンかもしれぬ。そんな美しい山の名を思いだし、わが身が憧れのツェルマットの地に立っていることに、幸福感が体内にみなぎってくるのを感じる。真正面に高く聳えているマッターホーンの峯に向って少年のように挨拶したいような、そんな気持さえ湧く。

しかし、ホテルをきめねばならぬので、歩きだす。駅前の案内所や、土産物を売る店も、まだ閉店していない所が多い。

ここへ来る列車の中で、ホテルを何処にしようかと案内書をしらべてみた。ツェルマットは人口九百五十の小さい村だが、さすがに世界的な観光地であるだけに、ベッド数が二百、三百という大ホテルがあり、百程度のものも数軒ある。しかし、そんな所では、今はシーズン・オフだから、夕食にはタキシードを着た客の中で窮屈な思いをすることもなかろうが、もっと素朴な山里らしい、ささやかな旅館に泊ってみたいと思った。

いずれ、そんな「はたご屋」のようなホテルは村のはずれにあるだろうと考え、マッターホーンの見える方角へとぼとぼ歩いていく。尖塔の立つ教会の前を通り、坂道を登っていくと、小さいホテルがあったが、表戸を閉めている。

しかたなく畑道を歩いていくと、一人の老婆とすれ違ったので、念のため、泊めてくれる所がないかと聞いてみると、夏場なら素人下宿や間貸しをする家もあるが、今はどこも駄目だろうという返事である。

しかし、私の残念そうな表情を見ると、老婆はしばらく思案したあと、それでは自分の家へ来たらどうかと言ってくれたので、助け人にあったように、相手の返事に喜ぶ。

導かれて、坂道を登っていくと、一軒家に着く。校倉造りの民家である。外壁ががんじょうな角材で組まれ、いかにも、ひなびた構えであるので、この思いがけない幸運に、心から喜ぶ。それが全く偶然だったので、イソップ物語のような気がして、もう一度よく相手のお婆さんを見つめ、私は心からお礼を述べた。

二階の一室に案内されると、壁も床も天井まで木材の肌が露出していて、典型的なスイスの民家である。室内の隅には、見るからに丈夫そうな木製のベッドが置かれている。枕もとの背後には民芸風の文様が刻んであって、古くからこの家に伝わるものかもしれぬ。窓の外を眺めると、真向いにマッターホーンが見える。全く、なにからなにまで誂え向きであるのが嬉しい。

老婆は洗濯した清潔なシーツを持ってきて、ベッドの寝具をとりかえながら、夕食はまだか私にたずねた。今朝、北の国境近い所から一気にここへやって来たので、昼食もろくろく食べていないと答えると、ほほえみながら早速用意しようという。しかし、肉が食べたいなら村のレストランに行けばいいが、ここは田舎料理で、今晩はオムレツとジャガイモしかないと言うので、それは私の大好物だと答えた。

老婆が部屋を出ていったあと、窓の扉をあけて、露台に出る。張り出しの下には、広い草原が遥か向うに続き、一面に花が咲いている。驚いた。アルプスのお花畑である。それが庭のように、足もとに見える。

薄紫色の夕闇が迫っているので、よくわからないが、敷きつめたように黄色い花が咲き乱れ、白い花も見える。エーデルワイスかもしれない。紅色の花、朱色のもの、紫色の花たち。わけもなく嬉しい。

せせらぎの音が聞えてくる。崖の下には急流が流れているらしい。

誰かが遠くで人を呼んでいる。その声が山彦となり、周囲の山々に響きわたって、深山の気配が身にしみてくる。


夕もやが崖の下から立ちのぼり、マッターホーンの峯が墨絵のように次第に視界から消えいくのを眺めていると、鐘の音が聞える。村の教会から響く晩鐘である。その音に耳を傾けている。学生時代に読んだ物語を思いだす。

登頂不能といわれていたマッターホーンの峯が初めて征服されたのは一八六五年の夏で、イギリスの登山家ウィンパーの名は登山史に名高い。頂上に到達したのは七人であったが、一行は下山の途につくと、そのうちの四人が、不幸にも岩角から転落した。残りの三人は切断されたロープの片方を握ったまま、仲間が深い氷河の谷底に落ちこんでいくのを目で見守っているよりほかなかった。消え去っていく人影の中に、山案内のクロの姿も含まれていることは不幸な事件を一層悲痛にした。

当時、イタリア人カレンの一行も登山計画を敢行していたので、イギリス隊とイタリア隊の間に競争が生じ、案内人の奪いあいや、登山コースの選定などに、いろいろと術策が押し進められた。だが、登頂の栄光を勝ち取ったのはイギリス隊だった。が、その歓喜もつかの間、運命はそれを悲惨のどん底に突き落した。そんなアルプスの山を取り巻く登山家たちの人間的な葛藤が物語にしくまれていたのを興味深く読んだ。それに似た主題をストーリーにしたドイツの映画も日本で上映されたこともある。

また、鐘が鳴り響く。その教会の墓地に葬られた山案内のクロの霊を思うと、山を愛する者の悲壮な最期が、深山の冷えこんできた外気とともに、私の胸を刺す。あたりには夕闇がたちこめ、視界は次第に暗くなっていく。

月明りのマッターホーン

目がさめる。窓の外はまだ暗い。

昨夜、ベッドにつく時、夜明けに、朝日を受けた山頂の姿は、さぞ美しいことだろうと想像した。北斎の版画「赤富士」のように、マッターホーンの朝焼けも見ものだろうと思う。そのバラ色に輝く山頂を是非見たいと考え、部屋のすみに置かれているベッドを窓側に移動したいと思い、手で押してみると、古風な大きいベッドは重い。なかなか動かないので、「ヨイショ、ヨイショ」と日本語の掛け声をかけながら、やっと枕元の位置を少しずらすことができた。それでも、ベッドの上から山頂が眺められるので、窓のカーテンは引かず、そのまま寝た。

ところが、目がさめると、窓の外は暗く、まだ真夜中である。が、念のため、目をこすりながら、頂上を眺めると驚く。月夜だ。明るい月の光を受けて、山頂が美しく光り輝いている。大きな水晶のように、氷雪の峯が夜空に高くそそり立つ光景に、目を見はった。それは昼の印象と全く違い、深夜の月光によって山容は壮厳な景観となって、強い感銘を与える。

「建築は凍れる音楽」。この言葉は、ゴシック寺院などの高い建築が聳え立つ光景を形容する時に、よく使われる言葉であるが、この言葉は誰によって言いだされたのであろうか。それについていろいろの説があり、ドイツ文学の研究者によると哲学者のシェリングが言いだし、それを大詩人のゲーテが引用したので一層有名な言葉となったのだと言われている。いずれにしても、中世の人々が祈りの心をこめて、天にとどくように高く築きあげた石造建築の大伽藍に接した時、それは「凍れる音楽」の如き強い感銘を与える。

それは日本の仏教伽藍に接した時の印象と異なって、いかにもドイツの哲学者や詩人が形容するように、ヨーロッパ的な、特にドイツ的な感動をゴシックの建築が表現している。そのことを、私はこのヨーロッパに来て、多くのゴシック建築を自分の目で見て実感した。

そのゴシック建築の高い石塔の如く、今、私の眼前にはマッターホーンの山頂が、月光を浴びて光り輝いている。それは大自然の聖なる建築と言えよう。この地球が天空に向って祈りを捧げているように見える。大地の祈禱である。月光に輝く山容は、山霊の奏するミサ曲のように、壮厳な感銘を私に与える。

深夜の静寂の中に山頂を見つめていると、窓枠の向うに見える山の姿が、額縁にはめられた宗教画のように見える。それをベッドの上に寝そびれながら眺めている私自身は、不遜な異教徒の如く感じられるほどである。

＊

ラスキンはアルプスの山々に深い感銘を受けて、あの大著の『近代画家論』を書きあげたと言われている。そのラスキンは主張した。「美とは自然の中に啓示された神の意志との調和ある一致から生まれる」と。また『建築の七灯』や『ベニスの石』の中でも、いつも「建築美」を主張し、十九世紀末のヨーロッパ思想界や美術界に関心を呼び、日本にもラスキンの共鳴者が多い。

そのラスキンの主張に従えば、私の眼前に聳えたつ月光の山頂から受ける感銘は、聖なる自然から発した神の啓示によるものであろう。私は建築家として、ゲーテやラスキンの言葉などを思いだし、いろいろと思索にひたっていると、夜明けが近づいたのであろう。

遠くで小鳥の鳴き声が聞える。

＊

しばらくまどろんだと思うと、目があいた。窓の外は明るい。とたんに、しまったと思う。寝すごして、朝焼けを見失ったと思ったが、窓の外には朝霧が立ちこめていて、山頂は見えない。あんなに夜中には月光が明るく光り輝いていたのに、もう視界は深い霧となっている。だから、もし早く目がさめたとしても、山頂を仰ぐことは望めなかったであろうが、暁光の中に美しくバラ色に輝く期待が消えたのは残念だった。

あきらめが判然としたので、私は毛布をかぶり、もう一度ぐっすり寝こんだ。

次に、目があくと、太陽が高く昇り、部屋の中は明るい。窓の外は霧がはれて、快晴の日ざしがまぶしいほど、ベッドの上にさし込み、遅くまで寝こんでいたのが恥ずかしい。見あげると、山の肩あたりに有明の月がかかっていて、朝寝坊の私をあざ笑うように、こちらを見おろしている。

顔を洗って、階下の食堂に出ると、宿のお婆さんは、遅い私の挨拶に笑いながら、食卓に温いコーヒーを運んでくれた。

大きなコップに注がれた濃い牛乳。見るからに豊かな肌を持つパン。それに卵、蜂蜜、マーマレードなど。食卓の上に並べられた品々を眺めながら、ドイツの朝の食事を思う。ドイツではパンにおがくずが入っていると言われている。バターは人造品が多い。卵も輸入され、殻にはデンマークなどと隣国のスタンプが押してある。それも一般家庭では手に入りにくく、食料の欠乏が日常生活に目だつ。ただジャガイモだけは豊富で、おいしい。そんなに食料がつましいためであろうか、ドイツでは「音楽」と「哲学」が栄え、古いドイツはもとより、今日のナチスでも「思想」と「理論」はドイツ的特色を発揮して、「第三帝国」の思想が毎日の新聞や出版物に大きな活字を並べている。

それにくらべるとスイスは小国だが、食料と思想は豊かだ。朝の食卓に並べられた食品は質素だが、色彩は美しいし、香りもいい。まるで油絵に描かれた「静物」のように見とれながら、私はここの庶民生活の健康さと清潔さに感心した。食器や家具、そのほか室内のデザインも素朴で、しっくりと落ちつき、いかにも家庭的な気安さが心にしみこんでくるのを羨しく思う。

朝食のあと、カメラと双眼鏡を手にして、ぶらりと外出する。裏山の坂道を登っていくと、道は次第に急勾配となり、明るい陽ざしが照りつける。汗ばんできたので、上衣を脱ぎ、ワイシャツ一枚となると、初夏のように空気がすがすがしい。

なおも登っていくと、カチン、カチンと物を打つ音が聞える。何の音だろうかと思いながら崖道を登っていくと、向うの窪地に一人の男がいる。

その男が岩をノミで打ちくだいていて、その音が、あたりに響いているのだが、足もとの狭い畑には野菜が植えられているから、工夫でなく農夫らしい。この男は畑を作るために、岩だらけの荒地で、岩をくだいているのだと思われた。このツェルマットの村はヨーロッパの中でも最も標高の高い農村だと聞いていたから、この山岳地帯に住む農民たちは、自分の畑を開墾するために、崖地の固い岩を打ちくだかねばならないのだろう。これは想像を絶する農業である。そう思うと、アルプスの厳しい風土に耐えながら生き抜く人の、なまの姿が目の前で力闘しているのに、いたく感心する。

この時、私はホドラーの絵を思いだした。日本の大原美術館に、この画家の描いた「木を切る男」という題名の絵があり、それは一人の男が斧を振りあげながら、満身の力をこめて、一本の木を切ろうとしている図だった。その絵を、私は、今ここで石を割っている農夫の姿を見て思いだし、まるでホドラーの絵そっくりの光景に驚いた。

彼の絵は、首府ベルンの美術館に多く陳列されていたので、それを見て、私は一層、彼の絵に建築的なものがひそんでいるのを感じた。彼はアルプスの画家といわれていて、山の風景のほかに、農夫や村人の姿をよく描いているが、その人体のポーズやシンメトリーの構図に建築的な響きがあるので、私は好きだった。色彩も白を基調とし、色調も澄んでいる。それでいて郷土的な香りが高い。壁画を描き、宗教画も描いていて、独特な作風はいかにもスイスの土俗的な木造や石造建築にふさわしい。

そんなことを思っていると、かさこそと崖の下から誰かが登ってきた。ふりかえって見ると、一人の女が立ち現われ、頭に赤い布をまいている。その色が明るい青空に、燃えるように鮮やかに見える。女は手に水桶をさげている。どこかで水を汲んできたらしい。崖の下には岩清水が湧いているのだろう。

女は男に近づいて、水桶をさしだした。男はノミを打つ手をやめて、水をごくりごくり飲みだした。男の額から汗が流れている。女は男の妻だろう。夫に桶を手渡すと、女は草むらにしゃがんで、何かを抱きあげたので、見ると、女の腕に赤ん坊が抱かれている。

私はこの光景を眺めて、これこそ、まさしくホドラーの絵そっくりだと思った。この路傍の家族こそ、この画家の描く「聖家族」だと思う。この家族は、一握の砂を得るために、夫は岩を打ちくだかねばならぬ。一椀の水を得るために、妻は深い谷に降りて水を汲まねばならないのだ。私はこの親子の姿を見て、そこに「壁画」の如き構図を感じた。

空を仰ぐと、マッターホーンの峯が、澄んだ青空に聳えている。


私は歩きだした。ますます坂道はけわしくなる。大きな岩角を曲がると、急に展望が開き、前方にマッターホーンの峯が大きく、すぐ近くにあるように見える。ふりかえると、遥か下にツェルマットの村が小さく見え、教会の塔が玩具のように可愛らしい。

歩み疲れたので、道ばたの草の上に、あお向けに寝そべった。仰ぐと、青く澄んだ大空に白い雲が浮んで、ゆっくり動いている。それを眺めていると、自分の背の下に大きな地球があることをつくづく感ずる。その地球が天空に浮んで、ゆっくり自転している。その表面の一角にアルプスの山々が小さい凹凸となり、その麓に、それこそ微粒子よりも小さい自分が、へばりついているのが、なんだか不思議に思える。

その地球の向う側に日本がある。そこに父母や、家族がいる。その小さい島国から海を越えた大陸の片隅で、日本兵が行軍している。その隊伍の中には、親戚や友人の姿もある。

地球のこちら側では、ヨーロッパの各国は国境を固め、互いに厳重な防塞工事を進めている。ドイツ側ではジークフリート・ライン。フランス側ではマジノ・ライン、ポーランドの向う側からソ連が虎視眈々。イタリアは意気軒昂。スペインの国内では動乱が渦を巻いている。もし、どこかの国で導火線に点火されると、欧州は立ちどころに戦乱の巷となろう。そうなれば、各国の国境は閉塞され、今ここで寝そべっている私は、それこそ文字通り「天涯の孤児」とならねばならぬ。そんなことを考えていると、旅情が胸をしめつける。

それにしても、スイスは平和でのどかだ。空は青く澄んで、アルプスの山々が、ますます美しく見える。手の指に触れた草を抜きとり、口に噛みながら大空を見あげていると、行く雲に啄木の歌などが思いだされてくる。

しばらく草の上に、まどろんでいると、耳にカチン、カチンと響く音が聞えていて、目がさめる。さっき岩を打ちくだいていた農夫のノミの音である。私は坐り直し、靴をぬいだ。

靴下をとり、素足となる。足の裏を地面に当てるとひんやりと冷たい。大地の感触に、幼い頃「はだし」となった時の、快い記憶がなつかしくよみがえってくる。

私は「素足」の国に育った。小学生の時、和服の着物に袴をつけ、足は下駄だった。だから素足の生活が日常であり、大人も下駄ばきの姿で外出するのが普通だった。そのうえ、日本の家屋では履物をぬぐ。これはヨーロッパ人が靴のままで室内に入るのと、全く違う生活様式であって、それが私の足に潜在意識となっているのであろう。そのために、こんなアルプスの山奥に来て、はだしの誘惑を感じ、靴をぬぎ、素足を大地に当ててみた私に、やはり私は日本人だと思う。

だが、ここは「靴」の国である。ヨーロッパ人は靴のままで家に入る。それが文明生活の証拠となっている。礼儀ともなって、人前で靴をぬぐことは失礼であり、無礼となる。紳士は汽車の寝台車では、靴をぬぐ時には、ベッドの毛布に足を入れ、その中で靴をぬぎ、それをベッドのわきに揃えるのが礼儀となっている。そんなことをわきまえず、人前で靴下のままになるのはアメリカ人か日本人ぐらいだろう。ここでは「はだし」は未開人の風俗であり、貧民の姿だと考えられている。

だから、私が日本から船でインド洋を渡り、ヨーロッパへ来る途中、マライやセイロン島などの港に寄港した時、ホテルでは白人は靴をはいていたが、現地人のボーイは「はだし」だった。それ故、「靴」が白人と有色人の人種的差別を明確にするばかりでなく、支配者と被支配者の社会較差を明示する物的証拠となっていることを、この目で見た。

こうなると、たかが足にはく靴だといっても、その社会的意義は重大となる。また、文明人自身にとっても、儀礼的な風俗によって、日常生活から自由を奪うものとなっているのであろう。

そのためか、『青い鳥』の中に「素足で朝露を踏む喜び」ということが書かれていた。これはチルチルとミチルが幸福を探しながら歩む遍歴の物語だが、その中に、素足で戸外を歩くことが幸福として取りあげられている。だから、朝露を踏む喜びは、ヨーロッパ人の文明生活では、もはや詩的幻想の中にしかない幸福となっているのであろう。『青い鳥』のように、日常生活の身辺から消え去った幸福を意味しているのであろう。

女流舞踊家のイサドラ・ダンカンは、素足で舞う舞踏を創案した。舞台の上ばかりでなく、廃墟のギリシャ神殿、パルテノンでも舞った。二千数百年のながい歴史に耐えた大理石の上で舞った彼女の素足は、人間にとって素足が永遠の美しい喜びであることを、文明人に訴えたもので、それこそ靴をぬぎ捨てた現代人の「歓喜の舞」であったろう。

ルネッサンスの巨匠ボッティチェルリの描いた「春」の絵は有名である。これは「ラ・プリマヴェラ」と称され、その絵の中に描かれている女神たちは皆はだしである。私はフィレンツェのウフィツィ美術館で、その絵の前に立ち、ボッティチェルリの美しい画風に魅せられた。大きな絵を飽かず眺め、さらに目を画面に近づけていくと、女神たちの足が私の目の高さに見えて、一層その美しさが目立った。

女神たちは素足のまま、春の花園に立っている。軽やかに身を翻している足、花を踏む足、足の裏まで見える素足。そんなさまざまな素足の表情が、美しい描線と色彩で描かれている。特に花園に咲く花の描写は見事で、写実的な描法は、日本の漆器の蒔絵のように細密で美しい。私はそれに見とれながら、ルネッサンス人にも素足で花園を踏む喜びは、絵画の中だけに求められる幻想美となっていたことを思い、ヨーロッパ人の素足に対する美的渇望の強さを、その名画の中に感じた。

その時、私は土田麦僊《ばくせん》の絵を思い出した。有名な「大原女」は京都の大原女を描いた屛風であって、画中の女性たちは皆わらじをはいている。しかし、同じ画家の絵に、題名を忘れたが、草上に坐った大原女の絵がある。その絵では、大原女の足はわらじをはかず、素足であった。美しい素足の指には薄い紅色がさしてあって、それが若草の緑色と美しい対照をなしていたのを、展覧会で見たことがあった。

これは画家麦僊の美的幻想であろう。あるいはボッティチェルリの「ラ・プリマヴェラ」から受けた影響かもしれないが、日本画のその絵は、現代日本でも〝靴〟の生活が「足かせ」となり、それから脱却したい美的渇望が、大原女の素足となったのであろう。そんなことを私は考える。

中宮寺の弥勒菩薩も、素足が美しい。みほとけの像を厨子の右側から拝すると、半跏の右足が目の前に見える。その足の裏や、指先を眺めると、それこそ蓮の花を踏まれるのにふさわしく、こうごうしいほど美しい。

私はツェルマットの村が遥か下に小さく見える岡の上に坐りながら、そこはかとなく、素足の美的幻想に引き込まれていた。これはスイスののどかな環境と気分によるもので、それほどアルプスの山ふところに抱かれていることが、心に安息感を与えるのであろう。だが、それにしても素足となった自分の足を眺め、醜くゆがんだ指を見つめると、つくづく、遠い旅に来たことを思う。「……はるばる来ぬる旅をしぞ思ふ」。そんな『伊勢物語』の歌などが、頭に浮んできた。

疲れが休まったので、靴をはいて立ちあがる。空は晴れ、太陽がさんさんと輝く。天候の心配もないので、また登る。道は左に曲り、右へくねる。すると、坂の上から二人づれの男がおりて来て、それと出会う。身なりは普通の服装だが、一人は肩に銃を掛けている。見ると、猟銃でなく、それは兵器の銃だ。

それでわかった。ここは国民皆兵の国である。すべての男子は兵役の義務があり、適齢に達すると軍隊の訓練を受ける。除隊しても、国民軍の兵士となって、家に銃を持ち、六十歳まで、いざという時には動員を受ける。それがこの永世中立を宣言している国の民兵制度だと聞いていたので、今、道で出会った男の肩にかかっているのは、その銃であろうと思う。

道が狭いので、お互い道をよけながら、簡単な挨拶を交す。その時、私は空腹を感じていたので、「近くにレストランはないか」と尋ねてみた。相手は首を横にふりながら、「少し坂を登ると、小さい村があり、そこの第一番目の家にたのめば、食べ物を分けてくれるだろう」と、親切に教えてくれた。それにしても、二人の表情が緊張していて、急ぎ足で坂を下っていったのは、あるいは非常訓練のために出かけるのかもしれぬと思う。平和なスイスにも近隣国の緊迫した時局の波が押しよせ、国民生活に緊張がたかぶっているのであろう。

坂を登っていくと、なるほど見晴らしのいい高台に、数軒の家が並んだ寒村がある。第一番目の家で、内部を覗くと、がらんと静まりかえっている。奥へ向かって声を掛けると、年老いた老婆が出てきたので、食べ物をたのむと、パンと牛乳しかないという返事だが有難い。

洗面場を聞くと、裏庭の奥を指さす。行ってみると、自然木をくりぬいた筧《かけい》から清水があふれていて、手をひたすと指が切れるほど冷たい。顔を洗い、もどってくると、道ばたに置かれた椅子とテーブルにパンと牛乳が運ばれている。おいしい。お代りをたのむ。

食べ終ったあと、肩に掛けていた双眼鏡であたりの景色を見る。視野の中に大きな氷河が見え、深い氷の割れ目が青く澄んでいる。静止しているような氷河の姿を眺めていると、壮大な空間の広がりと、悠久な時間の流れが、ひしひしと身に迫ってくる。その氷流の遥か下方に一軒の家が見えるが、山小屋らしい木造の建物は、屋根が吹っ飛んでいる。暴風のためであろう。アルプスの山風のきびしい猛威が感じられる。が、私の立った場所はのどかで、明るい日ざしの中に黄色い蝶が舞っている。

老婆は私に向って「スペイン人か」と聞く。髪が黒いので、そう思ったのであろうが、今、スペインは動乱のさ中である。フランコ将軍をドイツとイタリアが、人民戦線側をソ連が援助し、武器が輸送され、新聞のニュースは空襲のはげしさを告げる。そのためスペインの内乱は代理戦争といわれ、新しく送りこまれた新兵器の試射場になっているといわれている。

戦況ははげしさを加え、首府マドリードの美術館に陳列されていた絵画や美術品は空襲を避けるために、スイスに疎開された。そのおかげで、私はこのスイスに来て、ジュネーブ市に保管されているベラスケスやグレコ、ゴヤなどの名画を展覧会で見ることができた。有名な「マヤ夫人の像」と疎開先でめぐり会ったのは、全く奇遇だったといわねばならぬ。

そのスペイン動乱ではフランコ将軍側が優勢となり、バルセロナもマドリードも陥落した。しかし、戦乱は終ったのでなく、今後、連鎖反応はヨーロッパの全土に拡大することであろうと噂されている。そのため、スイスの国内も緊張しているのであろう。

老婆が私に「スペイン人か」と尋ねたのは、戦乱から逃げてきた亡命者と思ったのかもしれぬ。「日本人だ」と答え、「スイスの美しさに魅せられ、ここまで来た」というと、相手は目を丸くして驚いた。

空腹の心配がなくなったので、また坂道を登る。岡を越えると、十数軒の家が並んだ村がある。風雪に痛めつけられた校倉造りの姿が、いかにもスイスの山奥の村らしい表情をしていたり、それをライカに収めたり、手帖にスケッチなどをしたが、不思議なことに、村には誰もいない。人の子は一人もいない。村全体がしーんと静まりかえっている。

どうしたわけかと考えこんでいると、わかった。これは「夏の村」である。村人は冬季の間、麓にある村に住んでいて、それが「冬の村」であるが、夏季になると、村人は家畜と共に山の上の「夏の村」に移り住む。このように夏と冬の二つの村を持っていて、交互に移住する住い方は民俗学的には古い風習といわれている。

日本にもその実例があり、能登半島の沖にある舳倉島《へぐらじま》は、漁民は夏季になると、小学生、教員、警官、僧侶、産婆と共に、孤島に移住して漁業に従事する。こんな集団移住の風習は延喜の昔から続いているといわれている。そのことを知っていたので、私はスイスのアルプス山中で人の子一人いない無住の村を目のあたりに見た時、それが「夏の村」であることが、すぐわかった。

しーんと静まりかえった村の様子には、シュールリアリズムの絵画のように、妖気がただよう。そんな光景に、泉鏡花の小説『高野聖』が思いだされ、私はそそくさと無住の村を通り抜けた。

道が山肌の裏側へ廻ると、あたりは日陰となって、景色が一変する。気温が急に寒くなり、温帯から寒帯に入ったような気がする。樹相が針葉樹に変り、唐松の林もやっと芽をふき出したばかりである。粗末な木の橋が谷にかかり、橋の上から深い谷底をのぞくと、雪どけの濁流が渦を巻いている。

さらに進んで行くと、あたりの残雪は斑《まだ》ら雪から一面の積雪となり、道は雪でふさがれてしまう。それ以上進めなくなったので、私は雪中に立ち止った。白と黒の静寂の中に、墨絵の中の人物のように立ちながら、周囲を見廻すと、道ばたのすぐ脇に、小指のように小さい草に白と黄の花が咲いている。「雪割り草」とでもいうのだろうか。サフランかもしれない。雪を割って咲きでた小さい花に、ひとしお可憐さを感ずる。

昨日、マッターホーンの峯に憧れて、私はツェルマットの村に着いた。平地ではリラやリンゴの花が咲き、高原に来ると、高山植物の花盛りだった。それがここまで登ってくると、私は雪景色に包まれ、今、雪の中に咲きでた可憐な花を自分の目で見つめている。

何が私をここまで引き寄せたのであろうか。呑気に登ってきたが、もし天候が急に変れば、遭難するかもしれない。そんな危険を冒してまで、私をひきつけた吸引力はマッターホーンの峯だが、それに吸引されたのは私の意匠心である。巡礼のように、修験者の如く、日本の建築家である私がアルプスの峯に引き寄せられ、ここまで登ってきたのは、緊迫した時勢の中に、何か清浄のものを求めたいと願う私の意匠心のたかぶりであろう。

昨夜は、月光に輝く山頂を仰ぐことができた。今日は晴天に恵まれ、雪景色の中に立ちながら、山中の静寂を凝視している。

見わたせば花も紅葉もなかりけり浦の苫屋《とまや》の秋の夕ぐれ

これは定家の歌であるが、千利休の師である紹鷗はこの歌を好み、それを「わび」の美の信条とした。それは、華やかさを切り捨て、漁村にただよう、ものさびしい「秋」の気配に感応する美意識であった。

その「秋」の「好み」に対して、その弟子の利休は「冬」の意匠を好み、次の歌を愛誦した。

花をのみ待つらむ人に山里の雪間の草の春を見せばや

これは「冬」の意匠である。しかし、ただ寒々としたものでなく、寒中の雪間にほの見える春のきざしを「数奇」の美とするものであった。枯れさびたものの中に萌えでる華やかさを利休は探求したが、その美に殉死した。

私はマッターホーンの山ふところに抱かれ、雪中に咲きでた可憐な花を見つめながら、二人の茶聖が愛誦した歌を噛みしめるように口ずさんだ。

グルンドヴィヒ記念教会堂

ベルリンに帰るため、ストックホルムの駅で汽車に乗ったが、途中で遅れ、デンマークの首府コペンハーゲンの駅に着いたのは、夜中の一時を過ぎていた。駅を出ると、街は暗い。広場の向うにホテルがあったので、そこに泊った。

ベッドの上に横たわりながら、体を休めていると、ストックホルム市で見た美術や建築が頭の中に浮んでくる。このスウェーデンの首府は多くの入江にまたがり、「水の都」といわれているが、同じく「水の都」と称されるイタリアのベネチアとくらべると、北欧のそれは、街のどこへ行っても清潔ですがすがしい。南欧のそれは、むしろ歴史に汚れ、ごみごみしているのが特色で、そんな相違が、街の建築にも判然と感じられるのが、興味深かった。

ベネチア市の代表建築がサン・マルコ寺院とその広場とすれば、ストックホルム市では市庁舎とその中庭であろう。私はその建築に魅せられた。外観を眺めると、復古調を帯びた建築だが、一九二三年に建てられた新しい現代の市役所である。

外壁は煉瓦で積まれ、その色は渋い。屋根は北欧の建築らしく傾斜が急で、その一角には高い鐘楼がそびえていて、頂上の飾りが金色に輝く。そんな建築が入江の岸にたっている。

中庭には水面を渡ってきた潮風がそよ吹き、裏庭の芝生には噴水がさわやかな水音をたてている。石の柱が並んだアーケードに腰をおろして休息していると、入江の水音がひたひたと聞えてくる。そんなゆったりと、のんびりとした気分に、これが市役所かと疑うほどであった。

市役所といえば、いかめしいお役所である。職員の応待もそっけない。それが当り前となっている国とくらべると、なんだか童話の国の市役所に来ているような気がする。

内部の意匠もみごとである。一階に広い大広間があり、煉瓦を張った壁の色が美しい。その赤い色は煉瓦の肌をノミで削り取ったもので、室内に射しこんでくる北方地方の柔らかい外光によって、渋い色調となっている。それが室内にいる者の気分を落ちつかせる。

二階に昇っていくと、広い式場があり、壁に張られている豪華なモザイク壁画が金色に輝いているのに目を見はる。

このように華やかで渋い造形センスが建築の内外に美しく発揮されていて、それが親しみのある表現となっているのに感心する。設計者はこの国の長老建築家のエストベルク。工匠の腕の冴えとは、こんな意匠をさすのだろう。建築家の主張が理論だけとならず、すぐれた実技となり、しかも精魂をこめた出来ばえが人々の心に響くということは容易なことではない。

それが宗教建築や宮殿建築でなく、今日の市政をあずかる市庁舎であることに感嘆する。お役所の建築が詩情を含みながら市民の生活や心と親しく結びつく。これは北欧的なロマンティシズムかもしれないが、そんな市役所が入江の岸辺に美しく建っている。それを実現させたのがストックホルムという市であり、スウェーデンという国である。

私は入江の向う岸に聳えている新しい教会堂にも行ってみた。市内の街を、なんども歩いてみた。住居地区には驚くほど高級なアパートが並んでいた。それが庶民の住居であって、住んでいる人々の暮しぶりも、清潔でさっぱりとしているように見えた。

遊覧船に乗り、郊外の宮殿にも行ってみた。野は麦秋で、空気が明るくすがすがしい。どこへ行っても、森と湖が美しい。

有名な「スカンセン」の博物館も訪れたが、その印象は忘れられない。広い公園のような敷地に、スウェーデン各地の古い民家が移築されていて、古い村の鍛冶屋、町の印刷屋、ガラス工場などが保存されていた。古い木造の教会堂では結婚式が行われていて、古びた聖壇の前で若い二人が互いに誓約すると、それを祝福して、屋根の上に聳えている小さい鐘楼で鐘が鳴りだした。

こんな民族博物館こそ日本にも欲しいと、私はつくづく思った。ドイツから出かけていたので、私は一層スウェーデンの建築に魅せられたのだと思うが、強制国家と福祉国家の間に、建築の性格に強い差のあることを痛感した。そのドイツに向って、明日、私は出発せねばならぬ。ベルリンでは仕事が待っている。途中でデンマークに立ち寄っても、ゆっくりできないのを残念に思う。

翌朝、目がさめる。ベルリン行き列車が出発するのは午後なので、ホテルでゆっくり朝食をとる。

ある人が言った。外国を旅行していると、朝食にその国の国情がよくわかると教えてくれた。なるほど第一流のレストランが自慢する高級料理よりも、普通の朝めしには、国民の味覚はもとより、風俗、習慣、さらに歴史、宗教などが深く関係している。場合によっては、国際間の問題が直接に影響することもある。

私が下宿しているベルリンのパンションでは、朝の食卓にパンとコーヒー、それに卵が並ぶ。そのパンには材木の粉、オガクズが混入されていると噂されている。バターは人造のものが多い。卵の殻には輸入先の国名がスタンプで捺されている。

それ故、その国名を捺印されている卵が朝の食卓から姿を消す時には、その国とドイツの間に何ごとかが起っていることが予感される。そう考えると、ドイツの朝食は時局や政局の動向や危機を嚙んでいるようなものだと言えよう。


それにくらべると、デンマークの朝食は豊かでおいしい。パンは小麦粉の匂いがする。バターは色も美しい。チーズ、卵、マーマレード、どれも豊かな土壌とすぐれた農業技術によって生産されたものであるので、味も色もいい。それが朝の食卓に並べられると、健康な食欲をそそられ、さすがここは農業と技術を誇る国だと感心する。

だが、この国がナチス・ドイツと国境を接する隣国だと思うと、いつなんどき不意に国境が破られるかもしれぬと考え、舌の味覚に不安感が伴うのは、時局のせいかもしれぬ。

朝食のあと、私は街を歩いてみた。

駅前の広場は朝の活気を呈していて、大勢の人が往き来している。その中に自転車に乗っている人が多い。これはここだけでなく、オランダやスウェーデンでも多かった。国王自身も自転車で出かけられると噂されるほどだから、北欧では自転車が街の重要な交通機関となっている。街にはその専用道路を設けている都会もある。

金髪をなびかせながら、婦人たちも自転車で街を走っていく姿はほほえましい。路面はきれいに掃除されている。子供たちの服装は清潔で色彩も明るい。ある人が、子供の服装を見れば、国民一般の生活程度や教育水準がわかると言ったが、そんな見方によると、ここでは一般家庭では台所が豊かで、家族の教養も高いように思われる。


街角に広告柱が立っている。それに張られているポスターを見ると、図案がモダンで、色彩が柔らかくて明るい。原色のどぎついものが少ないのはデザイナーばかりでなく、国民一般の美的センスを示しているものといえよう。

それにくらべると、ドイツやイタリアでは統制国家にふさわしく、色彩が強烈で、表示も標語も説得的である。それに対して、北欧の諸国では色彩に中間色が多く、絵がらには家庭的なものが多い。しかも美的表現はモダンである。それ故、街にはられているポスターには国民感情がよく現われているので、私は各国を訪れ、まず街にはられているポスターに視線を注ぐことにしている。

一般にスカンジナビア系の国々では、スイスを含めて、ポスターの美的センスはモダンで、魅力的なものが多い。前衛美術の抽象絵画も、超現実派の幻想絵画もここでは商業美術としてポスターにまで吸収され、街頭の美術となっている。

しかし、前の大戦の直後、ドイツに表現派が興り、イタリアに未来派、フランスに立体派が興った時には、それを理解し支持する人は特殊な少数の人々であり、大衆はそれを嘲笑した。ナチス・ドイツではもっとひどく、抽象美術は禁止され、前衛美術家は国外に追放される。ソ連でも同様である。そのためにスイスやスウェーデン、アメリカに亡命している美術家が多い。

そんなことを考えると、モダン・アートは民主国家に庇護を求め、国際的な安全地帯へ逃避する運命にあるのだろうか。コペンハーゲンの街角に張られているポスターを眺めながら、私はそんなことを思う。

なおも、ぶらぶら歩いていくと、歩道の路面に美しいモザイク・タイルを敷きつめている場所がある。工芸国を誇る国にふさわしい配慮だと感心し、その上を歩いていくと、土産物を売る店があったので入ってみた。

　二階が陳列場になって、新しい工芸品の展覧会が催されている。出品物の中には白木を使った木工品があり、陶器には日本の「瀬戸黒」や「備前」のように渋いデザインのものがあるので驚く。「染付」には蘭や秋草の絵が、あっさり描いたものがあって、まるで「京焼」や「伊万里」を見ているような気がする。

　こんな印象はここばかりでなく、有名なライプチヒの見本市を見に行った時も、工芸品の市場で日本の意匠そっくりと思われるものがあり、それが新しい現代的な美しさを発揮しているのに驚いた。どれもヨーロッパ人のデザインによるものである。

　それにくらべて、日本が外国に輸出している工芸品には、日本人が見たこともないような俗悪なデザインのものが多いのは、どうしたことかと思う。

　私はその店で、黒い壺を一つ買う。タバコの葉巻を入れる壺だということだったのが、黒い肌は天目茶碗の色に似ている。これに日本の椿や菊の花をいけたら美しいだろうと思い、デンマークの思い出にそれを買い求めた。

　その包みをかかえながら、店を出ると、近くに屋台があり、覗くと新聞や雑誌と共に絵葉書を売っている。公園や波止場、宮殿の写真の中に、新しい教会を写したものがあり、それがすぐ私には建築家のクリント（P. V. J-Klint 1853-1930）の作品であることがわかった。日本で外国雑誌により、それらを知っていたので、その建築を見に行きたくなった。腕時計を見ると、ベルリン行きの汽車が出発する時刻までには、まだだいぶ時間があるので、その絵葉書を買い、すぐホテルに引きかえした。

フロントに壺の包みをあずけ、教会の場所を聞くと、ボーイはそう遠くないと答え、市内電車の番号を教えてくれた。

見知らぬ都会で電車に乗り、市内をのろのろ進んでいくのは、タクシーで素通りして行くのと違って楽しい。乗客も東京のように満員でないので、ゆっくり腰かけることができた。

ちょうど朝の買い物の時間らしく、おかみさんたちが買い物袋をさげながら乗り込んでいる。その袋の中に新鮮な野菜や、そのほか色の美しいレッテルをはった缶詰などが詰まっている。草花をかかえた婦人が、すぐ脇に腰かけていると、甘い花の匂いが初夏の薫風とともに車内を通りぬけていく。

私は言葉が通じないので、車掌に、さっき買ってきた教会の絵葉書を見せると、相手はにっこりとほほえみ、「合点だ」という表情をしたので、それに安心して、窓から街の景色を眺めていた。

電車は駅前の雑踏を通りぬけ、古風な建物が並んだ地区を進んでいく。官庁街らしい。公園を過ぎると、電車の行く手に美しい赤煉瓦の建物が現われ、高い塔がすぐ脇を通り過ぎていく。

それを窓から見あげ、市庁舎で建築家の名がニロプ（M. Nyrop 1849-1921）であることを思いだした。以前に書物で読んだが、この市庁舎が建ったのは一九〇〇年。ちょうど十九世紀が終り、新しい世紀が始まろうとする時で、その頃オーストリアのウィーンで新しい美術運動の「セセッション」がおこり、その主宰者が建築家のオットー・ワグナー（Otto Wagner 1841-1918）だった。その頃、このデンマークにも新しい建築運動がおこり、それを指導したのが、この市庁舎を建てた建築家のニロプであった。そんな書物で読んだ知識を思いだしていると、電車は坂道をのぼり、あたりは山の手の閑静な住宅地となる。大小のアパートが並んでいて、赤い煉瓦のものや、薄いクリーム色のもの、そのほかいろいろの美しい色彩のアパートが、明るい日ざしの中に建ち並んでいるので、目を見はる。大きな規模のものは、一棟に百軒以上の家族が集合していると思われるほどのものがあり、それに驚く。各戸のテラスは花箱が置かれて、色とりどりの花が咲いている。生活程度は高いが、一般の市民が住んでいるのであろう。広い芝生の庭には砂場があり、子供たちが楽しそうに遊んでいる。

窓の外の景色に見とれていると、車掌が近づいてきて合図したので、私は次の停留場でおりた。その時、車掌が電車の行く方向を指さし、次に手のひらを右に曲げた。私は親切な車掌に、ほほえみで謝意を表し、教えられたように電車のレールにそいながら歩き、次の街角で右手を眺めると、絵葉書の教会堂が聳えている。

その建築の外観はモダンである。正面には三つの切妻が並び、壁面に垂直の溝が刻んであるので、それが宗教的な印象を与える。建築の材料は煉瓦で、色は薄いクリーム色。それが教会だけでなく、教会の周囲に建っているアパート群でも同じ色の煉瓦が用いられているので、附近一帯に静かな統一感がただよい。それによって落ちついた、しかも心の休まる雰囲気に私も包まれる。

絵葉書を見ると、教会の名は「グルンドヴィヒ記念教会堂」、建築家の名はクリントと記されている。グルンドヴィヒ（Grundvig 1787-1872）は宗教家であるが、すぐれた詩人であり、そのほか歴史家を兼ね、ことに農業教育家としてデンマークの農業と社会教育に尽し、国民から「国の父」と仰がれている。その道徳を記念して建立されたのがこの記念聖堂である。

あたりは静かで、人の姿は見えない。私は教会に近づき、正面の扉を押した。ぎーいと音をたて、木製の扉が開く。同時に、それに附けてある鈴がちりーんと鳴った。

内部の空気はひいやりと涼しい。玄関の受付を覗いたが、誰もいない。椅子とテーブルがある。壁の本棚には福音書が並んでいる。しばらく待っていたが、誰も出てこないので、玄関の片すみに置かれている、教会堂の模型を眺めていたが、それでも人は出てこない。

それで、玄関から奥に通じていると思われる扉を押してみると、それが静かに開く。内部は小さい礼拝堂になっているが、そこにも人はいなく、しーんと静まりかえり、聖壇にローソクの灯が静かにまたたいている。

次に奥へ進み、そこで扉を押すと、内部は広い会堂となっているが、そこにも人はいない。だが、床の上にセメント袋や煉瓦が置いたままになっているので、床が工事中であることがわかる。左官や大工の道具もあるので、職人が仕事に入っていることは確かだが、その姿は見えない。

静まりかえった教会堂の内部にいるのは、私ひとりらしい。どうしたことであろうかと不思議に思ったが、昼食の時間に牧師さんも職人たちも自宅へ帰っているのではなかろうかと考える。それにしても、広い教会堂の内部に外国人の私がひとり、それも案内なしに奥深く入りこんでいるのは、なんだか異様な感じがしてきた。

立ったまま、工事中の床を眺めると、床下は空洞になって、二重の構造となっている。それを見て、パネル・ヒーティングと称される「床暖房」であることがわかった。

この暖房法であるなら、私は日本で東京の渋谷に近い天現寺に、慶應義塾の「幼稚舎」を設計した時に、この床暖房の方法を新しく試みてみた。スイスのアルプス地方で結核療養所に、パネル・ヒーティングが用いられていることを書物で知り、それを研究して、日本の気候や技術に適合するようにして、新しく建つ小学校の床にそれを実験的に実施したのであった。床の下に鉄のパイプを配管し、それに温水を循環させる方法だったが、実施してみると暖房効果がよく、経費も経済的であったので、父兄や先生がたにも喜ばれた。

その幼稚舎の校舎が落成したのが、一昨年の昭和十二年であり、続いて、神奈川県の日吉の「慶應義塾寄宿舎」にも、私の研究した床暖房を実施した。それが去年である。

そんな経験が私にあるので、今、デンマークの新しい教会堂の内部で、工事中の床を眺めた時、すぐそれが「床暖房」であることがわかった。しかし、ここでは熱源は温水ではなく、空気を熱した熱気であるらしいので、それについて、職人か、関係の技師に説明を聞きたいと思ったが、その相手の姿が見えないので、全く話にならない。

静まりかえっている広い会堂に、私はひとり立ちながら、上部を見上げると、柱や壁は完成していて、中央のネーブ（中廊）と左右のアイル（側廊）の間に並んだ列柱が上方に高く延び、それが頂上で左右から結びつき、尖頭アーチ型の高い天井を支えている。それは新しい様式であるが、キリスト教にふさわしい、崇高な室内空間を構成していて、私も敬虔な宗教的な雰囲気に包まれる。

その柱も壁も、外壁と同じく薄クリーム色の煉瓦で築かれていて、室内には装飾も彫刻もない。従って建築の意匠は煉瓦の構造体だけである。しかし、それでいて、私は宗教的な気分に包まれているのは、建築家クリントのすぐれた設計力であり、それは意匠心にこめられている純一性によるものであろうと思う。

装飾を払いのけた煉瓦だけの素朴な構造体に、かえって清浄な宗教心を感ずるのに、私は深い感銘を受けながら、この新しい教会堂をここに実現させたのは、現代のデンマークの人々であると思うと、その人たちの美意識と、建立によせられた情熱に、心から敬意を表したい気持が私の胸にたかぶってきた。

それにしても、この教会堂の内部に立っているのは、私ひとりである。さきほどからだいぶ時間がたっているのに、牧師さんも職人も立ち現われない。午後のベルリン行き急行列車がコペンハーゲン停車場を出発するのに間に合わせねばならないので、私はそのまま、人ひとりいない教会堂を辞した。

ゲーテ・ハウス

ベルリンからワイマールまで二百八十キロ。日本なら東京駅から東海道線の豊橋あたりの距離だが、それを自動車で一気に走る。ベルリンの市内を出ると、郊外はすぐ田園風景となる。ナチス・ドイツの誇る国有自動車道路《ライヒス・アウトバーン》は美しいカーブを描きながら、遠い地平線を乗り越え、東ドイツへと進んでいく。

野は「麦秋」。真夏の太陽が明るく輝く。広い麦畑には黄色く色づいた穂が、そよ風に波うっている。そんな風景を眺めると、「もう秋だ」という感じが深い。

日本で「麦秋」と言えば六月ごろ、さわやかな初夏の季節だが、ここでは八月ごろに麦がみのる。そのため北ヨーロッパでは麦の収穫期は盛夏のころであって、その八月が過ぎると、すぐ秋が来る。それ故、ここの「麦秋」には文字通り、秋の季節感が伴う。しかも、その秋も短い期間であって、すぐ冬が近づき、気候は暗くて寒い冬季へと落ちこんでいく。ここでは冬はながい暗い季節であって、人々は来年の遅い春が訪れるまで厳寒と陰鬱に耐え忍ばねばならぬ。

その冬に備えるため、ヨーロッパ人の生活は夏季の間に、いろいろ準備に忙しい。麦の収穫はもとより、明るい夏の太陽の光線は肉体にも精神にも重要な糧《かて》であって、夏の日光は生理的にも心理的にも人間生活の貴重な必需品となっている。こちらの人々にとって、日光浴はビタミンを補給するために必要な生理的欲求であって、その点では日本人が夏の暑い太陽を避けて、日蔭に逃げこむ習慣に対して、こちらの人の習性が違う。それほど北ヨーロッパの人々は太陽光線に飢えている。

そんなことを考えると、私は走る自動車の窓から、黄色く色づいた麦の穂が波うっているドイツの野の風景に、輝く太陽も、これでおしまいという感じがして、野原にはもう秋の気配が迫って来ているように見えた。

*

そんな八月の晴れた日、私は野上豊一郎氏ご夫妻、それに満州国の江原参事官ご夫妻を加えて、朝早くベルリンを出発してワイマールに向った。ゲーテ・ハウスを訪れるためで、同乗の自動車はドイツの優秀車「ホルヒ」。スピードは快適。

私は野上豊一郎教授とご夫人の弥生子様とは、昨年の秋、神戸を出港した靖国丸で同船し、航海中の約一カ月間、毎日、船中でお会いしていたので、お二人とは親しかった。ご夫妻はロンドンに行かれ、私はベルリンに来たので、その後、お会いする機会もなかったが、十日ほど前にベルリンに来られ、私の下宿、パンション・エリクゼンに宿泊しておられる。

そのお二人を私は美術館やオペラなどに案内したが、ワイマールに行きたいと申されたので、親しい江原さんに相談すると、同氏も同行を快諾され、自動車を出してくださることになった。おかげで、ゲーテのことにくわしい野上さんご夫妻とともに、私もワイマールを訪れることができ、この上ない機会を得た。

車はエルベ川を渡る。

夏の太陽はますます明るく輝き、コンクリートで舗装された道路の路面には熱気が立ちのぼり、「かげろう」がゆらゆらと動く。

その行く手に蝶が飛んでいるのが小さく見える。ひらひらと白い蝶が舞っている。その姿が見る見るうちに近づいたと思うと、それが自動車のフロント・ガラスに衝突、蝶は白い花びらが散るように消え去り、ガラスの表面に鱗粉が、かすかに残る。

私は車内に響いていたラジオの音楽に耳を傾けていたが、今、目の前で、瞬間に消えた蝶の命に哀愁をそそられる。だが、ドイツ人の運転手は、私の感傷などは意にもかいせず、自動車のエンジンは優秀な性能を誇るように突進していく。

しかし、全速力のテンポで突き進んでいるのは、この自動車ばかりではない。今、ヨーロッパで時局も政局もあわただしく突進し、歴史の歯車はいつオーバー・ヒートするかもしれない。

時局は危機をはらんでいる。今年の秋、麦の収穫が終り、食糧の準備ができたときが、そのヤマと言われている。麦が刈りとられた野は戦車の行動が自由となる。それこそ命令一下、精鋭を誇る機動部隊はただちに出撃するかもしれない。戦機は熟していると言う人さえある。

東部国境に近いポーランドの穀倉地帯が、その危険地区であって、ダンチヒがその焦点だと言われている。そこは中世のころ、ゲルマン人が移住し、今も人口の大部分をドイツ人が占めている。前の大戦後、ベルサイユ条約によってこの地方はドイツから分離され、土地の権益はポーランドが握っている。それをヒトラーは不服として、ドイツへの復帰を強硬に主張している。

ヒトラーは言う。「ドイツ語を話す国民と、ゲルマンの血を受けた民族はすべて第三帝国に併合さるべきだ」と。「それはナチス国家の歴史的な使命だ」と宣言する。そのため、ドイツと隣国ポーランドの間に、ダンチヒの去就が緊急問題となり、時局は一触即発の危機をはらんでいる。

ヒトラーは昨年の秋、チェコやオーストリアの併合に成功したが、今年の秋はどうか。イギリスやフランスが去年のように柔軟な態度をとればともかく、もし強硬な態度に出て、交渉が決裂すれば、それこそ東部国境は火を吹く。それが導火線となって、欧州全土が戦乱の巷になるかもしれぬ。

その危機が今年の秋、麦の収穫が終る頃だとすると、あと一ヵ月の余裕しかない。すぐ活火山となるかもしれない噴火口の上に、あくせくと人々がうごめき、国々が会議を重ねている。そんな気さえする。

そうなれば、今、私たちが一台の自動車に乗り、快スピードで走っている自動車道路を、戦車部隊が猛スピードで進軍することになろう。この国有自動車道路は戦争準備のために建設されているのだ、と言われている。

が、ドイツ国民は去年の秋のように、危機は事なく通り過ぎるだろうと思い、勇ましいヒトラーの演説に耳を傾け、「第三帝国」の栄光ある征圧に期待をかけている。

＊

車は途中、イエナを過ぎ、昼近くワイマールの市内に入った。

イルム川が静かに流れている。そう大きい川ではないが、川岸に楡《にれ》、山毛欅《ぶな》、柳、篠懸《すずかけ》、樺などの木々が茂っていて、のどかな環境は、ベルリンから来た私たちの心を休めてくれる。ここは、さすがゲーテの都だけあって、街の気配に文化の伝統がしっとり漂っているのを感ずる。

橋を渡る。見おろすと、きれいな流れに少年たちが裸で楽しそうに泳いでいる。油絵の画題のような、平和な光景を眺めながら、ゲーテの時代もこうであったろうと想像する。

ゲーテの時代に、このイルム川に一人の若い女官が「ヴェルテル」を持って投身自殺した事件があり、それが有名な詩「月に寄す」のテーマになったと言われている。その川のほとりに来て、文芸に門外漢である私にもゲーテのことが身近に感じられ、ドイツ文化の高さと豊かさに身が包まれるのに、救われるような気持を意識する。ベルリンではいつも張りつめた気持に、毎日、追いかけられているためであろう。

＊

私たちは昼食をとるために街の小さいレストランに入った。室内が古風な構えとなっているので、気分が落ちつく。奥から年とった主人が出てきて、日本人の客を歓迎してくれる。店の得意な料理だと言うシュヴァイン・コッツレッツ（豚カツ）を注文すると、おいしい。

そのあと、江原夫人が持参された「のり巻き」を食べながら、故国の味をなつかしんでいると、料理人が挨拶に出てきたので、試食をすすめる。相手は黒い皮と中身の材料を質問し、「のり」と「かんぴょう」の説明を聞くと、「珍しい携帯食品だ」と言う。それを口に入れ、舌で味を吟味すると、目を丸くして「素敵だ」と答える。よほど材料と味が珍しく、色彩や形にも驚いたのであろう。

そんななごやかな日独交歓のあと、私たちはレストランを出て、「ゲーテ・ハウス」へ向かった。

ゲーテがカール・アウグスト公の招きに応じて、このワイマールに移り住んだのは一七七五年。正確に言えば十一月七日の午前五時、馬車で到着した。その時、ゲーテは二十六歳の青年詩人。「ファウスト」の構想が脳裡にもりあがっていた。

ワイマールはザクセン・アイゼナハ公国の首府であるが、人口わずか六千、住居七百戸程度の小都市であった。しかし、その宮廷はゲーテに大きな期待をかけ、到着の翌年には公使館参事官に任命。続いて枢密顧問官、貴族。遂に三十三歳の時に財政事官を兼ね、宰相となった。

ゲーテは産業や政務に精励し、道路を改修し、荒地の開拓、農産物の増産に尽力した。鉱山を開発するために、みずから鉱坑に入った。火災防止には消防条令を起草し、火災の現場で消火を指揮するなど、行動は能動的だった。庶民の生活のために社会施設の充実を考え、課税の軽減をもはかった。大天才と言われる詩人が、このように殖産や財政、さらに軍事に及ぶ多方面の行政に専念し、成果を挙げたのは、全く驚くべきことだった。

そのほか自然科学の研究にも熱心だった。一八三〇年のある日、彼はつぶやいた。

「火山が噴火したのだ。すべてのものが燃えあがっている。もう書斎の中で議論しているどころではない。ことはきわめて重大だ」と。

その日はフランスの七月革命がワイマールに通知された日だった。ところが、ゲーテが重大だと言ったのは革命の動乱よりも、フランス学士院で論争されている「種の起源」だった。「この問題こそ私には絶大な価値がある」と、自然科学の熱心な研究者であるゲーテには、「進化論」の論争が重大な関心をひいたのであった。

そんなことを私は本で読んだのを思いだすが、このようにゲーテの自然科学によせた学究心は強いものであった。フランスの七月革命よりも「進化論」に歴史的な重要さを認めていたことに驚く。これは一挿話であろうが、ゲーテが「顎間骨」の発見者であることは、その学術研究が専門的なものであり、当時の学界をしのぐものであったことを実証する。

ゲーテはイエナ大学で解剖学を研究し、そのあとワイマールの絵画学校で「人体骨格」の講義をするほど、「骨学」の知識は専門的だった。

従来の動物学者は「猿」には上顎に「顎間骨」があることを認めていたが、「人間」にはそれがなく、そのため「猿」と「人間」を鑑別するのに顎間骨の存否を規準とするのが通説となっていた。しかし、ゲーテは人間の胎児にその存在することを発見したのであった。

これは極めて重要な学術的研究であったので、論文をドイツ語とラテン語で発表し、一七八六年にオランダの有名な解剖学者カンペルに送ったのであったが、専門家たちにはゲーテの研究は承認されなかった。しかし、そののち一八三二年に至り、「自然科学院」の論文集に収められ、ゲーテの発見が学会に公認されたのであったが、それはゲーテの死の前年であった。

このゲーテの発見によって、動物と人間の間には肉体の上では別種でないことが確認され、ダーウィンの「進化論」にもゲーテの研究が重要な示唆を与えることになったのである。それほどゲーテの研究は学術的な観察と科学的な推論に基づくもので、自然科学者ゲーテの学究的態度の高さを示す。

しかし、そんな場合でも人間と動物との相違は崇高な精神の高揚、それをゲーテは「神性」と言っていたが、人間の美しい感情が「人」と「猿」とを区別するものだと、詩の中でうたっている。これが詩人ゲーテの自然讃歌であって、そこに普通の動物学者と違う点があった。

＊

ゲーテの学術的研究の範囲は広く、地質学、鉱物学、植物学、気象学、光学、音響学などに及んでいて、その多才多能には全く驚く。そのほか、土木、鉱山、農作、建築などの技術についても造詣が深く、しかも実際の実務にも精通していた。そのうち「建築」だけを見ても、ゴシック寺院に関する論文や『イタリア紀行』の中に述べられている知識は該博である。イタリアへは一七八六年と一七九〇年の二回旅行し、そこで見た古代ローマの建築や美術から受けた感銘はこの詩人の美意識に強い影響を与えていた。私は学生時代に、ドイツ語の勉強のために『イタリア紀行』の抜萃を読んだことがあるが、その書物から得た教示が、こんど私がヨーロッパに来て、イタリアを旅行している時に思いだされ、ゲーテの美意識が私に乗り移ってくるような気さえした。

そんな「建築」に対する美的考察ばかりでなく、ゲーテは実際の建築技術にも特技をもち、特に「劇場建築」の計画は専門的だった。フランクフルト・アム・マイン市の生家にはゲーテが幼い時に作った舞台の模型が陳列してある。それを見た時、私は、この小さい手製の模型から、後年のすぐれた多くの戯曲が生まれたのだと思うと、ゲーテの初心に全く驚歎した。そのゲーテがワイマールに来て、シラーとの交友によって演劇活動を開始し、その本拠となった建築こそワイマール劇場であった。

なお建築家シンケルがワイマールに来て、ベルリンに建つ国立劇場の設計についてゲーテから指導を受けている。建築家カール・フリードリッヒ・シンケルはドイツのすぐれた古典主義建築家として、一八一八年、ベルリンに「衛兵所」を建てた。それは現在の「無名戦士廟」となっているものだが、そのほか「フンボルト邸」「国立美術館」「国立劇場」やポツダムの「ニコライ教会」など、すぐれた建築を多く設計し、私はその建築を訪ねて、シンケルの建築精神に深い感銘を受けた。その建築家シンケルがワイマールを訪ね、ベルリンに建つ国立劇場の設計について指導を受けていた。それ故に、私がシンケルの設計した建築の強い精神に感銘を受けたのは、その奥にゲーテの詩的精神があったからである。そう思うと、私自身は建築家としてのゲーテに感銘を受けていたことになる。それほどゲーテの万能的な才能は建築にもすぐれていた。

ゲーテはワイマールの公園の設計にも関与し、道路建設委員会の主管者となっていたから、「都市計画」の実務にも活躍していた。その点では、ルネサンス時代の巨匠、ミケランジェロやレオナルド・ダ・ヴィンチのように、ゲーテも建築家であり、技術家であった。私はイタリアのフィレンツェでミケランジェロの彫刻「青年」やメジチ家廟の「朝」「夕」「昼」「夜」の彫刻などを見て深い感銘を受けた。その彫刻家が画家として、バチカン宮殿内の「システィーナ礼拝堂」に天井画の「天地創造」や壁画の「最後の審判」を描いているのに全く傾倒させられた。さらにカソリックの総本山「サン・ピエトロ寺院」のドームを仰いだ時、建築家としてのミケランジェロに私は深い深い感動を受けた。そのドームを設計した時、ミケランジェロは七十二歳。その死後、スケッチと模型によって完成され、このドームはルネサンス期の宝冠と称されている。

レオナルド・ダ・ヴィンチも万能の天才であった。「受胎告知」「聖アンナ」「岩窟の聖母」「モナ・リザ」「最後の晩餐」などを、私は自分の目で見て画家としてのレオナルドに深い感銘を受けたが、ミラノの大展覧会で見た科学者、技術家のレオナルドにも驚歎した。物理、天文、地理、解剖、水理、機械、建築、土木、兵器、飛行機の研究まである。

その点ではゲーテも万能の天才であった。ゲーテも空中飛行を空想し、『ファウスト』の中で空飛ぶ場面をよく書いている。さらに空想だけでなく、気球を実際に飛ばしていた。ワイマールの宮廷薬剤師と共に熱気球を製作し、四分間ほど上昇させたことを報告している。それは一七八四年だったから、フランスでモンゴフィエ兄弟が人類最初の昇空を行なった翌年のことで、そのころゲーテは気象観測に熱中していた。そんな科学者、建築家、技術家のゲーテに私は強い関心を抱くのだが、そのゲーテが五十年間住んでいたワイマールの地に、今、私自身がはるばる訪ねて来て、ゲーテの詩心と学究心が私の肌にひしひしと迫ってくるのを感じた。

*

私たちは「ゲーテ・シラー文庫」へ行った。遺稿や資料が実によく集められていて、『ファウスト』の原稿や、七十三歳の老ゲーテが十九歳の少女ウルリーケに宛てた手紙などが目をひく。世界各国で出版された、ゲーテやシラーに関する書籍が収蔵されていて、日本の出版物も並んでいる。

そこを出て、市中を車で走っていくと、街にナチスの赤い旗がひらめいている。「国立劇場」前の広場にはゲーテとシラーの銅像がたっている。ゲーテはこの劇場でナポレオンとも会見した。そこを過ぎると、すぐ近くのフラウエンプラン街に「ゲーテ・ハウス」があった。

煉瓦造りの三階建てであるが、最上階が屋根裏となっているので、正面から見ると外観の壁面は二階建てに見える。外壁は薄いクリーム色に仕上げられていて、装飾が少ない。さっぱりとした、意匠に宰相の邸宅といういかめしさがなく、玄関のすぐ前を、乳母車をひいた主婦や、学校帰りの児童たちが通り過ぎていくので、建築の印象に親しみが感じられた。

この家にゲーテは一七八二年から五十年間住み、一八三二年の三月、奥の寝室で永眠した。享年八十三歳。従って、ここがゲーテの最後の家である。

ゲーテの没後、この家は閉じられていたが、一八八六年に至って、孫のワルター・フォン・ゲーテによって公開され、「ゲーテ博物館」として館内には遺品が陳列されている。

私は懐旧の情と尊敬の念を胸に抱きながら、正面の玄関を入った。

奥から、親切そうな案内人が出てきて、私たち日本人を二階へ導いてくれた。階段をのぼると、第一室が「黄色の広間」と呼ばれている部屋で、壁面はその名の如く、明るい黄色で塗られている。室内の装飾は立派で、美術品が多く陳列されている。有名なティシャンの「天上の愛」の絵のほか、ジュピターやアンチウスの胸像などが目だつ。

隣室は、天井が赤味がかった色で塗られ、ここでも壁面に絵がかかり、彫刻が置かれている。ラファエルの絵もあるが、模写である。応接室は「ジューノー室」と呼ばれ、室内に大きなジューノーの像が置かれている。「ウルビノ室」と言われる部屋には、ウルビノ公の肖像が壁にかかり、そのほか友人や親近者の肖像画が多い。さらに奥の「マジョリカ室」には陶器のマジョリカがガラス棚に陳列してある。

このように二階の表通りに面した側には、七室ばかりの部屋が並び、それが応接間、客室、ホール、食堂などに使用されていた。ここに集まる人々は、当時、ヨーロッパ文化の最高レベルの人たちであったので、この家のこの部分こそ、当時の世界を動かしていた人々の会合の場所であり、親和の部屋であった。

詩人や芸術家としてはハイネやグリム。特にシラーとは親しかった。哲学者にはヘーゲルやフィヒテも来ている。音楽家には作曲家のメンデルスゾーン、バイオリニストのパガニーニ、それから後にシューマン夫人となったクララ・ヴィーク。さらに、国家の要人としてはバイエルン国王のルードイッヒ一世。王子時代のドイツ皇帝ウィルヘルム一世。アメリカの副大統領バーなどが訪れた。皇帝ナポレオンとはエルフルトで対談しているが、ワイマール劇場でも会見している。

そのほか、この家で最も華やかな来客は貴婦人、女流詩人、女優たちであった。それこそゲーテをめぐる女性として、ゲーテの文芸ばかりでなく生涯に重要な関係を結んだ婦人たちである。シュタイン夫人、女優のコロナ・シュレーター。造花工場で働いていたクリスティアーネ。この女性こそゲーテ夫人となり、この家の女あるじとなった女性である。そのほか、十九歳の少女ウルリーケなど。それぞれゲーテの創作活動に詩的霊感を与えた女性たちの名前を、私は思い浮べた。

このようにここのサロンには各国、各界の多彩な男性や女性が集まり、歴史的な会合となっていたことを思うと、この家の二階の諸室は当時の世界文化の中心であり、そこに登場した人々とゲーテとの交友はその時代の知的及び美的潮流の源泉になっていた。

私はその諸室を通りぬけながら、室内が華美でなく落ちついた意匠になっているのに感心したが、各室の壁や天井の色彩が、それぞれ異なった色で塗られているのに気がついた。そのほか室内にギリシャやローマに関する絵や彫刻が置いてある。これはゲーテの趣味によるものと思えたが、その絵や彫刻に模写や参考品が多いのはドイツ古典主義の美的性格を示しているように見えた。レッシングが「模倣論」に主張しているように、それは「模倣」によって古典ギリシャの美意識を探求し、その様式にこもる美的原理を追求することによって古典美の特性を知ろうとする。それがゲーテ時代の新しい思想であり、詩的制作の根源だと考えられていた。

建築家シンケルの作風もそんな古典主義の思想に基づくものであった。それが当時の建築のみでなく絵画、彫刻、工芸を含めた造形界の主流となり、時代の歴史的性格を明確にしていた。そう思うと、「ゲーテ・ハウス」の室内にはゲーテの学識や詩精神がこもっていて、その部屋の意匠にゲーテ自身の身辺や、サロンに集まった人々の社交的雰囲気がしのばれる。そんな建築的な見方で「ゲーテ・ハウス」の諸室を眺めると、その室内意匠が

「色彩論」と関係が深いのに気づいた。

＊

「ゲーテ・ハウス」の「ゲルベン・ザール」はその名の如く、壁の色が黄色い広間である。そこはパーティーやお祝いの集まりなどに、多くの客が集まり、食堂となった。そのために、それにふさわしい色彩が採用されたのであろう。

ゲーテの「色彩論」の中には、「黄色の与える印象は、温かくて気持がいい。それ故、絵画では黄色は明るくて能動的な効果に用いられる。黄色を身廻り品、着物、カーテン、敷物に用いれば、快適な感じを与える」とそんな意味のことが述べられている。それ故、ゲーテはこの「黄色の広間」で芸術家、貴婦人、学者たちとともに快適な雰囲気に包まれていたことであろうと想像する。

その隣室の「ジューノー室」の壁は青い。室内に置かれているジューノーの像はギリシャ神話の女神であって、「婚姻の神」である。この彫刻はシュタイン夫人のために、イタリアからゲーテが持参したものであって、その彫刻が置かれている部屋の壁が青い色となっていることにも、理由があるように感じられた。シュタイン夫人はゲーテよりも七つ年上であり、七人の子持ちであったが、その多感な性格はゲーテの心を強く捕え、美しい抒情詩のヒロインとなった。しかし、二人の仲は一時絶交状態となったこともあったが、そののち和解し、ゲーテはイタリア旅行中にシュタイン夫人に宛て、

「ただ今のところ、あなたの競争者はただ一人しかありません。それは大きなジューノーの像です。それをあなたのために持って帰ります」

と手紙で書き送っている。その彫刻の置かれている部屋が青い壁であるのを認めると、ゲーテの青い色に関するセンスが、いかにもこの部屋にふさわしいのに驚いた。

「色彩論」の中に、青い色について、

「この色彩が目に与える印象は不思議な作用を発揮し、その効果は強烈であるが、時にはマイナスの性質を持つ。純粋な青は刺激的虚無と言うべきものである」と。

これはシュタイン夫人の魅力や一時的な不和を述懐している言葉のように聞える。さらに言う。

「目の前を逃げていく可愛い生きものを何処までも追いかけたいと感ずるように、我々が青い色を見たがる気持は、我々を引きつけてやまぬものがあるからだ」

と述べているのは、シュタイン夫人によせたゲーテの心境を告白している言葉の如くである。シュタイン夫人のためにイタリアから持参し、それが「今のところ、あなたの、ただ一人の競争者だ」といったジューノーの彫刻像が置かれてある部屋が、その青い色で塗られていることに、私は目を見はるほど驚いた。

なお、この室内にグランド・ピアノが置かれているので、音楽の演奏のために、ゲーテは青い色を選んだであろうとも思われた。そのためにゲーテはメンデルスゾーンやシューマンとも交遊があり、ベートーベンとも会っているから、青い色はグランド・ピアノの演奏やそれを聞く人々の心理を考慮して選ばれたのかもしれぬ。

いずれにしても、表側のサロンの諸室には社交のために各室の色彩効果に、それぞれの部屋にふさわしい色彩が選択されていることに、さすがに「色彩論」の著者だと感心した。

＊

そんな表側に面したサロンに対して、ゲーテの私室は奥の静かな部分にあった。そこへ行くには、廻り階段の途中に開いている扉を通りぬけて行かねばならぬので、奥の私室は、表の公室とは全く分離している。家人か特別の人以外は入室が禁じられていたのだろう。

この裏庭に面した部分に「書斎」と「寝室」があり、それに「書庫」と「控《ひか》え室」が附属している。この部分こそ詩聖の創作活動の仕事場だった。

いよいよ私たちはそこへ足を踏みいれた。まず小部屋がある。「更衣室」に使われていたのだろう。衣裳ダンスがある。壁ぎわに大きな柱時計が置いてあるのは、フランクフルト・アム・マインの生家から移したもので、案内人はそれを指さしながら時間ごとに鳴り響く音を、ゲーテはことのほか好んでいたと説明してくれる。

その柱時計の横には大きな戸棚があって、その中に鉱物の標本がぎっしり詰っているのを見ると、鉱物学の研究に熱中していた詩人の姿がしのばれた。黒い大きな採集用の革カバンが古びた姿のまま置いてあるのも印象的だった。


その奥に「書斎」がある。部屋の内部は昔のままに保存されていて、まるで昨日までゲーテがそこにいたような気さえする。その部屋の内部に立つと、私は深い感動に包まれ、肌にゲーテの気魄が迫ってくるのを感じた。

まず第一印象として感じられたのは、表の華やかな社交室と全くちがって、室内は見るからに質素である。床には敷物も敷いてない。窓にはカーテンもない。ガラスも一重である。気候の寒いドイツでは今日では二重ガラスの窓がよく普及しているのに、ここでは一重に過ぎない。当時はこれが普通であったのかもしれぬと考えたが、さぞ冬季は寒かったろうと思う。壁には絵一枚かかっていない。

そんな部屋の中央に楕円形のテーブルが置かれその周囲に椅子が三個並べられている。そのうちの一脚がゲーテが坐る場所で、そこにはテーブルの上に「肘《ひじ》かけフトン」が置かれている。ハンケチを入れる籠もその脇にあるのを眺めると、ゲーテがその椅子に腰かけて、一心に詩作に熱中している姿が目の前に見えるようである。

他の二脚は、エッケルマンやマイエルなどが坐って、ゲーテの口述を筆記した場所である。テーブルの中央には鵞《が》ペンとインク壺が置かれていて、晩遅くなると、筆記の相手にブドウ酒と冷食を饗応したのもこのテーブルだったと、案内人は説明してくれた。

左手の壁に大きな「斜面机」が置かれていて、その上に並んでいる物は鉱物の標本。張り子の半球。これは物理学の研究用のもの。それから温湿度計やレンズ、製図道具など自然科学の研究に使用したものばかりである。

そんな物品の中に小さなガラス製のナポレオン像が目につく。「ゲーテとナポレオン」と言えば、あのエルフルトで二人が会見した時、ナポレオンは詩聖を見て、「ここに人あり」と言った。それに対して英雄に向ってゲーテは、「彼こそ世界の縮図だ」と言った。

そんな言葉で二人の関係は有名になっているので、このゲーテの書斎で小さいナポレオン像を見た時、それになにか「曰く」がありそうだと思ったが、説明によると、これも光学の標本だった。その小さいガラス製品は化粧品の容器の栓となっていたものを、ゲーテは半透明体の標本として使用していたのだということであった。

「書庫」には四千冊に及ぶ書籍が天井までとどく書架にぎっしり詰っている。さらに「書斎」の書棚には、コッタ版の自著と並んで化学、光学、鉱物学などに関する多くの書籍が目につく。このように書斎内に置かれている物は文芸に関するものよりも、自然科学に関する物が多い。というよりもそれが書斎を占有しているのは、強い学究心と多方面な学識を実証するものと言えよう。

窓ぎわに「立ち机」が置かれていて、その上にある皿の中に、土、魚骨、種子などが入れたままとなっている。窓枠には一本の温度計がかかっていて、その下に紙片が張ってある。「庭作り」の予定表であり、記入の日付は一八三二年三月となっている。その月の二十二日にゲーテはこの世を去った。春を待ちつつ、庭作りの予定を組んでいたのであろうが、その春が来る前に、この大詩人の生命はとだえ、大天才の多彩な知能は消えた。

窓から裏庭を見おろすと、ゲーテが手ずから植えた山毛欅《ぶな》やアカシアの木が大きく成長している。その主人のいない庭にバラの木が淋しく残っているのが見えた。

書斎の壁は、くすんだ緑色をしている。

「緑色こそ、我々の目に満足感を与える色である。二つの原色、黄と青が混合されると、均衡を得た色となり、目と心に安らいだ印象を与える」

と「色彩論」に説明されているので、「ゲーテ・ハウス」でも書斎の壁には落ちついた緑色が選ばれたのであろう。

その書斎の壁に一枚の鏡がかかっている。枠は粗末で、鏡面も古びているが、青年の頃から晩年に至り、最期の時までの五十年間、喜びに満ちた姿や悲しみに沈んだ表情を、この鏡が写していた。それ故、この鏡こそ、ゲーテの「原肖像」というべきものを、その奥に刻印していると、私は、くすんだ緑色の壁にかかった古い鏡を見つめながら、そう思った。

*

漱石のどの小説だったか忘れたが、ダヌンチオのことが書いてあった。この熱血詩人と言われたイタリアの詩人は、真赤な書斎で詩作すると書いてあったのを記憶する。いかにもダヌンチオと「赤」の部屋は、全く性格的に、ぴったりという気がした。

ところが、ワイマールに来て、ゲーテの書斎の壁が落ちついた「緑」となっていると、いかにもこの色がゲーテにふさわしい色彩だという気がする。

以前に、私はゲーテが住んでいる家の壁はどんな色だろうかと興味をもち、「色彩論」を読んでみると、部屋の壁は白いという記述があったので、ゲーテの家では室内の色は「白」だと、思いこんでいた。

それはプリズムの実験をした日のことで、

「新宅に来てみると、南西に窓の開いた一つの細長い部屋を見つけた。これは全く願ってもないことであった。しかし、新宅の設備に忙しく、暗室はまだ出来ていない。

その後、相当の日数が過ぎたが、すぐ出来る筈であった暗室が出来ないので、その事も忘れていた時、イエナの友から、借りていたプリズムの返却を催促する手紙を受けとった。それで急にプリズムを試験してみた。私の居あわした部屋の壁は一面に白くしてあり、それをプリズムで透して見ると、白い壁はもとのまま白かった。そのため本能的にニュートンの学説は誤りだと思わず叫んだ」。

これはゲーテが初めてプリズムを実験した時の記述であって、一七八九年十一月のことであった。ヘルメスハウゼンの家からマリエン街の「狩りの家《ヤーゲル・ハウス》」に引き越してきた時であって、イエナの宮中顧問官ピヨットネルから借用していた実験装置を急に試験してみることになった。しかし、暗室がまだ出来ていないので、白い壁の部屋で、そのままプリズムを見たのであった。そのため、ニュートンのスペクトルを認めることはできなかったので、ゲーテはニュートンの学説に反対する自信を得たのであった。

このことはゲーテのプリズム実験が白昼、白い壁の部屋で試験されたことを示すもので、自然科学者のニュートンと詩人のゲーテとが互いに色彩の認識に於て対立することになる重要な日の記録である。

この記述により、私はゲーテのいた部屋は白い壁であったことを知り、漱石の小説の中に書かれていたダヌンチオの書斎が「赤」であることに対して、ゲーテの部屋が「白」であることに興味を深めた。

ゲーテは「色彩論」の中で真赤な色について次の如く言っている。

「真赤のガラスを目にあてると、明るい風景がものすごく見える。最後の審判の日に、天も地もこの色彩で塗りつぶされることであろう」と。

いかにも詩人らしい色感のあふれる形容であって、ゲーテの色彩に対するセンスに私は感心する。

ところが、ワイマールのフラウエンプラン街の「ゲーテ・ハウス」に来てみると、各室にはいろいろな色彩が選定されていて、部屋の使用にふさわしい色彩効果が考慮されているのに、私は感心した。特に、落ちついた緑色の書斎の内部には、ゲーテの詩魂と学究心が今もそこに生きているように感じられた。

＊

その緑色の「書斎」から奥へ進むと、「寝室」があった。そこの壁も緑に塗られていて、壁ぎわにベッドが一台さみしく置かれている。天井から、呼鈴の太い紐がさがっているのは、寝たままそれを引くためであろう。鷗外の書いた『ギヨオテ伝』には、

「一八三二年三月ギヨオテは感冒で、十六日に床についた。十九日から二十日にかけての夜寒に、病気が重くなつて、二十二日午前十時三十分に、腕付の椅子の左の隅に、身を寄せ掛けたままで亡くなつた。家隷に、窓を、もう一つ開けてくれ、明かりがもつと

入るやうに、と言ったのが、最後の言葉である。も少し明かりを（Mehr Licht）と云ぅ象徴的な語は、これに基づいている」。

日本の軍医・森鷗外によって書かれたゲーテの最期の場面は、多くの日本人に深く感銘を与えている。その最後のベッドが、今、私の目の前にある。「もっと光を」と、ゲーテがつぶやいたと伝えられている窓から、あわい光がさしこみ、くすんだ緑色の壁で囲まれた室内に静寂がただよう。

枕もとの小机には、コップと水指が白く光っている。その沈黙の姿が「死」を暗示しているように、私の目に写る。

フランスのジイドは言った。

「一個の人間として、何をなし得るかの問いに対して、ゲーテ以上に見ごとな解答を与えたものは、未だ嘗てない」と。

＊

「ゲーテ・ハウス」で深い感銘を受けた私たちは、そのあと「シラー・ハウス」に行った。煉瓦の二階建ての家は、ゲーテの邸宅にくらべると小じんまりとしていて、外観もつつましやかである。

内部に入ると、二階に応接間と居間があり、その壁には両親の肖像と並んでシラー自身の肖像がかかっている。室内を見まわすと、いかにも見すぼらしい様子に、人生行路に苦難をなめた詩人の暮しぶりが想像される。それは貧窮と病苦になやむ生涯であった。

私はその部屋に入った時、すぐ、ここの壁も緑色であることに気づく。ゲーテの書斎よりも色が濃く、黒い文様が壁面に刷りこんである。

窓の近くに粗末な机が置いてあり、ここでシラーは夜遅くまで執筆を続け、疲れるとそのまま眠り、目がさめると、また力を奮いおこして書き続けた。それがこの机である。

ある日、ゲーテがシラーを訪ねると、あいにく不在だったので、室内で待っていると、不快な臭気がするので、机のひき出しをあけてみると、腐ったリンゴがある。ゲーテはその臭気にたまらず、窓をあけて外気を吸った。

その腐ったリンゴの臭気は、シラーにとっては創作欲を刺激するもので、そのために机のひき出しに入れてあったのだが、ゲーテには不快な臭気だった。このようにゲーテとシラーとは性格は違っていたが、友情は互いに厚かった。シラーはゲーテの友情にはげまされ、すぐれた仕事を発表したのだった。

その机のわきに、一台の粗末なベッドが置かれている。だから、この部屋は書斎と寝室が兼用であって、そんな点でも暮しの貧窮さがしのばれる。

一八〇五年の五月一日。その晩に発熱してベッドにつく。それから一週間たった九日の夕方。西の空に太陽が沈むのをベッドの上から眺めながら、最後の息をひきとった。ゲーテと並び称され、「群盗」「ドン・カルロス」「ウィルヘルム・テル」など多くの名作を書き残した詩人は、このベッドから不帰の旅に旅だった。享年四十六歳。

枕もとの小机には、白いコーヒー茶碗が一つ置いてあり、そのわきに燭台が立つ。ローソクは火が消えたままの姿となっている。それを眺めると、偉大な詩人の生涯が一体のローソクに暗示されているように見え、胸に切ないものがこみあげてきた。

壁にはギターがかかり、一台の小さいピアノが室内に置かれている。「ゲーテ・ハウス」にあったマホガニー製の立派なグランド・ピアノにくらべると、これは小型で姿も粗末である。

私は案内人にたのんで、蓋をあけてもらうと、案内人はキーを叩く。古風なチェンバロの音が響いて、哀愁をそそる。

その余韻に私は耳を傾け、もの悲しい響きが緑色の壁に吸いこまれていくのを追うように、部屋の内部を見まわすと、窓の隅に赤い布が絞りあげてあるのが目につく。

シラーは「赤い微光は製作欲を刺激してくれる」と言って、窓の上に赤い布をかけていたと、案内人は説明してくれる。その赤い色が壁の緑に反映して、その赤い色彩がシラーの情熱のように私の目に写る。このように、この書斎兼寝室の部屋にはシラーの気魄がこもっている。

幼い時に宗教教育を受け、軍隊的な学校を経て、法律を学んだが、途中で医学に転ずる。そのあと詩と劇に専念。ゲーテとともに「疾風怒濤（シュトゥルム・ウント・ドラング）時代」に活躍。だが、貧窮と病苦に悩んだ。

その詩人が愛妻のシャルロッテと暮していた部屋に、今、昔のピアノがなつかしい音をたてたので、シラーの詩魂が呼びさまされたのであろうか。そう思われるほど、私の目に、壁にかけられた古い布の赤い色彩が、鮮明に見えた。

附記――このゲーテ・ハウス訪問記は一九三九年（昭和十四年）八月一日のことだったが、その日からひと月たった九月一日に、ドイツ軍はポーランドに侵入。その五日後に、ヒトラーは宣戦を布告した。

ドイツ芸術祭

ひどい土砂ぶりの雨をついて、汽車はミュンヘン中央停車場のプラットホームに滑りこんだ。構内には赤い幕が張られ、ハーケンクロイツの紋章が金色に輝く。それが祭り日にふさわしい景気を添えている。

近在から集まった人々だろう。男たちは革の半ズボンをはき、頭に、羽毛のついた帽子をかむっている。女たちはチョッキのような短い上衣を着て、赤や青の美しい文様のついたスカートをはいている。そんなバイエルン地方の風俗衣裳を着た人々によって停車場は混みあい、陽気な気分がただよっている。

「芸術祭事務所」から当てがわれたホテルに行く。部屋に入ると、窓台に、赤いゼラニュームの花が咲いている。その窓をあけて外を見おろすと、雨にぬれた街を、ビール樽を積んだ馬車が、蹄鉄の音を敷き石に響かせながら通り過ぎていく。そんな街頭風景がいかにもミュンヘンらしい。

雨もあがってきたので、開会式の催される「国立美術館」へ行く。イザール川にかかる橋をわたると、白い瀬が、さわやかな音をたてている。

＊

美術館の正面玄関を入ると、二階へ通ずる階段の両側に、白いギリシャ風の服装をつけた少女たちが整列している。柏《かしわ》とバラの花を飾った冠をかむった姿が美しい。その列の間を通りぬけ、二階の大講堂に入ると、正面には、鷲とハーケンクロイツの大きな紋章が、広い講堂を威圧するように輝いている。高い窓を見あげると、そこにもギリシャ風の服装をつけた少女が並び、それがパルテノン神殿の欄間彫刻のように見える。

やがて、中世の衣裳をつけた楽人たちが登場し、そのラッパが鳴り響くと、場内の人々が一せいに起立し、ナチス式に右手を挙げる。その敬礼の中を、副総統ヘスと親衛隊長のヒムラーが入場してきた。

一同が着席すると、ベルリン・フィルハーモニー交響楽団によって、リヒアルト・シュトラウスの「祝典序曲」が演奏され、続いて、アウグスブルク市合唱団によって、ブラームスの「栄えある民族」が合唱された。

それによって荘重な雰囲気が醸しだされる。その時、ナチス突撃隊の制服に身をかためたバイエルン州長官のワグナー氏が正面の壇上に登壇し、声をはりあげて、ドイツ民族によるナチス芸術の樹立を演説し、「一九三九年ドイツ芸術祭」の開催を宣言する。それに応じて場内に盛大な拍手が湧きあがり、今日の七月十四日から三日間ミュンヘン市に盛大な芸術の祭典が繰りひろげられることになった。

このミュンヘン市は中世以来、「芸術の都」として美術、音楽、学芸の中心地であった。同時にヒトラーが党の運動をおこした土地であるので、「ナチス運動の首府」とも呼ばれている。その芸術と政治とが主役となっている都に、「芸術祭」が開催されたのであるが、時局はいよいよ緊迫している。そのためか、初日の開会式には緊張感がみなぎっていた。

＊

翌日も、同じ会場で「ドイツ造形美術アカデミー」の祝賀会が催された。こんどは玄関から講堂に至る順路には、親衛隊の党員が直立不動の姿勢で、左右の両側に整列している。

その真黒な制服と、腕にまいた真赤な腕章が、ナチスの代表的な色彩の黒と赤を示し、その人垣の間を通り抜けていくと、来会者の目に、それが強烈な印象を与える。

ヒトラーの臨席のもとに、式が開かれた。ベーム教授の指揮によってブルックナーの「第四交響曲」の第一楽章が演奏される。それに続いて、ドイツ文化院総裁、宣伝大臣のゲッベルスが壇上に立ち、「国家社会主義労働党（N・S・D・A・P）の世界観に基づいて、ドイツ芸術は強い魂と力を持たねばならぬ」と獅子吼する。

このようにナチス・ドイツの芸術政策は党の統制のもとに、ドイツ精神の高揚とナチス様式の樹立を目的として、強力な活動が推進されている。そのために音楽、オペラ、演劇、舞踊などの舞台芸術はもとより、絵画、彫刻、建築、工芸などの造形美術まで、あらゆる分野の芸術が動員され、ドイツ民族の美的理想を造形様式の樹立のために邁進している。その大デモンストレーションがこの「芸術祭」の開催である。

＊

その招待状を受け取った時、プログラムを見て、豪華な企画に驚いた。全ドイツの芸術団体と文化団体がミュンヘン市に集合して、三日間にいろいろな会合や演奏が催される。

音楽会の欄を見ると、ハンブルク交響楽団がヨッフムの指揮によってベートーベンの「第九」をケーニッヒ広場で演奏する。ベルリン・フィルハーモニーはアーベントロートの指揮によりベートーベンの「第五」を旧王宮の中庭で演奏。ウィーン・フィルハーモニーはベームの指揮でリヒアルト・シュトラウスの「アルプス交響曲」を旧植物園で演奏、そのほか音楽が十七カ所で催される。

ベルリンの冬のシーズンだったら、そのうちの一つを聞くのに、数週間前から切符の入手に苦労せねばならないのに、ここでは同じ時刻に多くの演奏会が催されるので、選択に迷うほどである。

オペラやドラマの欄を見ると、また驚く。国立劇場で「タンホイザー」、それから「タッソー」「ファウスト」「ペール・ギュント」「メリー・ウィドー」等々。それこそ、からだがいくつあっても足りないのを実感する。

だが、上演される曲目の中には、ユダヤ人の作曲はなく、演奏者も全くいない。それほどユダヤ人に対する弾圧はきびしく、統制は徹底している。それは音楽ばかりでなく、文学や美術に於ても同様であり、人種はもとより、作風にもユダヤ的なものは厳禁であって、ドイツ民族の純血を毒し、ゲルマン精神を害するものは一切排撃される。それに反するものは国外に追放されるか、強制収容所に行かねばならぬ。

党の主体による「ドイツ芸術祭」は国民的な祭典であるので、プログラムの多彩豪華なことは全く驚くほどで、国境に切迫している緊迫感などは忘れるほどである。

＊

二日目の晩、予約を申し込んでおいた「タンホイザー」を聞くために国立劇場へ行く。開演の時刻は七時だが、こちらの夏は七時でもまだ明るい。ホテルを出ると、雨がふりだし、豪雨となる。劇場の正面入口に着くと、祭りの飾りに雨が滝のように流れている。

そんな大雨のさ中に、ヒトラーの車が到着。総統はゲッベルスなどの閣僚とともに二階正面の貴賓席に並ぶ。私の席はそれに近いので、総統の表情がよく見える。頭髪を左右に分け、その左半分が前に垂れているのや、短い口ひげなどは、ニュース写真などで見るとおりだが、皮膚の色が、思いのほか白い。しかし、舞台に向って拍手をおくる時、顔面が桜色に高潮するのを見ると、熱血というか、強い情熱的なものが、その身体の中に満ちているのを、その表情に感ずる。それが、ドイツ国民の人心をひきつける魅力となっているのだろうと思う。

私はヒトラーがタンホイザーの舞台を見つめている姿を眺めながら、この人こそ、今、緊迫している欧州の政局に登場し、歴史を動かしている主役であることを感じ、閣僚と共に坐っている貴賓席のあたりに、時代の潮流が渦をまいているように感じられた。そんな緊迫感を身近に感じたためか、私はワグナーの楽劇に一層強いドイツ的な感情移入を受け、舞台から聞える豊かな声量に、耳を圧倒されるほど、深い感銘を受けた。作曲家ワグナーを崇拝しているヒトラーも、ひとしお感慨深く、耳を傾けていることだろうと、私は想像した。

幕間にバルコンに出てみると、雨があがり、空には星がまたたいている。夜の外気は涼しい。

劇場前の広場には、大勢の人々が集まり、二階に向って、「われらフューラー（総統）に会いたい」と、声をそろえて大声で叫ぶ。そんな光景を眺めると、中世の城下町で祭りの日に、城主にお祝いの言葉を述べるために、民衆が城の広場に集っている光景を連想する。それほどドイツ国民のヒトラー崇拝熱が高まっているのに感心し、同時に驚いた。劇場前の広場に集まった群衆の昂奮した表情を眺めると、そこに時の流れが渦をまいているように見える。

私はタンホイザーの舞台に魅了されたあと、劇場を出ると、街は暗い。いつもなら街のショーウィンドウには電灯が輝き、商品が美しく陳列されているのに、今夜はそれが暗い。しかし、両側の家には窓台に、コップに入れたローソクの火が並び、街角には「たいまつ」の火が燃えている。それが古い中世の灯を回想させ、そのため物語の街を歩いているような気がする。祭りの夜にそんな演出効果を発揮するために、街の電灯が消されているのであった。

人ごみに押されながら歩いていくと、市庁舎の前に来る。ネオ・ゴシック様式の石造建築は暗いシルエットとなっているが、広場には「たいまつ」の火があかあかと燃えている。庁舎のバルコンには仮装のバンド隊がいて、その音楽に和して、大勢の人々が、広場の敷き石に靴音をたてながら、楽しげに踊っている。そんな光景に、十六世紀の画家ブリューゲルの風俗画を思いだす。

私は広場の隅で、屋台店に入り、名物のソーセージをつまみながら、その音楽に耳を傾けた。時計は二時を過ぎているが、人の波は広場に溢れるほど揺れ動いている。

＊

三日目の午前は、「大ドイツ美術展覧会」の開会式にヒトラーが演説するので、その光景を見に行く。プリンスレーゲンテン街には桟敷が作られていて、それに腰かける。「国立美術館」の廻廊に全国から集まった突撃隊の隊旗が、金色の紋章を輝かせながら、威勢よく勢揃いしている光景は、美術展覧会の開場式というより、観兵式のように勇ましい。このようにナチスでは美術政策は党の重要な行政となり、突撃隊とも結合していることに、私は目を見はった。

桟敷の最前列に、建築家トローストの未亡人と、建設総監のシュペール教授の姿が見える。

建築家トロースト教授（Paul L. Troost）はミュンヘン市に「ナチス党本部」の建築と、ナチス運動のために犠牲となった党員の霊をまつる「名誉廟」を設計し、それによってナチス建築の新様式を創案した建築家として有名である。その死後、未亡人は名誉ある芸術家の遺族として、党の式典には第一主賓として列席する最大名誉を受けている。建設総監のシュペールはそのナチス様式を受け継ぎ、第三帝国の建築計画のために建築と美術の総合的な活動を、たくましく推進している青年建築家である。

その二人の姿につづいて、有名な美術家たちが綺羅星《きらぼし》の如く並んでいるのは壮観である。このようにナチスの美術界では建築家が最も重要なポストを占めているのは、ヒトラーが特別に建築を重要視していることによるが、ドイツに限らずヨーロッパでは昔から建築家は美術界の指導者として尊敬されていた。それは過去の偉大な建築家たちのすぐれた実績によるが、建築家が果す歴史的役割を為政者も、民衆もよく理解し、それがながい伝統となっているためである。

やがて、ヒトラーの自動車が美術館の前に止った。「ハイル・ヒトラー」「ハイラー」「ハイラー」の声が四方から湧きあがる。自動車からおりた総統の姿は、その歓呼の声を受け、美術館の中に入っていく。それに続いて、桟敷の最前列に整列していた建築家、美術家、党の要員たちも美術館の式場へ入っていく。

しばらくすると、式場で演説するヒトラーの声がスピーカーから響く。情熱を含んだ口調で、第三帝国の建設のために建築と美術が果すべき重要な使命と、そのためにゲルマン精神の高貴な登場が大切だと強調する。続いて、今年度に着工する建設事業の計画が発表され、新しい党の建築公共施設、福祉施設、住居政策、国有自動車道路の延長などについて、規模と工期が説明される。その工事に参加する美術家と作品も発表される。その誇らしげなヒトラーの声明に呼応して、式場にいる人も、場外でスピーカーを聞いている者も、盛んに拍手する。それが熱狂の渦となる。

そんな光景に、ここでは美術は、ただ美術家やその愛好家だけの狭い範囲のものでなく、住居、福祉、都市、国土、さらに国防をも含む広範囲な、国家的な活動となっている。そのことを強調するヒトラーの演説には熱意が加わり、その熱弁が人々の心を鼓舞する。

さらに、ヒトラーの声は、国境を越えて、ナチスに敵対する国々に向かって、それに打ち勝つ自信を叫んでいるように聞えた。

＊

その日の午後は、呼び物の行列となっている「ドイツ二千年の文化史」が市中を練り歩いた。ゲルマン民族の古代から、現代のドイツに至るまでの風俗、建築、美術、工芸、芸術家などの模型や人形を飾り立てた山車《だし》が行進し、そのあとにナチス国家の躍進を示す山車が続く。最後にドイツ国防軍、突撃隊、親衛隊、警察隊、労働奉仕隊、ヒトラー・ユーゲント、ドイツ少女隊の代表部隊が、それぞれの制服で身を固めて、勢いよく行進する。延々と二時間も続くパレードであるが、あいにく雨がふりだしたのは惜しかった。それでも街の人々は雨と風にもかかわらず盛んに拍手をおくっていた。

＊

その晩は、有名な世界的舞踊家クロイツベルクが三千五百人のダンサーを指揮する野外舞踊「生活の勝利」を見に行くつもりだったが、雨がやまないのでゲルトナー劇場へ行き、評判の「陽気な寡婦」（メリー・ウィドー）を見る。

舞台装置と衣裳が新しく、明るいワイン・カラーの赤紫と、それに対してライト・ブルーの明快な青い色の、その二色が基調となり、舞台はこの二色に限られた色彩効果によって演出される。そんな新考案の舞台と軽快な音楽によって醸しだされる雰囲気に、私は文字通り「陽気」な気分に包まれた。

それが、三日間続いた「ドイツ芸術祭」の終幕となったのであるが、私は大がかりな規模と、盛大な演出に全く驚歎した。式場の設営に目を見はり、今さらのようにナチス・ドイツの躍進ぶりに驚いた。美しい音楽の演奏には耳が魅了され、さすがドイツだと感心した。従って、この催しの芸術的な質は高い。そのためか、ただのお祭り気分でなく、なにか鋭いものが底に光っているのを感じた。

それは何か。ヒトラーは著書『わが闘争』の中に書きしるしている。「アーリヤ人種は人類のプロメテウスであって、その輝く額から、いかなる時代にも常に天才の神的な火花を発する」と。

ドイツ民族の優先であり、ゲルマン人種の自尊である。その自信に満ちた美的讃歌がこの「ドイツ芸術祭」であることを、私は目や耳に強く感じた。そのために、ユダヤ人種に対する排撃が強く、それを徹底するために、祭りの演出に強い統制力がみなぎっていることも、この芸術祭の重要な性格となり、人々の心をひきしめる。ユダヤ的なものは、作品、作風、作家に至るまで全く抹殺されている。

さらに驚歎したのは、祭りに集まった人々の熱狂ぶりである。まるでミュンヘンの全市がハイル・ヒトラーを叫んでいるような光景に私は圧倒された。緊張、陶酔、熱狂に街も人もわきかえっているのを見ると、なにか精神的な渇望が大きな声をあげているような気がした。

昨年の暮、私はドイツに来て、ベルリンで冬を越した。暗い、ながい冬の季節に包まれていると、ドイツでは音楽やオペラが生活の必需品となっているのを知った。人々はきびしい寒さと、暗い陰鬱な気候に耐えるために、音楽や舞台に憧れる。そんな気持を私も体験し、ドイツの音楽や美術の美意識に、ドイツの天候が重くのしかかっているのを実感した。

それと同じく、ミュンヘン市の「芸術祭」に人々が熱狂しているのを見ると、なにか重い、暗い、大きなものが、この祭典にものしかかっているような気がした。はげしい「時」の流れが、為政者と民衆を激流の中に呑みこみ、「歴史」の渦へ吸いこんでいく、そんな狂躁曲か曼荼羅図を私は想像した。

戦争の足音

一九三九年（昭和十四年）八月二十一日

聖シュテファン教会堂を見に行く。

このウィーンの代表的な聖堂は由緒が古く、十一世紀のロマネスク時代に創建されたが、焼失したので、十四・五世紀に再建されたものである。そのため、古いロマネスク様式と後期ゴシックの壮麗な様式が結びついていて、独特な意匠となっているのに興味をひかれた。

建築の規模は大きい。本堂の側面に高さ百三十六メートルの高い塔がそそり立っているのを見あげた時、目が圧倒された。天にとどくような石の尖塔が、建立された時代の宗教心を結集し、さらに高い精神の昂揚となって、地上から天に向かって燃えあがっているように見える。

こんな信心の激情を表現した塔はドイツ・ゴシックの特色であって、ケルン聖堂の塔にもそんな印象を強烈に受けた。その意味で、このウィーンの聖堂はドイツ系のゴシックに属するものだが、それに加えて、オーストリア的な特色が濃く認められるのは、この地方の風土が建築の意匠に強く影響しているためだろうと思う。

本堂の大きな傾斜屋根で覆われているのも、冬季の積雪を考慮したものであって、きびしい冬の気候に耐えながら、ながい歴史に生きぬくためには、こんな大屋根が必要だったのだろう。どっしりとした重量感のある傾斜屋根に美しい色彩の瓦がふかれていて、それに宗教的な感銘を受ける。

私はその屋根を仰ぎながら、雨量の多い日本の奈良には、東大寺の大屋根が高く聳えているのを思いだした。大仏殿の創建は八世紀だったから、このウィーンの聖堂よりもずっと古い。その当時、高さ三十二丈、つまり百メートルもある七重の塔が、しかも木造の構造によって春日野に聳えていたことを想像すると、奈良朝の人々が抱いていた美意識や建設力はヨーロッパのゴシックをしのぐほど、たくましく美しいものであった。そう思うと、天平の壮大な甍が、私の目に浮んできて、郷愁をそそる。

だが、その東大寺の大伽藍は戦乱の火によって焼かれ、灰となった。ケルンの大聖堂も前の大戦には、連合軍の飛行機がその石造建築に爆弾を投下した。

今、バルカン半島は戦争の噴火地帯だといわれているので、もしそこに発火すれば、ウィーンは戦乱の最前線となり、このシュテファン聖堂も空襲の危険にさらされるかもしれない。と思うと、目の前に立っている尖塔に不吉なものが襲いかかっているような気がし、そんな幻覚を脳裡からいそいで払いのけた。

聖堂の内部に入ると、薄暗い。ひんやりとした空気に歴史の流れを感じ、その静かな淀みの中にステンド・グラスが輝いている。鮮やかな色彩に目を注ぐと、宗教的な感銘を受ける。奥の内陣や高い塔まで熱心に見て廻ったので、身体がだいぶ疲れた。

＊

公園内のテラスに腰かけ、本場のウィンナ・コーヒーをすすりながら疲れを休めていると、音楽が聞える。向うの音楽堂で演奏が始ったらしい。軽快な円舞曲が森の中に響き、いかにも音楽の都にふさわしい雰囲気に包まれる。

残暑が続いているので、人々の服装はまだ夏の軽装だが、カスターニエンの木の枝に丸い実がさがり、葉の先が黄色くちぢれている。それを見ると、ウィーンに秋が訪れているのを感ずる。

このカスターニエンはパリではマロニエと言われ、私が去年の秋、日本の神戸を船で出発して、パリに着いた時にはマロニエの街路樹は葉が散っていた。枯れ葉が積った舗道を歩くと、かさかさ音をたてたのを思いだす。

今、ウィーンに来て、そのマロニエの枝に新しい丸い実がさがっているのを見ると、私の欧州滞在も一年近くなっているのを感ずる。

＊

感慨にふけっていると、隣りのテーブルから、私に話しかける声が聞えた。

ふりかえると、三人の老人がテーブルを囲んでいて、一人は老婦人、他の二人は男性、相当の年配らしい。服装が落ちついているので、教養のある人たちと思われる。ことに黒い服装の老婦人は見るからに、ウィーンの貴婦人と思えるほど、表情や態度に気品がある。若い時には、さぞ美貌であったろうと想像され、社交界に活躍した女性であろう。三人は親しい仲間で、お茶の時間に、公園のテラスに集まって雑談を交していたのだろう。

その老婦人が声を落して、さも重大なことを告げるような口調で、私に、

「数日のうちに、きっと戦争が始まります……」と言う。

戦争の噂なら、ベルリンで耳にタコができるほど聞きあきているので、またかと思う。が、相手の表情がひどく真剣であるのに驚いた。その黒いビロードの胸には金の細い鎖がかかり、それに緑色の石がさがっている。ロシア石のマラキート石らしい。その石にこまかい彫刻が彫りこんであるので、その美しい細工に、私が見とれていると、老婦人は言葉を続け、

「あなたのお母さんは、今どこに」と聞く。

それに対して、「日本にいます」と答えると、

「それなら一日も早く、ここを出発して、日本に帰りなさい」と、やさしく忠告してくれる。さらに言葉を続け、

「私に一人の息子がいましたが、惜しいことに前の大戦で戦死しました。遠い異国の戦線でした」という。

それで、やっとこの老婦人が私に話しかけてきた理由がわかった。

さっきから、この老婦人は、隣りのテーブルに異邦人の青年がぽつねんと腰かけているのを見ていたらしい。その私の姿に、遠い異国の戦線で戦死した自分の息子を思いだし、母としての共感から日本にいる私の母に思いをよせたのであろう。それで一日も早く、私を母のもとに帰してやりたい気持がつのり、私に話しかけてきたのだと思われた。

その忠告に対して、私は「ベルリンからこのウィーンに来て、さらにブダペストを経てギリシャに行くつもりでいる」と答えると、相手は小首をかたむけ、

「とにかく一日も早くここを離れて、母のもとに帰りなさい」と熱心に言う。同席の二人の老人も同様に私にそれをすすめる。

そのあとは世間話になり、老人たちは以前のウィーンが良かったことを、しきりに私に話す。それはナチスの統治下に入ったウィーンの現状に対する抗議のように聞えた。

あたりは次第に薄暗くなってきて、音楽堂の音楽も止み、人々が群がって公園から出ていく。三人の老人もテーブルから立ちあがったので、私はポケットから手帳を取りだし、記念にサインを求めると、老婦人は、

「公爵夫人A、ウィーン市B区」と書く。

ドイツではサインに肩書きを書くのが習慣らしい。その文字を見て、やはりウィーンの貴婦人であったのを知ると、胸の美しいブローチや、ものごしの上品さが、さすがとうなずけた。その貴婦人に「B区の何街、何番地ですか」と聞くと、ほほえみながら「それでわかります」という返事に、これは失礼な質問であったと気づく。

もう、あたりは夕方の気配が濃い。公園の花壇に咲いているサルビアの花が、薄暗がりの中に、ひとしお赤く見える。

「日本のお母さんによろしく」とさしだされた黒いレースの手袋と二人の老人の手に私が握手すると、三人は立ち去っていった。


私は歩きながら、ウィーン人の人情味が余韻を含んで胸に響いてくるのを感じた。その余韻は古きよき時代から響き続けているウィーンの美的センスであろう。さっき見てきたシュテファン聖堂の建築の中にも、今まで公園のテラスにまで響いていた音楽にも、今、別れた三人の老人の人情にも共通するものであって、それが戦争の噂が充満している巷に、かえって美しく響きわたろうとしているように私には感じられた。

＊

「工芸美術館」の赤黒い煉瓦建築のあたりまで歩いてくると、日は暮れて、街灯に火がつく。「中央市場」の前を過ぎ、「陸橋」を渡ると、人々が下をのぞきこんでいる。私も下を見ると、橋の下の暗いレールを、長い貨物列車が通り過ぎている。無蓋車の上には迷彩をほどこした荷物が積まれているので、軍用列車らしい。照空灯らしい形をした荷物、装甲自動車、軍用機の部分品らしいものが積みこまれている。紫色がかった灰色の制服を着た兵士も乗りこんでいるので、飛行連隊が出動しているらしい。

無気味な音をとどろかせながら、闇の中を進んでいく軍用列車を眺めていると、今、別れた老婦人の言葉が思いだされ、いよいよ危機が目の前に迫ってきているのを感じた。

八月二十二日

午後、ブダペストの駅で下車する。駅前のホテルに入ると、フロントで新聞を見ていたボーイが、入ってきた日本人の客を見ると、「これをご覧になりましたか」と、自分の見ていた新聞紙を私に見せてくれる。

大きな見出しの文字が紙面の上段に並んでいるが、ハンガリー語なので読めない。説明を求めると、「今朝、ナチス・ドイツとソビエト連邦の間に、不可侵条約が締約されたので、今、全ヨーロッパが湧きかえっているところです」と言うので、驚いた。

「ドイツの新聞は」とたずねると、「まだ」と言う。詳しい事情はわからないが、これは大変なことになったと思い、案内された部屋に入ったが、落ちつかない。ことによると、欧州の国際情勢に大波瀾を呼ぶことになるかもしれないと思う。


ここへ来る汽車の中で、一人のドイツ人が私の前の席に腰かけていた。上衣の胸につけている記章によってナチス党員であることがわかる。いつもなら、日本人の私に親しく語りかけてきて、「日本にもビールがあるか」とか、「中国大陸の事変はどうか」「日本とソ連との関係はうまくいくか」などたずねるのだが、今日はどうしたわけか、よそよそしい。こちらの視線を避けているような様子だった。汽車がハンガリーの国境を入る時には、私や隣席のデンマーク人夫妻は検査に何事もなく通ったのに、そのドイツ人に対しては検査官はいろいろと厳しく質問し、入国許可証にこまごま書き入れを要求していた。

ドイツとハンガリーは防共協定を結んでいるので仲がいいと思っていたが、どうしたわけだろうと思ったが、その時には晩に「独ソ不可侵条約」が発表されていて、ハンガリーの国境には警戒線が張られ、ドイツ人の入国が厳重になっていたのだろう。そのため、車中のドイツ人も、今まで防共協定を結んでいた友邦の日本人に対して、よそよそしい態度であったのは、突然に発表された独ソの接近によるものであったことが、今、やっとわかってきた。

ドイツは日本、イタリアと結んで、「枢軸国」を組織し、ソ連に対して対抗したのに、その盟主のナチス・ドイツが防共の相手国のソ連と突然に「不可侵条約」を締結したのだから、事は重大である。これが導火線となって欧州の国際情勢は火を吹き、それが地球全体に引火するかもしれない。

ヒトラーは、一昨年、オーストリアを合併し、去年もチェコに軍隊を進めた時のように、こんどもその手で行くつもりかもしれないが、イギリスやフランスは今までのようにそれを受け入れるか、どうか、危い気がする。

しかし、とにかく、ブダペストに来たのだから、ここの建築を見たいと思い、ホテルを出て、十三世紀に建てられた古いマティアス教会堂や、そのほか国会議事堂、ドナウ川にかかるエリザベス橋などの美しい建造物をタクシーで急いで見て廻る。市内の病院や療養施設も行きとどいているのに感心する。ことにこの国の古い伝統の美しさに東欧民族の特色が濃く残っていたり、遠くアジアの蒙古軍がここまで侵入してきていたのに驚く。そんな多民族の血がマジャールの文化となって、ドナウ川の岸辺にみごとな花を咲かせているのに心をひかれている。廻っていると、そんな街の古い建築を見て今日のヨーロッパに危機が迫っていることなど忘れてしまう。

＊

夜、ブダの丘にのぼる。夜空に月が輝いている。明るい月光の中に涼しい風が吹いてきて、秋を感ずる。

丘の下にはドナウ川がゆるやかに流れ、川の向うにペストの街が見える。その街の灯や、橋の上を走る電車や自動車の灯が川の水面に映って、夜景がすばらしい。流れる川に揺らぐ水影に視線を注いでいると、足もとの草むらで虫が鳴く。異郷で聞く虫の声に、遠く離れた故国の秋が思いだされ、旅愁が郷愁をそそる。

このブダペストに私がはるばる来たのは、ギリシャのアテネに行きたいと思い、ウィーンを経てここに立ち寄ったのであるが、国際情勢が急変したので、これから先、途中はどうしようかと考える。ギリシャ行きはこの春にも計画したのであったが、その時は、イタリアのアルバニア攻略が始まり、バルカン地方の旅行は危険となり、残念ながらギリシャ行きは断念した。その次に、夏の前、イタリアに行った時も、半島の先端から海を渡ってアテネへ行きたいと思ったが、ベルリンに仕事が待っているので、ギリシャまで足を延ばす日数はなかった。それで、こんどこそ是非アテネに行き、八月の烈日に輝くアクロポリスの丘に立ち、パルテノン神殿を仰ぎたいと出かけて来たのだが、突然に独ソの接近が発表され、また国際情勢の雲行きが急にあやしくなってきた。もしかすると、ベルリンに帰ることが困難になるかもしれぬ。そうなると大変と、足もとに鳴く虫の声を耳に聞きながら、ひとまずウィーンに引きかえして、情勢を見ることにしようと考える。

丘をおりて、街のレストランに入る。食堂でジプシーが音楽を演奏している。それを聞きながら、異国の古い教会や神殿を訪ね歩いている私自身も、ジプシーのように漂泊の身であることを思うと、本場で聞くハンガリアの曲が心に深くしみこんでくる。

八月二十四日

ウィーンへもどってきたが、街の様子は平穏に見える。しかし、旅行社に行ってみると、イギリス人らしい人々が集まって、切符を買い求めている。引きあげるためらしい。それを見て、私もドイツへ帰るのが安全だと思い、ルフトハンザの出張所へ行き、航空券を買う。行き先を直接ベルリンにしようかと思ったが、ギリシャ行きを中止したので、残った旅行の日数をドイツ国内に費やすことにして、フランクフルト・アム・マイン行きの切符を買い求める。ドイツの国内におれば、事が起ってもベルリンに帰ることは容易だろうと思う。

ホテルに帰ってくると、ロビーががらんとしている。外国人が引きあげたらしい。

フロントで部屋の鍵を受けとり、そこに立っている中年の支配人と雑談を交していると、相手は上衣の内ポケットから手帳を取りだし、それにはさんである一枚の写真を私に見せた。古びた写真で、それに一人の若い兵士が写っている。将校でなく、兵卒の姿が直立不動の姿勢で立っている。それを眺め、私は「誰ですか」とたずねると、相手は親指で自分の胸を指さしながら、「前の大戦に従軍した時の私です」と答える。

その大戦が終ったのは一九一八年だったから、もう二十年も経過している。写真の中の人物が本人よりも若く写っているのは当然だったが、そんな古い写真を肌身離さず持っているのは、どうしたわけだろう。なにか個人的な深い思い出があるのか、あるいは「赤紙」が来た時、ここでは召集令状は赤い紙でないかもしれぬが、それが来た時に必要なのかもしれぬと思う。

そんなことを考えながら、ふた昔も前の古い軍装に興味を感じながら写真を眺めていると、相手は、

「ことによると、また行くことになるかもしれない」と、暗い表情で言う。それほど時間が押しつまっているのに、私は驚き、もう覚悟をきめている相手に同情を感ずる。


オーストリアの皇太子と妃がサラエボの地でセルビヤの青年によって暗殺されたのは一九一四年。それが世界大戦の発端となった。当時の日本はイギリス、フランス、アメリカなどの連合国側に加わり、ドイツの租借地となっていた中国大陸の青島《チンタオ》を攻めた。その時、私は小学生だった。

あれから二十数年たっている。その大戦に戦死した戦没者の霊を哀悼するために、戦勝国にも敗戦国にも多くの戦没者の死を哀悼する記念碑が多く建てられている。旅行者の私は、それを各国で見た。都会の広場、大学の構内、官庁の玄関、地球はまた血に飢え、戦争の発端となる機会を探し求めている。それがま近かに迫っていることを、二十数年前にオーストリアの一兵卒として従軍したホテルの支配人の暗い表情から察し、私も暗澹とし

た気持に包まれる。

多くの記念碑が建てられている。旅行者の私は、それを各国で見た。都会の広場や、教会ばかりでなく、大学の構内、官庁の玄関、そのほか劇場の楽屋にさえ、戦死者の名を刻んだ碑が設けられていて、それに花が捧げられているのを見ると、戦争の悲惨さが各国の人々の胸に深く刻まれるのを知った。

だが、そのヨーロッパに今、戦雲がみなぎり、時局の雲行きは暗い。いつ戦乱が、どこでわきおこるかわからない。そうなると、戦没者の碑を建てたのは哀悼心であったのか、敵愾心であったのか、歴史の流れが血に飢え、また戦争の発端を探し求めている。

二十数年前の戦争にオーストリアの一兵卒として従軍したホテルの支配人が私に示した一枚の古い写真を眺めながら、私も暗澹とした気持に包まれた。この老兵も、その姓名が碑に刻まれることになるのだろうか。相手の表情は暗い。

八月二十五日

朝早く起きて、ルフトハンザ航空会社のバスに乗り、ウィーン郊外の飛行場へ急いだ。「西停車場」の前を通ると、屋根の上に足場を作っている。監視塔の建設であろうか。ドナウ川の鉄橋を渡ると、高い鉄骨の橋桁の上に、機関銃が備えつけられるので驚く。兵士が身構えている。ウィーン市の防備は既に戦時態勢に入っているらしい。

飛行場に着くと、多数の軍用機が整列していて、ものものしい様子に目を見はる。パスポートが厳重に検査され、携帯していたカメラは、一時預けを強要される。空中撮影を禁止するためであろう。

低翼三発、三十六人乗りのユンカー機に乗りこむ。ドイツが誇る最優秀の旅客機であって、座席は満員。澄んだ朝の空気を突いて離陸。

千五百メートルの高度を飛ぶ。窓の下に刈り入れが終った広い麦畑が美しく展開し、川が銀色に光る。赤い瓦の屋根が並ぶ村の中心に教会の塔がそびえているのが小さく見える。そんな下界の景色はいかにも平和に見えるが、これがいつまで続くのだろうかと気になる。

ニュルンベルクで乗りかえ、フランクフルト・アム・マインの空港に着く。市内の様子が案外に平静なので、ひと安心する。午後は市中の建築を見て歩き、夜は市の中央広場で上演される野外劇の「ハムレット」を見に行く。

議事堂前の広場に舞台が作られていて、古い歴史的な建築の正面がそのまま背景となっている。国王の亡霊が青白い照明を受けて、舞台に現われてくる。オフェーリアが狂死し、妃が毒殺される。ハムレットも毒剣に倒れる。そんな演技を見ていると、このシェークスピアの悲劇が一層悲壮に見えてくる。舞台の印象が重厚に迫ってくるのは、背景が実物の石造建築であるためであろうと考える。夜の外気が肌に寒く感じられた。

八月二十六日

今日は新しい施設を見たいと思い、早起きして、郊外へ出かける。まず、「I《イー》・G《ゲー》・染料工場」へ行く。その本社の建築はペルツィッヒ教授（Hans Poelzig 1869-1936）の設計によるもので、この建築家は前の大戦の直後、ドイツの芸術界に表現主義が流行した時、有名な演出家ラインハルトとともにベルリンに新しい「大劇場」（グローセス・シャウシュピールハウス）を設計し、その表現派的な意匠によって世界の建築界を驚歎させた。そののちベルリン工業大学の教授となっていたが、ユダヤ人排斥によって退職を命ぜられ、間もなく逝去した。その建築家によって設計された建築を眺め、簡素な意匠でありながら、どっしりとした量感が目に迫ってくるので、さすがと感心する。正門の受付で構内に入ることを断わられる。

次に、その向う側に見える新しい小学校へ行くと、玄関に、銃剣を手にした兵士が立っている。それで、ここはもう学校建築でなく軍用建築になっていることを知る。

さらに歩いて、アパート地区へ行ってみると、兵隊の一隊が行進してくる。見ると戦時の軍装をしている。それによって、この地帯が軍によって監理され、臨戦態勢になっていることがわかる。軍馬の徴発だろう。裸馬の列が、蹄の音を高く響かせて、通り過ぎていく。急いでホテルに帰ると、外国人は引きあげの最中だと言うので、私も早速出発することにして、中央停車場へ向かう。

駅はひどい人だかりで、混みあったプラットホームで汽車を待つ。ケルン行きの列車が入ってきたが、超満員。これに乗らないと、いつ出発できるかわからないので、無理に割りこんで、列車内の廊下に立つ。進行中の列車にゆられながら、東京のラッシュ・アワーを思いだす。

汽車はラインの河畔を走っているらしいので、人の肩越しに窓の外をのぞくと、川の水面に遊覧船や荷物船が浮んでいるのが見える。しかし、川の交通が取り締まられているためか、あたりに緊張感がただよう。川向うに民家が並んでいる。屋根の瓦が他の地方の赤い瓦と違って、この地方の民家は黒いスレートで葺かれているため、印象が黒ずんで見える。崖の上には古い城が建っているのが時々目に写るが、人ごみのため、窓の上方はよく見えない。

やがて、ひと雨きて、閉めた窓ガラスに雨が流れる。私は数日前の疲れで、人と荷物との間にはさまれ、立ったまま、うとうとまどろむ。

予定の時刻からひどく遅れ、ケルンの中央停車場に着くと、ここもプラットホームは超満員、ベルリン行きの列車に乗りかえねばならぬので下車したが、駅を出ると再び入るのが困難らしいので、プラットホームで荷物のトランクに腰かけ、ベルリン行きの特急が入ってくるのを待つことにする。

ウィーンを出発する時、ライン地方を迂回してベルリンに帰ろうとしたのは、まさかこんなに時局が急転するとは思われず、それに、ドイツ国内におればベルリンに帰るのは容易だろうと考えたためだったが、もうそんな甘い予想は許されぬほど、情勢は刻一刻と緊迫しているらしい。

だいぶ待ったあと、ベルリン行きの列車が入っていたので、急いで乗りこむ。こんどは具合よく座席に腰かけることができたので、ほっとする。走る列車の窓から外を眺めると、踏切りには徴発された自動車だろう、トラックや乗用車が数珠つなぎになっている。郊外に出ると、畑には高射砲が備えつけられていて、砲身が鋭く西の空に向く。そんな高射砲陣地をよく見かけると、西部国境に近いこの地方には戦争の準備がととのい、既に戦意がみなぎっているのを感ずる。

私の席の前には一人の老紳士が、だまりこくったまま腰かけていて、胸に鉄十字章がかかっている。前の大戦の勇士であろう。どんよりとした夕日が沈み、車中も暗くなってきた。今夜は灯火管制だろうと思い、覚悟していると、車内に薄暗い電灯がついたので、気持も少し明るくなる。ところが、この列車は食堂車を連結してないので、昼食をとる暇のなかった私はひどく空腹を感じ、時々停車する駅で売店に行ってみるが、パンも名物のソーセージも売り切れている。チョコレートを買ってきて、それをかじりながらがまんする。窓外に暗い闇が迫ってくると、私の心も暗くなってきた。


ひどく延着して、十二時すぎベルリンのツォー駅に着く。駅を出ると、駅前の広場ではウファー映画のイルミネーションがあかあかと輝き、ベルリンの夜はいつもの明るい気分なので、これなら、まだ大丈夫という気がする。

タクシーが具合よく見つかり、急いでシューネベルクの下宿に帰ると、表の扉をあけてくれた女主人は、私の姿を見ると、手を握りながら喜んでくれる。ギリシャへ行くと言って出ていった私が、なかなか帰ってこないので案じていたと言う。だが、暗い表情をして、戦争の噂は巷に満ちて、女主人の老母は戦争の予感に卒倒してしまい、ベッドに横たわっている由である。前の苦しい大戦を経験した老いの身には、また戦争が始まるという切迫感は、気を失うほど、むごい強迫であるのだろう。

大使館の神田さんへ電話をかけると、今、大使館から帰宅されたところで、私が帰ってきたことを喜んでくださり、国境方面で写真撮影の嫌疑を受け、監禁されているのではないかと心配されていた由である。情勢を聞くと、とにかく、今日、日本人の旅行者とベルリン在住の婦女子が百八十名、ハンブルクに向い、靖国丸で国外に避難したという。ご返事を聞き、時局がそこまで押しつまってきたのを知る。

自分の部屋で、ベッドに横たわりながら、天井を見つめていると、軍用機であろう、窓ガラスがビリビリ響くほど低空で飛んでいく。深夜の静けさを破るエンジンの爆音が、戦争の足音の如く私の耳をおびやかす。

戦争前夜

一九三九年（昭和十四年）八月二十七日

朝、目がさめる。ベッドの中で、耳をすましながら、戸外の動静をうかがうと、静かな気配がただよっているので、安心する。しかし、私の目の奥には、ウィーンやライン地方で見て来た、ものものしい光景が焼きついている。夜の暗がりを、無気味な音を響かせながら通過していく軍用列車。ドナウ川の鉄橋には機関銃が据えつけられていた。フランクフルト・アム・マインでは既に臨戦態勢となっていて、街の中を汗だくの兵士が行進していく。徴発された裸馬の列ともすれちがった。ケルンの駅を出ると郊外には高射砲の陣地が築かれていて、今にも敵機の来襲に砲火を浴せようとしている。そんな緊迫した光景に目を見はったのだが、ベルリンはヒトラーのお膝もとのためか、落ちつきを示している。

ベッドを出て、窓のカーテンを引き、朝の街を見おろすと、人通りが少ない。これは今日が日曜日であるためと思われるが、静まりかえっている街の様子に、なんとなく嵐の前の静けさを感ずる。

見あげると、空はどんより曇っているが、薄日がさしている。そんな天候に、このベルリンが「台風の目」のように、ここだけが晴れていても、ドイツの周辺には戦雲がたちこめ、それが渦となり、その渦中にこのベルリンも呑みこまれていくのではなかろうかと思うと、暗い気持に包まれる。

＊

朝の食堂で、同室のBさんと会う。ドイツ人の技師で、ドイツ政府の土木検察官である。体格がよく、見るからに快活そうな人がらの相手は、私に向って、

「心配することはありません。イギリスとの外交交渉は険悪になっていますが、すぐうまく解決するでしょう。ドイツ国民はヒトラーの敏腕を信じています。自分は一週間後にはスペインへ出張して、フランコ政府の鉄道建設に関係することになっておりますので、それまでには危機は解消するでしょう。それを確信しています」

と明るい表情で言う。ドイツ人たちは、今年の春、ヒトラーがプラハに入城すると、たちまちチェコが解体したように、こんどもヒトラーが動きだせばドイツの主張する民族的な拡大政策が押し通せるものと思っているらしい。その三月、ベルリンはまだ寒い冬だったが、チェコからヒトラーは凱旋将軍のようにベルリンに帰ってきた。その夜、ウンター・デン・リンデンの大通りは「ハイル・ヒトラー」を叫ぶ民衆で埋まり、夜の空には花火が輝いたのを、私はこの目で見て、ドイツ国民の熱狂ぶりに驚いた。その時のように、こんどもヒトラーはダンチヒ地方を要求し、ポーランドに軍を進めれば、ドイツの主張が通り、凱旋将軍となってベルリンに帰還する時、ベルリンの街は熱狂と花火で湧きかえるのをドイツ国民は期待し、それが「第三帝国」の歴史的必然だと確信しているらしい。

だが、こんどは形勢はもっと険しい。「独ソ不可侵条約」が締結されたのは四日前八月二十三日だったが、それに対抗して、次の日の八月二十四日にはイギリス議会は政府に「特別全権」を付上、続いて次の二十五日にはイギリスはポーランドと「相互援助条約」を調印。

ドイツとイギリスの間はますます険悪となり、いつ外交交渉が決裂するかわからない。ここ数日がヤマ場であるらしい。

午後、「日本人クラブ」へ行く。既に昨日、日本人の百八十名ばかりがハンブルクの港から、国外に避難したので、このクラブでも室内の雰囲気が緊張している。集まってきた日本人に「ガスマスク」の使用について説明がある。それを聞きながら、ただ事でないのを感ずる。

顔見知りの同盟通信や、朝日、毎日、読売などの特派員たちが集まって雑談しているのを聞くと、楽観説もあるが、悲観説もある。今、ロンドンに帰っているイギリス大使のヘンダーソン氏が持参する信書が、もしかすると最後の通牒になるかもしれない。いや、それよりも先に、ヒトラーはポーランドへ軍を進めるかもしれない。独ソの条約によってソ連からの脅威が解かれたのだから、それは協同作戦によってバルカン半島を押さえ、地中海の制空権を握ることに、先手を打つかもしれないと、勇ましい話題が出てくる。とにかくヒトラーは「電撃作戦」を豪語しているから、引き金が引かれれば欧州全土は火の海となろう、と予測する人もある。

なお、危機は欧州ばかりでなく、東洋にも切迫している。先月の七月末、アメリカは日本に対して「日米通商条約」の破棄を宣言した。それどころか八月になると、数日前のことだが、満州の国境ノモンハンで日本軍はソ連軍の総攻撃を受け、そのために平沼内閣の存続が危い由である。このように歴史の歯車は欧州でも東洋でもオーバーヒートして、過熱状態は信号を無視して、危険地帯に突進しようとしている。それが数日に迫っているらしいので、暗澹とした気持に包まれる。

「クラブ」を出ると、街には秋の陽光が輝いていて、故国の小春日を思いだしていると、三機編隊の軍用機が、建物の屋根すれすれと思われるほどの低空を飛び去っていく。そのエンジンの爆音に、どぎもをぬかれる。こんな低空を飛ぶのは敵機と誤認されないためであろうと思う。

＊

日本大使館の事務所へ行くと、日曜日でも係員が詰めていて、「ガスマスク」を渡してくれる。紙の容器に「B」と書いてあるので質問すると、「B型」はドイツの婦人用のものだが、日本人の男子にはその大きさが適当だと言う。中には「C型」の少年用でいい人もあると答えてくれた。

その「B型」の箱を新聞紙に包み、それを小脇にかかえこみ、ベルリンの市民には気づかれないようにして下宿に帰ってきた。自分の部屋に入り、包みを解くと箱の中から、簡単なガスマスクが出てくる。頭にゴムの袋をすっぽりかむるもので、大きな目が二つ付き、口に当る部分にアルミの小さい罐がぶらさがっている。それに活性炭が詰めてあるのだろう。軽便な形式のものだが、始めてガスマスクを手にする気持はいいものではない。いよいよ来る所まで来たと言う感慨が胸にこみあげてくる。

部屋の内部が次第に暗くなってきたので、ビルの一階にある喫茶店《コンディトライ》に行き、簡単なドイツ式の夕食をとる。レコードの音楽を聞きながら、黒パンとハムを嚙みしめていると、寂寥と郷愁が歯にしみこんでくる。

八月二十八日

この八月の初めだった。日本大使館の公邸で大島浩大使にお会いして、ティアガルテン街に工事が進められている新大使館建築についていろいろとご相談していると、用事がすんだあと、大使は私に向かって申された。工事がいろいろの事情で遅れているが、夏が過ぎれば日本に帰っていいと申される。私は外務省の嘱託として、この建築工事を完成するために日本から派遣されたのであったが、ドイツのいろいろな事情によって工事は遅れてしまい、まだ完成していない。だが、それでも帰国してもいいと申されたのは、私が外務省に直属する者でないためもあろうが、今になって思うと、その言葉になにか含みがあったように思われる。別に、秋になると欧州の時局に危機が迫ってくるなどとは決して申されたわけではないが、急いでドイツから国外に避難しないと、日本に帰ることが困難になってきたので、あの時に大使が私に申された言葉に、思い過ぎであるかもしれないが、ご厚意がこもっていたような気がする。

それで、私はベルリンを出発することができるように用意を進めた。ドイツ滞在中に買い求めた書籍や、ドイツ国内だけでなくフランス、オランダ、デンマーク、イタリア、その他各国で撮影した多くの写真や、そのほか研究のために集めた建築材料の見本などを荷造りして、数個の木箱に詰め、それを日本人が経営している旅行社の「中勘《なかかん》」に渡した。それによって、今、私は身軽になっていて、いつでもベルリンを出発することができるようになっている。

ただ、残念なのは、恩師の伊東忠太教授からいろいろとご指示を受けていた日本庭園は、いろいろな事情によって完成することができなかった。それが心残りとなっているが、大使館の外観はほぼ完成し、正面玄関の軒には菊の紋章が金色に輝いている。ドイツの建築家や職人たちと共に働くことによって、私は多くの有益な経験を体得することができた。

ことに、ヨーロッパに来て、実際の建築工事に従事することによって、遠く離れた日本の建築の特色が私自身の心に深く響きこんでくるのを意識したのは、旅愁や郷愁が私の意匠心を清め、美の探求心を強めてくれたためだと思う。ドイツで暗い冬を越し、その厳しい風土が建築や美術に強い感化を与えていることも実感することができた。

戦争の危機が迫ってくると、私は美の飢餓を強く感じ、各国の古い建築や美術館を巡礼のように訪ね歩いた。感銘深い建築や彫刻、絵画を眺めながら、戦争となれば空爆や砲火によってその美は地上から消えうせてしまうかもしれない。それに私自身の生命も危い。そう思うと、決定的瞬間の美が私の心をゆすぶる。それは得がたい体験であって、私はそれによって造形というものの美が強い魂を持っていることを感じた。それ故、危機が渦まくベルリンで生活したことは、私にとって、魂の遍歴となったことをしみじみ感ずる。

だが、今、そのベルリンから脱出しなければならぬ時が来た。

*

その脱出方法を名古屋大学の堀要さんと会って相談する。二日前に、日本人百八十名を乗せてハンブルクから出港した靖国丸は最後の避難船であって、その他には、ドイツの港から出港する日本の船はない。その靖国丸はノルウェーの西の果ての都市ベルゲンに向かい、その港に碇泊していて、もし危機が好転すればハンブルクに帰るが、反対に開戦となれば、すぐベルゲンを出港して日本に向かうことになっている。

私は堀さんと相談して、その靖国丸に乗りこむために陸路を汽車でベルゲンまで行くことにしたが、もし私たちがベルゲンに到着する以前に靖国丸が出港すれば、私たちは置いてきぼりとなるので、急がねばならぬ。そのノルウェーへ行くには、ハンブルクまで汽車で行き、外国船に乗ってノルウェーへ渡るのだが、この経路は警戒が厳重であり、外国船を掴まえるのも困難であろう。他のコースは汽車でワルネミュンデの海岸まで行けば、そこから対岸のデンマークへ渡る連絡船が出ているので、それが便利であろうと考える。だが、ドイツ国内の列車は軍事輸送のために統制されていて、一般の者が乗れる列車は一日に二本か三本しか動いていない由である。

堀さんと共にステッティナー停車場へ出かけ、切符売場の窓口で聞くと、明日の朝、八時四十分にワルネミュンデ行きの列車が発車することになっているが、確かなことは言えず、その向うの連絡船は不明だと言う。それでワルネミュンデまでの切符を申しこみ、乗車券を二枚手に入れる。見ると三等車の切符だが、ともかく、ベルリンを脱出して国境の海岸まで行けることになった。

二人はウィテンベルヒの広場へ引きかえし、街角のビヤホールに入って、ビールの祝杯を挙げる。ビール党の堀さんは息もつかずコップを呑みほし、口のまわりについた白い泡を、ドイツ人がやるように手の平で拭きながら、「これで、ここのビールともお別れだ」と感慨深そうに言う。

私は下宿に帰って、出発の用意をする。時局が好転すれば再びベルリンに帰ることになるが、そうでなく日本に向うことになっても、途中、大きな荷物は不便だと思い、小さいボストン・バッグに着換えの下着、カミソリ、歯ミガキなどの小間物、それにライカのカメラと、まだ現像してないフィルムなどを入れる。荷物はそれだけであって、このまま地球の反対側にある日本まで旅行するのだと思うと、あまりの手軽さに我ながら苦笑する。

大使館の事務所へ電話をかけて、明朝、汽車でベルゲン港の靖国丸まで行くことを告げ、非常時であるので電話の通知だけで、出発を了解してもらう。

下宿の女主人に、ささやかな記念品を贈ると、涙ぐむ。「もう食料品ばかりでなく、日用品まで統制されています」と言い、肉や卵のほか、石鹼、靴、衣料などの切符を見せてくれる。それを眺め、ナチス政府の用意周到な戦争準備と、処遇の敏速なのに私は舌をまく。

夜、同宿の立さんの部屋に行き、日ごろ親切にしてくださったことに礼を述べる。立さんは日銀の方であるので、ベルリンに残られるのだが、私が明朝出発することを聞くと、ムッソリーニから贈られたベルモットの栓をぬき、旅の安全を祈ってくださる。私は立さんの健康を祈って乾杯する。おかげで、その夜私はぐっすり眠ることができた。

ベルゲン港まで

八月二十九日

朝、未明に雷鳴がとどろく。大つぶの雨が窓のガラスにたたきつけ、ひどい天候となった。いよいよベルリンを立ちのく最後の朝に、暴風雨が押しよせてきたので、驚く。まだ暗い部屋の中で、ベッドの上に横たわりながら、時々、無気味に明るくなる天井を見つめていると、去年の秋、このベルリンに到着した時の、最初の夜が思いだされてきた。

神戸の港を出て、インド洋を渡り、地中海からマルセイユ、パリを経て、ベルリンに着くまでに約一カ月もかかった。そんな永い旅程のあと、ベルリンのツオー駅に着くと、夜の駅には、ただならぬ緊張がみなぎっていて、警戒がものものしい。出迎えの人に聞くと、ナチス党員がユダヤ人の店を襲撃し、教会も焼けているという返事に、驚いた。はるばるたどり着いたベルリンの第一夜に、そんな暗い事件が起こっているのに深刻な印象を受けたのを思いだす。

それから約一年が経過し、今日はこのベルリンを離れようとしているのに、その最後の朝に雷鳴がとどろき、ひどい嵐となる。そのためドイツからの脱出がうまくできるか不安な気持に包まれる。

だが、夜があけ、窓の外が明るくなると、雨がやみ、嵐もおさまる。

朝食のあと、堀さんから電話がかかる。「タクシーが見つかったので、すぐそちらへ行く」という連絡に、急いで、小さいボストン・バッグ一つを手にさげ、玄関の外で待つ。街には白い霧が立ちこめていて、雨にぬれた路面が映画のシーンのように哀愁をそそる。

まもなく現われたタクシーの中の堀さんも小さいカバン一個の軽装だが、もし戦争になれば、二人はこのまま日本に帰ることになるので、いかにもあわただしい気がする。見送りに玄関まで出てきた下宿の女主人と固い握手をかわし、住みなれたパンション・エリクゼンを出発する。タクシーは朝霧の中を走っていく。

＊

ステッティナー停車場につくと、駅前の広場は大勢の人で混雑している。その群衆の中に、学童が列を作っていて、胸にハガキ大のカードを掛け、それに姓名と行き先の駅が書きこんであるのを見ると、それが学童の「集団疎開」であることがわかる。ドイツの戦争準備の周到さと、時局がここまで緊迫しているのに驚く。親元を離れて、どこか遠い田舎へ避難していく幼い子らの姿がいたいたしく見える。

駅の構内に入ると、予備兵か後備の召集であろう、軍服を着た中年の男たちが集まっていて、ものものしい。私は堀さんと三等車の中に、二つの空席を見つけ、固い椅子に腰かけて発車を待つ。

定刻をひどく過ぎ、列車が動きだしたので、ほっとする。周囲の席には老人が多く、皆が沈黙していて、画家ドーミエの絵「三等車」を思いだす。

郊外に出ると、麦の刈り入れが終った畑に山羊が草を食っているのが、時々、窓の外に見えるが、天候が曇っているためか、寒々とした風景に見える。一と月前に、ワイマールのゲーテ・ハウスを訪れた時、野には麦の黄色い穂が豊かにみのっていたのに、もう北ドイツの沿線では夏が過ぎ、秋の季節が深まっているのを感ずる。

そんな窓の外の景色を眺めていると、途中の駅で、水兵たちが列車に乗りこむ。ある駅では、制服姿のヒトラー・ユーゲントの一隊が乗ってきて、大きなリック・サックを背にかついでいる。この少年たちも動員されたのであろう。だが、楽しい遠足にでも行くように、明るい表情で陽気にはしゃいでいる。

このように車内には陸軍、海軍、それにヒトラー・ユーゲントまで加わって、制服姿の乗客で満員となる。それによってドイツ国内は既に臨戦態勢に突入していることがわかる。国際情勢は一触即発の緊迫に追いこまれているであろう。

やがて、途中に停車する駅で、制服姿の人々が次々と下車していき、車内には乗客が少なくなるころ、窓の外に大きな飛行場が見え、多くの軍用機がずらりと整列している。精鋭機が命令一下、ただちに出撃に出発しようと身構えている光景に、目を見はる。その飛行場を過ぎると、列車は終着駅のワルネミュンデに到着した。

＊

急いで下車すると、プラットホームは桟橋へ続き、海が見える。そこに船が停泊していて、赤地に白い十字を染めぬいた国旗がひるがえっている。デンマークの連絡船である。

駅の出口にある税関では、パスポートと所持金の検査がきびしい。その検査を終え、コペンハーゲン行きの切符を買って、連絡船に乗りこむ。堀さんと私は二人の足がドイツの土から離れ、デンマークの船に入ったので、顔を見あわせ、これでひと安心と喜んでいると、もう船が動きだす。甲板に立ち、岸と船との間の距離が次第に増すのを眺めながら、不安に思っていたドイツからの脱出が確実になったのを、目と体に意識する。

船は灯台のわきを通りぬけ、港外へ向かって進んでいく。白い鷗が翼をひろげ、海上を飛び廻っている。その姿がのどかに見えるのも、戦争の危機感から解放されたためであろうと思う。天候も次第に晴れだし、沖に出ると、青い海が明るく輝く。

船内のスピーカーが食事をしらせるので、食堂に行くと、中央のテーブルに大皿が並んでいて、デンマーク料理が山盛りとなっている。ドイツから離れると、料理まで急に豊かになるのに感歎し、堀さんとともに舌鼓を打つ。

海上を二時間ほど走り、対岸に着き、そこで連絡列車に乗りこみ、夕方、デンマークの首府コペンハーゲンの中央停車場に着く。オスロ行きの特急に乗りかえ、寝台車のベッドに横たわると、今日の一日が実にながかったのが思いだされる。今朝は、戦争の危機が切迫しているベルリンにいた。そこを脱出するために、霧の深い街をタクシーで走り、ステッティナー停車場に着くと、学童たちはもう「集団避難」を始めている。召集された兵士たちが汽車に乗りこんできて、途中の飛行場では、多くの軍用機が今にも出撃に飛び立とうとしていた。そんな緊迫した臨戦態勢を通り抜け、ワルネミュンデ港で、デンマーク船に乗りこむことができたが、もし、それに間に合わなかったら、動乱のドイツに取り残されていて、途方に暮れていたかもしれない。

そんなことを思いかえしていると、寝台車のベッドに横たわったままで、列車は海峡を渡り、対岸のスカンジナビア半島に上陸し、ノルウェーの首府オスロに向かって走り続けている。

八月三十日

朝、目がさめると列車はノルウェーの国内を走っている。

窓の外には麦畑が続き、この国ではまだ麦の刈り入れが終っていない。昨日のドイツでは収穫が終っていて、野の景色は寒々と感じられたのに、ここでは豊かにみのった麦の穂が晴れた朝の日ざしの中に黄色く輝いているのを見ると、季節が逆もどりしているように思われる。これはノルウェーの近海に暖流が北上しているためだろうと、中学生のころに教わった「地理」のことなどを思いだし、狭い海峡を越えただけで、ドイツと気候が変わり、風景も明るく変化するのに興味をそそられながら、窓の外に移動していく農村風景を眺めていると、列車は首府オスロの駅に着いた。

プラットホームの大時計が正九時をさしている。そんな正確な到着時刻にも驚く。昨日の朝、ベルリンを出発した時には、運転系統が乱れていて、駅から汽車が出るのか、それさえ不明だったことを思いだし、ここの汽車が正常に走っているのに感心する。それほど平穏な日常というものが、ドイツから来た私には珍しいものとなっていることに、我ながらあきれる。

下車して、プラットホームに立つと、靴の足ざわりがやわらかい。床が木で作られているためで、いかにも森林国の駅らしい。こんなプラットホームの床は、日本でも少ない。遠い辺鄙な山間の小駅か、臨時の仮設駅でなければ見られぬのに、ここでは首府の大きな中央停車場に、プラットホームの床が木造となり、そのやわらかい足ざわりと静かな足音に、この国の国情と国民性が私の第一歩に察せられた。

しかし、ドイツの時局が気になり、駅の売店で新聞を買い求めると、各国の外交交渉が昏迷していて、情勢はますます暗い方向へ落ちこんでいくらしい。そのため旅を急がぬと、靖国丸に乗り遅れることになるので、プラットホームのテラスでベルゲン行き列車を待ち、それに堀さんと共に乗りこんだ。

＊

古い木造の車体は窓が小さく、車内に入ると薄暗い。いかにも遠い北の果てへ落ちのびていくような気がし、わびしい旅情に身が包まれる。

だが、窓の外は景色が美しい。市街地を離れると、タンネやシーダーなどの針葉樹の茂った森林地帯を汽車が走っていく。それを通りぬけると、高い台地が続き、遥か向うに、帯のように入りこんだ入江が見える。フィヨルドの海であって、静かな海面が銀色に光っているのが美しい。

なだらかな山肌に、緑の牧場がビロードのように延び、その草原に、赤い紅殻《べんがら》を塗った素朴な木造の民家や牧舎が点在しているのが小さく見える。馬や人の姿もまばらで、そんな絵のような風景に、スカンジナビア特有の静かな澄明さが感じられる。

やがて、窓の外の木は樹種がカエデ、ブナ、カシワなどの落葉樹に変わり、葉も黄ばみ、秋も深まってくる。南天の実のように赤い玉の実をつけた木や、真赤に紅葉した木もある。タンポポの種子のように軽い羽毛をつけた小さい種子が、しきりに窓から飛びこんでくる。

さらに進んでいくと、木々は枯れ葉となり、裸木となって、冬の気配が増す。線路のわきに、大きな石がごろごろ転がっているのは、昔、氷河で運ばれた石だろう。途中の小さい駅で止まると、停車時間がながい。発車する時、汽笛の音が山彦となって、静かな山間に響くのを耳に聞くと、いかにも遠くへ来た感じが深い。

機関車があえぐような音をたてながら、急な傾斜を登っていくと、小川が白い瀬となって、しぶきをあげている。トンネルが多く、雪除けの木柵をいくつも通りぬけると、ノルウェー最高の地点、フィンゼの駅に着く。

遠くの山々に白い雪が積もっていて、数人の若者が下車していく。その登山服の鮮やかな色彩や、嬉々とした明るい表情には暗い影がなく、戦争のことなどは、遠い遠い国の出来事のように思われる。

さらに奥地へ進んでいくと、氷河が見える。蕭条《しょうじょう》とした気持となり、わが身の流浪を感ずる。やがて、夕闇が迫ってきて、夜となる。

九時ごろ、終着駅のベルゲンに着く。駅前からタクシーに乗って、波止場へ急ぐ。暗い闇の中に電灯で照らされた「日本郵船」の太い煙突を見た時、私も堀さんも声をあげて喜んだ。

船内に入ると、まず、ペンキの匂いが鼻に感じられる。去年の秋、私は神戸港からフランスのマルセイユまでの約二十五日間、この船に乗っていたのだから、ペンキの匂いまでがなつかしい。とにかく、いつ出港するかわからない船を陸路の汽車で追いかけていたのだから、いつも気が気でなかった。そのうえ、戦争の暗い影が私たちを追いかけていた。それをのがれて、なつかしい日本船に乗りこむことができたので、やれやれと安堵し、親しい宿にたどりついた時のように、安心感が胸にこみあげてくる。

八月三十一日

この靖国丸に乗りこんでいる日本人は百名ばかり。八日前の八月二十三日に「独ソ不可侵条約」が突然に発表され、ヨーロッパの国際情勢が急変したので、ハンブルクに停泊中のこの船が「避難船」となり、それに急いで乗りこんだ人たちである。在留邦人の家族と旅行者であって、婦人や子供が多い。しかし、時局が好転すれば再びベルリンに帰ることになっているので、軽装の人が多い。私の荷物も小さいボストン・バッグ一つである。

だが、時局はますます険悪となり、ドイツへ帰ることはむずかしくなってきた。もし開戦となれば、このまま日本へ向って出港せねばならぬ。その時、日本はドイツやイタリアとともに「枢軸国」として、英仏に対して敵国となれば、航海中は海上の危険ばかりでなく、時と場合によっては襲撃を受けることになるかもしれぬ。寄港地もなく、海の上をさまよい、難渋することも想像される。それ故、この船では船内の生活は非常態勢となっていて、婦人、子供、老人は上級の船室に、元気な男子は下級船室に入ることになっている。

昨夜、私たちが到着した時も、事務員から説明を受けて、案内された部屋は急な階段をいくつもおり、船尾に近い三等船室であった。大部屋であって、二段ベッドは固いが、これも私にはいい体験になると思った。食事も皆が同じく一汁一菜であって、今朝の食事では味噌汁がおいしかった。

甲板に出てみると、ここの港は深い入江の奥にあって、波止場の広場には倉庫が並んでいる。位置は都心から離れ、工場地帯に続いているらしい。そのため、古い情緒的なものは目に見えないが、あたりが清潔に整頓されているのは、いかにも北欧の港らしい。

午後、同船の人たちとともに、バスで市中へ出かける。私は郵便局へ行き、東京のわが家へ、「ベルゲン港にて無事、靖国丸に乗りこむ」とローマ字で電報を打つ。そのあと、市の中心部に行くとビルが建ち並んでいて、立派な近代都市となっているが、人通りが驚くほど少ないので、東京のお正月、丸の内を歩いているような気がする。昔の船着き場に行くと、屋根に三角の破風を飾った古いスタイルの家が目白押しに接近していて、そんな町並を歩いていくと、お伽話の国に来たような気分に包まれる。

このベルゲンは十一世紀のころ漁港として栄え、中世にはハンザ商人の商館が街に並び、重要な海港都市となっていた。今、その海岸通りを歩いて行くと、昔の古い建物がよく保存されているのに感心する。しかし、それがイタリアや南フランスの古い漁港のようにごみごみしていない。古びた木造や煉瓦の構造がよく修理され、昔の装飾もそのままだが、それでいてすがすがしく、さっぱりとした清潔感が街や家にただよっているのは、この国の国民性によるものだろうと感心する。

雑貨屋の店があるので入ってみると、民芸風の日用品が並んでいる。興味をひかれ、ナイフやハンカチなどの小さい品物を記念のために買う。その店を出て裏町を歩いてみると、露店が並んでいて、野菜、果物、魚、肉などを売っている。花屋では、道ばたに花が置かれていて、その色彩が美しい。それを眺めながら、靖国丸の薄暗い船室に花でも置いてみようかと考え、赤いシクラメンの鉢を買い、それをかかえて船に帰ってきた。

波止場の広場では、靖国丸の若い船員たちが集まって草野球をやっている。それを土地の人たちが珍しそうに眺めているが、ここではキャッチボールをやる人などはいないのだろう。大きな声で大阪弁を叫びながら、遠い異国の港で野球を楽しんでいる日本人の姿に、私もほほえむ。

買ってきた赤いシクラメンの鉢を船室の棚に置くと、同室の人々が喜んでくれる。避難船の中で暗く沈んでいる心が、ささやかな花の鉢にやわらぐのであろう。

九月一日

「本日の未明、ドイツ軍はポーランドを攻撃」

このニュースを聞くと、船内の皆は驚愕した。遂に最悪の場合がやって来たのである。ヒトラーの命令一下、精鋭を誇る戦車部隊は東部国境を突破し、ポーランドの国内になだれこんでいることであろう。ドイツの進軍は陸上ばかりでなく、空からも爆撃機が威嚇射撃を浴びせていることであろう。そう思うと、心は暗い。ヒトラーが豪語していたように、首府のワルシャワが陥落するのも、そう遠い日のことではあるまい。

このようなドイツの強硬な突破作戦に英仏がどう対処するか、それが問題である。今まで英仏はドイツに対して、いつも消極的であり、回避的な態度であった。昨年（一九三八年）の三月、ドイツ軍がオーストリアに侵入し、その翌日、ヒトラーがドイツとオーストリアの「合邦」を宣言した時、英仏はただ抗議を表明しただけだった。

続いて、昨年の九月、ドイツがチェコスロバキアのズデーテン地方の併合を要求した時も、「ミュンヘン会議」では英仏はドイツ軍のズデーテン地方占領を承認し、その協定に調印したのであった。

それによってヨーロッパは戦火を免がれ、平和が維持されたことは確かであったが、英仏の柔軟な対独政策はナチスの戦闘意欲を一層増長させたことも否めない。今年（一九三九年）になると、三月、ヒトラーはチェコの首府プラハに軍隊とともに入城。ただちにチェコ全土の保護領化を宣言。同じ三月に、ドイツ海軍はバルト海のリトアニアに進軍して、かつてドイツ領であったメーメル地方を奪取した。

このようにして、ヒトラーの主張する「第三帝国」は、ドイツ民族の住む土地、ドイツ語を話す地方をすべて大ドイツの中に合併しようとする政策に情熱を燃やし、それに応じない国はナチスの敵対する国として強硬な軍事行動によって、服従と隷属を強制する。ポーランドも国内に住むドイツ民族を迫害する国として、ヒトラーは昨年、ダンチヒ地方の返還を要求し、この四月には今まで両国間に締結されていた不可侵条約を破棄。そのようなポーランドとドイツの緊迫に続いて、八月二十三日、「独ソ不可侵条約」が突然に発表された。今まで「反共」と「反独」によって互いに仮想敵国となり、軍備の充実にしのぎをけずっていた両国の間に協定が結ばれたので、世界は驚倒した。そのために小国のポーランドは二つの強力な軍国主義国家にはさまれ、自国の運命は累卵の危機にさらされることになった。

その「独ソ不可侵条約」が調印された日から僅か九日を経過した今日、早くもドイツ軍は東部国境を突破して、ポーランドの国内に突入したのである。昨年の八月、「ミュンヘン会議」に英仏の仲介によって、ドイツに屈辱的な譲歩を敢えてしたポーランドは、一年後にそのドイツ軍の侵入を受け、戦火は局部的であるが、既に発火している。

これに対して、英仏の政府はどう対処するか、まさに世界の危機である。時局は一年前とは全く異なり、猶予や弥縫《びほう》策を許さぬ切迫した限界点に達していると言えよう。

もし、英仏が「応戦」となれば、連鎖反応はたちまち各国の「参戦」を呼ぶことになろう。戦線はドイツの東部ばかりでなく、西部に、南部に拡大し、ナチの陸、海、空軍は破竹の勢いで電撃作戦を展開するかもしれない。戦火は欧州ばかりでなく全世界に波及し、地球が火の球となれば、今日、一九三九年、昭和十四年の九月一日は「第二次世界大戦勃発の日」となろう。

そう考えると、地球の前途は暗い。人間の歴史はおそろしい渦を巻いて、人々の命を激流の中に呑みこみ、その劫火は街や古い建築を破壊し、美しい美術品を焼き尽すことであろう。

ドイツを脱出し、遠くノルウェーのはて、ベルゲン港にたどりついた私は避難船の中で、暗澹たる気持に身を包まれる。

九月二日

船内に掲示がはりだされる。
「本船は来る九月四日正午、ベルゲン港を出発し、ニューヨーク、パナマを経て横浜港に至る」

いよいよこの靖国丸もここを出港して日本に向かうことになったのである。しかし、ベルリンの家族と別れてきた婦人の乗客たちは表情が暗い。一週間前の八月二十六日、ドイツの時局が急に険悪となり、ドイツ在中の邦人家族、主としてその婦女子と、それに日本人の旅行者を加えた約百五十名が急いでこの靖国丸に乗りこみ、ハンブルク港を出た時は、もし時局が好転すれば再びドイツへ帰れると思っていた人が多い。そのため、乗客の旅装も簡単である。なにしろ、避難船であるので、取るものも取りあえず船に乗りこんだ人々である。私自身もこの船がハンブルクを出港したあと、陸路、汽車で追いかけ、このベルゲン港にたどり着き、やっと乗船に間にあったのだが、ベルリンを脱出した時は、小さいボストン・バッグを一個持つだけの軽装だった。

だが、この一週間、欧州の時局は好転するどころか、悪化へと転落していき、遂に昨日、ドイツ軍がポーランドを攻撃し、情勢は破局となった。それによって、もしドイツと英仏の外交交渉に和解が成立すれば、再びこの船はハンブルクに帰れるかもしれぬと思われていた一縷の望みは完全に絶たれたのである。

それよりも、むしろドイツと盟邦関係にある日本のこの船は、早く欧州の危険区域から離れないと、動乱の中に巻きこまれる危険がある。あるいは、このベルゲン港の湾中に封じこめられるかもしれぬ。そんなさし迫った情勢の中に、明後日、この船はここを出港することになったので、船内には急に緊張感がみなぎってきた。

船員の説明によると、靖国丸はここを出港すると、ただちに北上し、遥かイギリスの北方を迂回して、アイスランドの南から北大西洋に出てニューヨークに向うのだが、このコースは「日本郵船」の定期航路に入っておらず、船員も初めての航海だと聞くと、乗客たちは不安な気になる。北海は濃霧の季節を迎えている。遥か北に行けば流氷に出会うかもしれぬ。既にドイツの潜航艇は北海に出没し、イギリス海軍も警戒を厳重にしていることだろう。そんな臨戦態勢の海へ、この船が出ていくのである。

船員たちは出港準備に忙しい。船体の両脇に大きな「日の丸」が新しくペンキで描かれだした。日本の客船であることを明確にするための標識であるが、その「日の丸」が船腹ばかりでなく、サン・デッキの床にまで大きく描かれるのを見ると、明後日、ここを出港すれば、船の行く手には海ばかりでなく空にも鋭い目が光っていて、それが急に襲いかかってくるかもしれないと、そんな危機感に包まれ、いよいよ戦雲がこの船の近くに迫ってきたのを感ずる。

九月三日

重大なニュースが入ってきたので、驚く。「本日、フランス、イギリスの両国はドイツに対して宣戦を布告」続いて、「オーストラリア、ニュージーランド、インドの三国が参戦」。

いよいよ戦争の火ぶたが切られたのである。英仏が宣戦を布告すれば、即日、遠い南半球や東洋の国まで参戦を決意する。連鎖反応はさらに進み、戦列は拡大していくことであろう。イタリアのムッソリーニはヒトラーに加担し、やがてソ連のスターリンも策動を開始することであろう。そうなれば、戦火は欧州の各国ばかりでなく遠くの国々に引火し、地球はおそろしい火の渦に包まれるかもしれぬ。

ヒトラーは電撃作戦を誇るナチスの空軍と戦車部隊はフランスのマジノ・ラインを突破し、パリに迫ると豪語している。ロンドンも空と海から攻撃されるであろう。それに対して英仏の連合軍はどう対抗するか。本日の宣戦布告はその対決を宣言するもので、激戦は各地に広まっていくことと思われる。

＊

アジアの情勢も緊迫を深めてきた。昨年、日本の大陸作戦は進攻を押しすすめ、徐州、広東を占領。

今年の二月には日本軍は海南島に上陸した。六月には天津の英仏租界を封鎖。さらに、この夏、満州国とモンゴルの国境、ノモンハンではソ連軍と日本軍が衝突。両国の空軍と戦車部隊ははげしい戦闘を展開したが、日本軍は痛い反撃を受けた。平沼騏一郎内閣が総辞職し、阿部信行内閣があとを継ぐ。このように祖国日本に緊迫が増している時、ヨーロッパに於ける戦争勃発は日本の進路に強い自己判断をうながすものであろう。もし、判断を誤れば時の激流に呑みこまれ、おそろしい淵に落ちこんでいくかもしれぬ。そんな気がしてならない。

既にポーランド戦線では砲火と爆撃が炸裂している。そのさ中に、私自身はヨーロッパの北の果て、ノルウェーの小さい港で避難船となった靖国丸の中に邦人百五十名の乗客とともに閉じこめられ、明日、波高い北海にこの船は出港していく。今後、世界の情勢はますます激化していくことであろうと考えると、我が身が荒海にさまよい出て行くように思われる。

＊

午後、ベルゲン市の市内へ堀さんと出かける。街の様子は平穏で、人々の表情には戦争の危機感などは見えず、いかにも明るく陽気で、戦争の圏外にある国の平和な雰囲気が羨ましいほどである。ただ、新聞社のビルの前には、人が集まって速報版を覗きこんでいる。掲示の地図にはポーランドの戦況が図示され、ドイツ軍の陣地が国内に向ってひどく折れ曲っているのはナチスの強力な攻勢を示すものであるが、それに視線を注いでいる人々も呑気そうである。

これにくらべると、日本の東京で、新聞社の前に張りだされる野球や大相撲の速報を見つめる日本人の表情がもっと真剣で熱狂的であったのを思いだす。しかし、ここでは戦争のニュースにも人々があまり興奮していない様子に、かえって日本人の私が驚くほどである。

デパートに行き、私たちは寒い北海を航行する用意のために、防寒用の下着などを買い求めた。

そのあと、ケーブルカーに乗り、裏山に登ってみる。丘の上は展望台となっていて、見晴しがいい。眼下にはベルゲンの市街が見おろされ、昔の船着き場には、古風な商館や店の尖った切妻屋根が小さい模型のように見える。町はずれの港の波止場には、私たちの靖国丸が停船していて、船腹とサン・デッキにペンキで新しく描かれた「日の丸」がここからもはっきり見える。

高台の奥にレストランがあるので、入る。夕食にはまだ早かったが、堀さんと持ちあわせのノルウェーの貨幣を出してみると、七クローネばかりになったので、それをボーイに渡して、何かおいしいものを食べさしてほしいと注文する。

やがて、民族衣裳を着た少女が運んできた料理を見ると、肉の厚いビーフステーキと油でいためた野菜が皿に山盛りとなっているので、私たちはこれがヨーロッパでの最後の晩餐だと、ほほえみながら舌鼓を打つ。

食事が終るころ、あたりが次第に暗くなり、赤い夕陽が遥か遠くに見えるフィヨルドの彼方へ沈んでいく。澄んだ空に浮かんだ雲が淡いバラ色から美しい茜《あかね》色に変わり、紫紺色となった夜の空に星がきらきら輝きだした。

暗くなった街には電灯がつき、その街並の中を、小さい姿の自動車がヘッドライトを光らせながら走っていく。丘の麓は公園となっていて、森の中の音楽堂に人々が集まってくるのが見える。バンドの演奏が始まると、その音楽がかすかであるが、丘の上まで響いてきて、それに耳を傾けていると、この国がいかにも平和で、まるで童話の国にいるような気がする。

海峡を隔てたヨーロッパ大陸では、強国の権力者たちがいがみ合っている。軍需工場は忙しく、国境では砲声がとどろく。家は焼かれ、人々の命が消えていく。ただ、北欧のこの古い港町には、今日も静かな夜が訪れ、人々は秋深い夜をつつましく楽しんでいる。町に並んだ家々は、それぞれに住む家族の喜怒哀楽を包みながら、春には復活祭を迎え、年の暮にはクリスマスを祝う。そんな町の夜景を、私は丘の上から見おろしながら、これがヨーロッパの最後の晩だと思うと、明日、この港を出て北海の荒海にさまよい出ていく我が身が漂泊者の如く思われ、切々たる感懐が胸にこみあげてくるのを感じた。

九月四日

朝、気温が低く肌寒い。今日は出港の日だが、海上に濃い霧がかかり、港はどんより曇っている。沖は荒れているらしい。

朝食のあと、乗客一同が波止場に整列し、船腹に描かれた「日の丸」を背景にして記念写真をとる。いかにも「避難船」という感じが胸にわいてきて、カメラのシャッターを切る音が耳に強く響き、いよいよヨーロッパの地から去ることを感慨深く思う。

正午になると、銅鑼が鳴る。その音にせきたてられ、甲板に出てみると、波止場に見送りの人が手を振っている。その中に日本人がただ一人。ストックホルムの日本大使館から駈けつけ、私たちのためにいろいろお世話をしてくださった事務官である。そんな小人数の人たちが振る手に、甲板の上からも手を振りながら別れを惜しんでいると、船の汽笛がながく響き、それが湾内にこだますると靖国丸は岸壁を離れた。

深いフィヨルドの海面は静かだが、それを通りぬけ沖に出ると、海は荒れている。天気も次第に悪くなり、海面に白い波が立つ。時雨が襲ってきて、風も寒い。ふりかえると、今、離れたノルウェーの陸地が雨に包まれ、その姿がもう見えない。

船が揺れだしたので、船室に引き込む。室内は薄暗い。二段ベッドの上に寝そべりながら、低い天井の、むき出しとなった鉄骨の梁を見つめていると、一年間滞在したヨーロッパのことが、いろいろと頭の中に浮かんできた。

＊

去年秋、神戸港を出航した時も、私はこの船に乗りこんだ。その日、港は多くの人が詰めかけ、ひどく賑やかだった。当時、日本とドイツは「防共協定」によって両国は互いに「枢軸国」であり、「盟邦」だった。特に日本は政府も国民もドイツの国策に共鳴し、その文化に強い憧れを抱いていた。そのため、盟邦に向って出航するこの船には各方面の人が乗りこみ、満員の盛況であった。私も希望に胸をふくらませていた。

ことに、その日、日独親善のためドイツで公演する「宝塚少女歌劇団」の一行が同船したため、一層盛況となり、それを見送る人が波止場にあふれ、宝塚ファンの声援と熱狂によって港が沸騰するほどであったのを思いだす。

それから一年を経過すると、同じ船が避難船となり、それに私が乗りこむことになったのは奇縁と言えよう。今日、その船がノルウェーの西の果てベルゲン港を淋しく出港したのである。見送りの日本人はただ一人。一年前、神戸港を出航した時の賑わいにくらべると、全くひどい変り方である。それほどこの一年間に世界の情勢は激動し、日本の立場も激変したのである。

それ故、私がドイツに滞在した約一年間は、歴史が暗転していく激流のさ中だったと言えよう。その点で、私には得がたい体験であったと言えるが、いろいろと深刻なショックを受けたことは確かだった。

まず、神戸を出港して約一ヵ月、はるばるベルリンに到着すると、その第一夜に暴動が起っている。ナチス党員がユダヤ人の経営する商店を襲撃し、教会堂も焼けているのに驚いた。そのベルリンに住んでみると、ユダヤ人に対する政策が想像以上にすさまじいのを知り、ますます驚愕を深めた。

映画館や劇場の入口には、ユダヤ人の入場を禁止する制札が掲示されている。公園には、ユダヤ人専用のベンチが黄色いペンキで塗られていて、一般市民の腰かけるベンチとはっきり区別されている。祝祭日にはユダヤ人の家は国旗を掲げることは許されない。そんな指令に叛く者は「強制収容所」へ拉致され、すぐれた芸術家や学者は国外へ追放され、姿を消していく。

そんなベルリンで私は冬を越したのであった。毎日、暗い天候が頭を押しつけ、気分を重くしめつける。それは想像以上のもので、日本の北陸地方で育った私にさえ、ドイツの冬の心理的重圧は、骨身にこたえた。その憂鬱さから逃がれるために、私はできるだけ美術館を訪れ、オペラ劇場へ出かけた。絵や彫刻に接し、音楽と舞台に包まれていることが心の救いとなり、寒い夜、ローソクの火が光る古い教会堂の中でミサの曲にも耳を傾けた。

しかし、それによってドイツの冬がドイツ人の美意識に強い影響力を与えていることを実感することができたのは、得がたい経験であった。それが日本の建築家である私の意匠心に、風土と造形という問題についていろいろな示唆を与えた。そう考えると、緊迫したベルリンの世相の中で暗い冬を過ごしたことが、私にとって有意義な体験であったと、今、つくづく思う。

*

その冬が去り春が訪れると、ヨーロッパは急に明るくなる。その明るさは日本では味わえないほどのもので、みずみずしい新緑に身も心も浮き浮きする。その早春に私はパリを訪れた。陽春にはイタリアに行き、スイスを歩き廻った。そのほかオランダ、デンマークに行き、初夏にはスウェーデンにも出かけた。いずれもベルリンの仕事の合い間であったので、せわしい旅であったが、各国、各地方の美術や建築に強く魅せられた。

ドイツの国内も歩き廻り、「国有自動車道路」（ライヒス・アウトバーン）の建築現場や、

「国民車」（フォルクス・ワーゲン）の新しい生産工場を見学した時には、ドイツの工学と技術の著しい進歩とたくましい実行力にいろいろと教えられた。盛夏には、ワイマールに行き、ゲーテとシラーの家に訪れ、偉大な天才の最期の部屋に立った時、深い感銘を受けた。それが八月初めだったから、野原では麦畑が黄色く波打っていて、秋の近いのを感じた。

そのあと、急いで見残しているチェコの首府プラハからオーストリアのウィーンに行き、さらにバルカン半島を南下してギリシャのアテネに行きたいと思い、ハンガリーのブダペストに立ちよると、突然「独ソ不可侵条約」が発表され、そのため戦争の危機が迫ってきた。

このように緊迫が次第に激化してくる期間に私は欧州の各国を巡り歩き、過去や現代の美術や建築に直接目を触れ、名もない職人たちのすぐれた手仕事に驚き、偉大な建築家の作品に強い感銘を受けた。ことにイタリアではルネサンス期の画家、ジオット、ミケランジェロ、レオナルド・ダ・ヴィンチ、さらにラファエロも建築家として活躍し、その仕事に、それこそ圧倒されるような感銘を覚えた。ドイツでは大詩人のゲーテも劇場の設計や都市計画の実現に情熱を燃やしていて、そんな欧州の歴史に輝く偉大な人たちの作品に直接目を触れたいと思い、切迫した時局の中を私は巡礼の如く巡り歩いた。過去の建築にはその時代の魂が宿っている。それを建てた者、そこに住んだ人の、その美しさを守った人々の心がこもっている。もし戦争となれば、それがむざんに破壊され、この世から姿を消すことになろうと、心をいらだたせながら忙しく旅に出た。

そんなことを思いだすと、各地で見た美しい伽藍や塔、そのほか宮殿、城、庭園、橋、さらに町や村の地方色豊かな家々などが目に浮かんできて、その残像が今、薄暗い三等船室のベッドに横たわっている私の頭の中で走馬灯のように駈けめぐる。

＊

船はますますはげしく揺れだした。北海の荒海に乗りだしたのだろう。船室の丸い窓に波のしぶきが強くたたきつけ、時々、そのガラス面が高い波で蔽われてしまう。そんな時、船が海中に沈んでいくような不安感に襲われ、思わずベッドの鉄棒を固く握りしめる。

夜となり窓の外が暗くなると、海はますます荒れ、船尾の方でカラカラと異様な音が聞える。スクリューが空転しているのであろう。この船は避難船となったので積荷が軽く、そのため吃水が浅くなって、海の波が大きくうねるとスクリューが海面から上に出て空転するのかもしれぬ。

そんな無気味な音を耳に聞くと、船のはげしい動揺に身も心もひどい不安感に襲われる。既にヨーロッパ大陸では戦端が開かれ、ドイツ軍はポーランドに侵入している。それに対してイギリスとフランスは宣戦を布告したのである。今夜もどこかで砲火と爆撃に家が焼かれ、人命は消えていることであろう。私が自分の見た美しい建築のうち、もう黒い残骸となっているものがあるかもしれぬ。そう思うと頭は重い。

また、船尾の方でカラカラと無気味な音が鳴る。その音に、いつか見た「ファウスト」の舞台場面を思いだし、それが悪魔の笑い声のように聞える。悪魔メフィストによって魂を奪われた老ファウスト博士が若さを得て歓楽に酔い、広い国土に大規模な土木事業を起したが地獄におちた。そのように今、この地球も煉獄になろうとしている。技術と文明によって開発された地上に、軍需工場が忙しい。

が、その地球の一角に火の手があがり、劫火が全地球を包もうとしている。それをどこか遠い空から悪魔メフィストが眺めながら、せせら笑っているような気がする。そんな不吉な幻覚が私の頭の中に湧いてきた。船は激浪さかまく暗い夜の海を、遠い故国に向かって進んでいく。

あとがき

谷口吉生

父谷口吉郎の遺稿となったこの『せせらぎ日記』は、昭和二十二年に東京出版から初版が出された『雪あかり日記』の、いわば続編である。しかし、続編といっても、この間約三十年を越す年月が流れている。『雪あかり日記』は初版後、父が著わしたいくつかの出版物に部分的に収録された後、昭和四十二年には雪華社から第二版が出され、昭和四十九年には中央公論美術出版から、再度出版されている。この出版の機会がご縁となり、父と親しくおつき合いさせていただいていた、中央公論美術出版の栗本和夫氏から、『せせらぎ日記』出版のお勧めがあったのは、だいぶ以前のことと聞いている。しかし、父は晩年は非常に多忙でその計画はなかなか進行せず、病にたおれた後も朱筆を加えていた原稿が、この度、父の一周忌を迎えるにあたり、栗本氏の御尽力で出版される運びとなったわけである。

旧著『雪あかり日記』の初版のあとがきを、父は次の様に書き出している。

「昭和十三年（一九三八）私は恩師伊東忠太先生のお指図によって、ヨーロッパに旅立つことになった。先生はその前年、交換教授としてドイツにおもむかれたのであったが、帰朝されると、すぐ私にドイツに行く事を提案された。それはベルリンの日本大使館が、新しい都市計画のために改築されることになったので、この機会に向こうに行ってはどうかというお話である。もとより私は先生の御厚意に従った」

そして当時はまだ若い建築家であった父が、戦争への危機が切迫したヨーロッパに赴任し、ドイツ軍のポーランド進撃で戦乱の発火したベルリンをのがれ、横浜にもどり着いたのは翌、昭和十四年の十月であった。帰国後、戦時中ではあったが、旅行中のメモをもとにして、父はヨーロッパでの人々との出会い、建築美と風土とのかかわりあいなどを、随想や論文としていろいろの出版物に寄稿した。戦後、それらの原稿の中から、ベルリンの冬の思い出を主にまとめて、一冊の本にしたのが『雪あかり日記』であり、ベルリン以外の諸都市や、ドイツ以外の国々の旅の思い出を主にまとめたのが、この『せせらぎ日記』である。

しかし、この本の出版にあたっては、いろいろの躊躇もあったようである。それは旅行当時に自分がいた社会的背景とは、現在があまりにも変わりすぎてしまったことや、若く建築巡礼の旅にあった自分を再び表わすことに対するためらいが原因していたように思われる。また雑誌などに掲載されたものの再編である故、文章などの重複や、一部未定稿の部分があり、本の題についても最終的には決定しておらず、二、三の代案のあった中から私が一つを選択した。いずれにしても、題については前著の雪のベルリンの暗い印象に対して、何か早春の雪どけか、または旅の流転を連想させるようなものを考えていたようであった。

父は建築を生涯の仕事として、数多くの作品を造る機会に恵まれたが、それと同時に、随筆、評論、論文などの著作も、かなり多くのこしている。それは勿論、著作が自分の建築作品にひそむ意匠心とか、造形への哲学を述べるための手段であったからでもあろう。また、最初に『雪あかり日記』を書くことをお勧めいただき、当時、雑誌「文芸」の編集をしていらした野田宇太郎氏をはじめ、その後、親交があった多くの文学者の方々の影響も、大きいように思われる。

原稿を書く場所は、父は旅行中でもどこでもあまり気にせず筆をとっていたが、特に自宅の和室で、庭の大きな垂梅の見える位置が気に入っている様子であった。文体については、やはり建築家である故か、基礎の上に柱が立ち、そして梁が架けられて行く様な整然とした構築を好み、設計においては建物が竣工するまで、執拗に詳細部分のスケッチをくりかえす様に、著作においても何度も筆を入れていた。父の机の上には、よく鉛筆の跡が黒々とした設計進行中の建物のスケッチと、書きかけの原稿が並んで置かれており、スケッチも原稿も全く同じように、赤とか黒の線が複雑に交叉していたのが思い出される。そんな父の原稿のせいであろうか、『せせらぎ日記』出版の打合わせのため中央公論美術出版をお訪ねした時、「先生がもし御健在だったら、この原稿にもまだまだ筆を加えられていたでしょうね」となつかしそうに栗本氏がお話しておられた。

この本のあとがきを書くに先立ち、もう一度、前著と届いた初校をあわせて読みかえしてみると、当時まだ三十代であった父の意思の中に、後の仕事の方向が、鮮明に暗示されているのが、なお一層よくわかった。それは一つには、このヨーロッパ紀行文を通して、建築と美術がいかに重要にその風土と伝統にかかわっているかということを述べていることであり、他の一つは、第二次大戦前夜の不安な世情の中にあって、戦争で破壊されるかもしれない数々の歴史的建築の運命を、強く憂いていることである。これらの二つの感情は、その後の設計活動において、日本の伝統と自分の作品傾向とのかかわりあいが、年を追うごとに増幅されていくことにより表われており、また文化的な活動においては、つよい歴史的建築への愛着が、その保存への衝動となって後に表われている。

建築作品の傾向をたどると、戦前は、東京工業大学の水力実験室の設計や、住宅の設計に見られるように、当時ではいわば前衛的な潮流の中にあった。それが戦後になり、島崎藤村の記念堂を信州の馬籠村の人たちと共同で作り上げていったころから、日本の伝統への回帰が始まり、そして晩年近くなってからは「出光美術館」や「迎賓館和風別館」その他の多くの作品を通して、独自の意匠様式の完成に執心した。父の作品が、日本の伝統的意匠と深いかかわりをもちながら、いわゆる和風とは一線を画していたのは、日本の意匠そのものへの回帰ではなく、このヨーロッパ紀行から、建築の風土と伝統への指向を学んだことに由来しているのかもしれない。

昭和四十年、博物館明治村が誕生し、父は初代館長となった。歴史的建築の保存に対する念願が、親友土川元夫氏を初めとする沢山の方々の友情と協力を得て達成し、その感動を父は著書、『博物館明治村』のあとがきに記した後、次のように述べている。

「私は明治建築の移築保存を戦前から念願していた。その宿願が戦後に至って実現したのは、無思慮な破壊によって貴重な明治建築が消滅していくのに対して、愛惜の情が一層強く私の胸に募ってきたためであった。もし私たちの発足が二、三年遅れていたら、今、『村』の中に保存されている建築はすべてこの地上から消えていた。それを思うと『明治村』は最後のチャンスをつかんだものと思っている」

この様にして長い間父の中にあった消滅して行く建築に対する愛惜の情は、この『せせらぎ日記』では最後の部分に、戦争によって黒い残骸と変わってしまうかもしれない建築に対しての不安な感情として、暗示されている。それが戦後、今度は戦争ではなく、開発という破壊の中で消されて行く、美しい建築の運命に向けられ、明治村が誕生したのである。

『雪あかり日記』と『せせらぎ日記』の両著は私達、家族にとっても、いろいろな思い出とつながっている。父がベルリンに赴任した当時は、姉はまだ幼く私は生まれたばかりであり、緊迫する社会情勢の中で、若い母は東京で留守を守っていた。そんな不安な母をなぐさめ、遠くベルリンより手もとに届いた手紙は、この日記の一節一節と同じであったに違いない。今はこの本を読みかえすと同時に、父の遺品となったベルリンからの手紙を、文箱よりとり出す母にとって、この日記は遠い思い出とつながり、父は冬のヨーロッパに旅をつづけているように甦ってくるようである。

また、父がベルリンに赴任してから約二十年後、一九六〇年、私も建築を志して外国へ旅立った。留学、修業を経て、その後の大学での講義の期間等を含めると、私は計八年間程の海外生活を体験した。私が最初に留学した当時のアメリカは、二十年の年月が世界を全く変転させ、父がいた大戦前夜のベルリンとは全てが対照的であった。しかし、私が建築を学んだハーバード大学があるニューイングランド地方も、長い暗い冬が続き、積雪も非常に多かった。製図室を出て寄宿舎に向かう雪あかりの夜道が、若かった父がいた冬のヨーロッパと重なり、そして祖父がいて、私も幼ない日々を過した金沢の雪景色へとつながる不思議な輪廻を感じた夜が思い出される。

晩年の父は外見は非常に健康であり、建築の設計に、著作に、明治村などでの活動にと多方面に亘り、非常に多忙であった。しかし、偶然、病院での健康診断で胃に悪性の病気が発見され、ただちに手術をしたが、すでに手おくれであり六カ月後に再発した。家族の願いに反して、日々に悪化して行く病の中にあっても、父は最後まで仕事に執着し、建築に生きた。構想中であったお寺の壁面の参考にと、来年はラベンナにフレスコ画を見に行こうと私に話しかけ、意識が混濁し始めてからも、やりかけの仕事の図面と模型写真を病院に持って来るようにと、私に指示する父であった。

昭和五十四年二月二日、父が大好きであった庭の垂梅が、例年よりも半月も早く咲き始めていた早春の昼、父は他界した。享年七十四歳であった。

この本の出版に御尽力いただいた栗本和夫氏をはじめ、生前父が親しくおつきあいをいただいた方々、そして父の仕事に御支援をいただいた多方面に亘る方々に、ここに父にかわって、心からお礼を申し述べさせていただく次第である。

昭和五十五年一月

（たにぐち　よしお／建築家）

あの軍帽と口髭が

堀江敏幸

雪あかりやせせらぎという言葉から、直射光を避けて光の粒を散らしたり、滔々たる大河ではなくささやかな小川の音を愛でる和の世界を想像すると、ここに込められた、というより事後的に含有されてしまったアイロニーを見逃すことになるだろう。正と負の両面を理の力で見きわめ、負の要素のつよい部分であっても、日常と接続した感覚や情に訴えるところがあれば素直にみとめたうえで、なお負の比重の大きさを伝える冷静さ。『雪あかりの日記』『せせらぎ日記』に記されているのは、自分の意志だけでたぐり寄せられはしない歴史の偶然と書き手の力がかちあって可能になった、ひとつの事件簿でもあるのだ。

谷口吉郎は、東京工業大学建築科の助教授だった一九三八（昭和一三）年、外務省嘱託としてドイツに派遣された。アドルフ・ヒトラーが権力を掌握し、ナチスによる「強制国家」と化していたドイツ、イタリアとともに日本が同盟関係を強めようとしていた頃のドイツである。当時、ヒトラーはナチスの美的綱領にもとづいて、首都ベルリンを徹底的に改造しつつあった。その一環として日本大使館も改築されることになり、日本庭園を造るための顧問役として送り込まれたのが、三十五歳の谷口吉郎だった。

一九三八年十月、日本郵船靖国丸で神戸を出港するときから、彼はすでに個を超える歴史のただなかにいた。マルセイユ、パリを経由してベルリンに到着したのが十一月十日。世界史の上で「水晶の夜」と呼ばれるすさまじい反ユダヤ主義の暴動が起こった当日のことだ。同年三月、ヒトラーはすでにオーストリアを併合し、九月にはズデーテン地方を占領していた。谷口吉郎のベルリン滞在は、緊迫の度を高めていた欧州をさらなる混乱に陥れ、やがてホロコーストへと走るきっかけのひとつとなったユダヤ人弾圧の舞台からはじまったのである。

翌三九年三月、チェコとリトアニアに侵攻したヒトラーは、八月に「独ソ不可侵条約」を結び、ただちにポーランド侵攻を開始する。それまで傍観していた連合国による意志表示は、同時に日本に向けられたものとなり、在留邦人は要務を帯びた者以外すべて帰国の途についた。渡欧の際に乗った靖国丸が、今度はドイツからの最後の引揚船に流用される。ハンブルク港からの便を逃した谷口吉郎は、ノルウェーの港に停泊している船を追いかける。その顚末は『せせらぎ日記』の白眉となるだろう。帰国は十月二十八日。ベルリンを中心とする一年ほどの欧州滞在にもとづく記録と省察が、ここには美しくならんでいる。

御子息の吉生氏が『せせらぎ日記』の「あとがき」で指摘しているとおり、谷口吉郎の文章は「基礎の上に柱が立ち、そして梁が架けられて行く様な整然とした構築」と推敲のあとが見られる、いかにも建築家らしいものだ。沈着冷静で、なめらかな思念の移行を目に見えるものにしていく文章は、しかし特異な状況下の張り詰めた空気と、総統の姿に熱狂する群衆の圧力によってときおり揺らめきそうになる。言葉が脆さを見せる瞬間と、それをただちに修正してみせる垂直性の知のバランスも、魅力のひとつだ。

建築家は街にくりだし、建物をながめ、図面ではわからない「気配」を感知しようと試みる。第一次世界大戦後のドイツを席巻した表現主義が、ナチス政権になって葬り去られた事実を看て取り、そのうえで「今のドイツでは、表現派はもとより、いろいろな新興芸術の運動は、どれも非ナチス的なものとして排撃され」、「それを根こそぎに絶たんとする弾圧政策さえ実施されている」こと、建築や美術における表現主義の排除がユダヤ的なものの排除に直結していることを迷いなく指摘する。ナチス・ドイツに対する正確な現状認識が柱となり、そのあいだに、時空を遡る思念の可動壁がはめ込まれていくのである。

冒頭の「ベルリンの歩道」で、言葉の建築の基本構造は早くも示されている。散歩に出てフリッツ・ヘーゲル設計の教会塔を発見し、ナチス容認の建築に統一されたベルリンの街並とは対照的で「モダーン」なこの塔の特徴を指摘したのち、宝塚少女歌劇団のポスターに触れたあたりから、思考は軽い横滑りを見せる。「私はそのポスターを眺めながら、次第に、私の心が遠く故国にとんでいくのを感じた。この少女団と、私は船が一緒だった。連中はナポリ上陸だったが、私はマルセイユで上陸し、このベルリンにやってきた」。少女らは船上で毎日ラジオ体操をしていた。そして国から遠ざかるにつれて体操のリズムが「次第に少女らしく郷愁めいていく」のを「感じた」と記し、こうつづける。

「船がアデンの港を出た頃、日本軍が広東に近いバイヤス湾に上陸したという報に接すると、船客は全員が甲板に整列して、宮城を遙拝し、声をそろえて『君が代』を歌った。広い南海の水平線を見つめていた人々は、思い思いに遠い故国を思い浮べながら、祖国の方向に向い、声をはりあげて『万歳』をさけんだ。少女たちの美しい声も、澄みきった大海の空気を震わしていた」

潑剌とした少女たちの姿態と美しい声は、ヒトラー・ユーゲントの鼓笛隊の活力と歌声に連動しているのだが、こんなふうに書いているからといって「宮城」や「君が代」を全的に擁護しているわけではない。少なくとも、ぎりぎりのところで誤解から身を守りうるような呼吸と書法が慎重に選ばれている。「船客は全員」とある以上、書き手自身も遙拝に倣ったのだろうけれど、理性の支柱がそれで倒れることはなく、柱を補強する壁がそのあとに用意されている。谷口吉郎は、神戸を出港するとき、十年も会っていなかった友人の姿を認めた。ところが、演劇を愛し、大学では英文科に籍をおいてバーナード・ショーを口ずさみ、芥川龍之介のような格好をしていたというこの友人は、学生時代からは想像もつかない「くりくり坊主」になっていた。つまり、『事変』は彼の頭をも丸坊主にしたのであった」。

坊主頭を友人に選ばせた「事変」とは、ナチス・ドイツが、また大日本帝国がおかしつつある愚を指していよう。谷口吉郎は、時局の熱狂のなかで不意に出現したこの坊主頭という画一化の例を、立派な都市計画に基づくベルリンの街の、「一種のものたらなさ」に結びつける。石造りの都市でありながら石ころがひとつも落ちていない奇妙な光景。造園のための庭石をどこでどう手に入れるか、その究極の差配の顚末も興味深いのだが、渡航の最初から保たれているこのまっとうな、ということは「変転する時流からははずれていた」彼の感覚は、旅愁の湿り気や大勢にあらがう梁となっている。

事実、当時のベルリンでは、総統への信仰を隠さずにいる者が圧倒的多数だった。どこを歩いても赤い鉤十字の旗がある。しかも「今のドイツには『強制収容所』というものがある」と明言する谷口吉郎は、生身の総統の姿を間近で目撃した証人のひとりなのだ。チェコから凱旋してくる独裁者を、これは歴史的な出来事だという下宿の女主人の勧めで彼は見物に出かけ、大群衆の前を「あの軍帽と口髭が近づく」と書く。「それが自動車の運転台に立ち、右手を誇らかに挙げながら、私の目の前を通りすぎて行った」。さらにまた、あのいろいろな意味で名高いベルリン芸術週間の一日、《タンホイザー》を嘆賞しながら、すぐ近くの貴賓席に陣取った総統を観察し、「皮膚の色が、思いのほか白い」などと記す。出来上がったばかりの官邸を、同盟国から来た建築家として見学させてもらう機会さえ得ていたのだから、谷口吉郎は総統を最も近くで客観視できた日本人のひとりだった。そのうえで彼は記すのだ。「神は、英雄ナポレオンにセントヘレナの最期を与えられた。ヒトラーに、神は、一たい何を与えようとしているのだろう」。

『雪あかり日記』の初出は「文芸」昭和十九年十一月号。昭和二十年三月号まで五回にわたって連載され、昭和二十二年に単行本化されている。他方『せせらぎ日記』は昭和五十五年、著者の死後にまとめられているのだが、収録された文章が書かれたのは、前著とほぼ同時期だと思われる。ドイツ迷走の可能性を示唆する言葉が、よくも検閲を通過して活字になったものだと驚かされる。それを可能にしたのは、フランスとドイツ、イタリアとドイツの相違を、建築物や美術、服装や色使いを介して比較する鋭い文明論や、あいまいに挿入される小さな日常への慈しみの感覚であり、また、感情のぶれを補正しうる「建築の愛情」と「建築を庇護する大きな『手』」に対する信頼だろう。

なかでもカール・フリードリッヒ・シンケルの「無名戦士の廟」をめぐる考察は、深さにおいて他を圧している。一八一八年に「新衛兵所」として建造されたこの建物が、シンケル設計の外部のみ残して「無名戦士の廟」に改築されたのちにも、建築の「形」として見る者に迫るだけの力を有していたのはなぜか。その秘密を彼は探ろうとする。「用途をとび越え、時代を超越し、過去の『形』から、強い表現力が新しく発揮される場合のある」建築の源が空襲によって破壊され、消滅してしまうことへの怖れが、若い建築家の目をいっそう鋭く、強くしていた。風土に根ざした伝統の柱だけでなく、それら全体を覆う一国の方向性をまっすぐに見据え、愚を愚として糾弾しうる理性のなせるわざがここにあるのだ。谷口吉郎の思考の「形」は、あらたな「事変」の種を抱え、「くりくり坊主」のような言葉と子どもじみた振る舞いが横行する現在の日本でこそ読み直されるべきものだろう。

（ほりえ　としゆき／作家）

本書は、
『雪あかり日記』一九七四年九月三十日　中央公論美術出版刊
『せせらぎ日記』一九八〇年一月三十日　中央公論美術出版刊
を文庫化に際し、合本したものです。

本文中に現在の人権意識に照らして不適切と思われる表現がありますが、作品の歴史的価値、作者が既に故人であること等を考慮し、原文のままとしました。（中公文庫編集部）

中公文庫

雪《ゆき》あかり日記《にっき》／せせらぎ日記《にっき》

2015年12月20日　初版発行

著　者　谷口《たにぐち》 吉郎《よしろう》

発行者　大橋 善光

発行所　中央公論新社
〒100-8152　東京都千代田区大手町1-7-1
電話　販売 03-5299-1730　編集 03-5299-1890
URL http://www.chuko.co.jp/

DTP　ハンズ・ミケ
印　刷　三晃印刷
製　本　小泉製本

Published by CHUOKORON-SHINSHA, INC.
Printed in Japan　ISBN978-4-12-206210-8 C1195

定価はカバーに表示してあります。落丁本・乱丁本はお手数ですが小社販売部宛お送り下さい。送料小社負担にてお取り替えいたします。

中公文庫既刊より

各書目の下段の数字はISBNコードです。978－4－12が省略してあります。

ほ-16-1
回送電車
堀江敏幸
評論とエッセイ、小説。その「はざま」にある何かを求め、文学の諸領域を軽やかに横断する――著者の本領が発揮された、軽やかでゆるやかな散文集。
204989-5

ほ-16-2
一階でも二階でもない夜　回送電車Ⅱ
堀江敏幸
須賀敦子ら7人のポルトレ、10年ぶりのフランス長期滞在で感じたこと、なにげない日常のなかに見出した秘蹟の数々……54篇の散文に独自の世界が立ち上がる。〈解説〉竹西寛子
205243-7

ほ-16-3
ゼラニウム
堀江敏幸
彼女と私の間を、親しみと哀しみを湛えて、清らかな水が流れていく――。異国に暮らした男と個性的で印象深い女たちの物語。ほのかな官能とユーモアを湛えた珠玉の短篇集。
205365-6

ほ-16-5
アイロンと朝の詩人　回送電車Ⅲ
堀江敏幸
一本のスラックスが、やわらかい平均台になって彼女を呼んでいた――。ぐいぐいと、そしてゆっくりと、読み手を誘う四十九篇。好評「回送電車」シリーズ第三弾。
205708-1

ほ-16-6
正弦曲線
堀江敏幸
サイン、コサイン、タンジェント。この秘密の呪文で始動する、規則正しい波形のように――暮らしはめぐる。思いもめぐる。第61回読売文学賞受賞作。
205865-1

ほ-16-7
象が踏んでも　回送電車Ⅳ
堀江敏幸
一日一日を「緊張感のあるぼんやり」のなかで過ごしたい――異質な他者や、曖昧な時間が行きかう時空を泳ぐ、初の長篇詩と散文集。シリーズ第四弾。
206025-8

つ-3-16
美しい夏の行方　イタリア、シチリアの旅
辻邦生
堀本洋一 写真
光と陶酔があふれる広場、通り、カフェ……ローマからアッシジ、シエナそしてシチリアへ、美と祝祭の国の町々を巡る甘美なる旅の思い出。カラー写真27点。
203458-7